普通高等教育"十二五"系列教材
电子信息类专业系列教材

信息与通信工程专业导论

主编　张延良

编写　李　赓　王俊峰

　　　李　亚　桂伟峰

主审　楼顺天

中国电力出版社
CHINA ELECTRIC POWER PRESS

内 容 提 要

本书为普通高等教育"十二五"系列教材——电子信息类专业系列教材。

本书是供通信工程等电子信息类专业针对大学一年级新生所开设的专业导论课程用的教科书。本书内容大体上由三个部分组成,第一部分为信息与通信学科的基本知识体系,包括信息的获取、表示与存储,信号与信息处理的目的与手段,信息的传输与通信系统等内容;第二部分为现阶段电子信息类专业的培养方案、培养目标及必备的专业技能;第三部分在分析大学阶段教学形式特点的基础上,对大学生应该如何学习,本专业考研与就业方面的基本情况及如何成为一名优秀大学生进行指导。

本书在编写过程中特别注意从电子信息类专业大一新生的角度来考虑问题。所选择的内容对于大一新生建立所学专业的基本概况,掌握大学阶段的学习特点及统筹安排好自己的大学学习生活有重要作用。

本书可作为电子信息工程、电子科学与技术、通信工程及光电信息科学与工程等信息类专业的导论教材。

图书在版编目(CIP)数据

信息与通信工程专业导论/张延良主编.—北京:中国电力出版社,2015.6(2024.7重印)

普通高等教育"十二五"规划教材.电子信息类专业规划教材

ISBN 978-7-5123-7739-4

Ⅰ.①信… Ⅱ.①张… Ⅲ.①通信工程—高等学校—教材 Ⅳ.①TN91

中国版本图书馆 CIP 数据核字(2015)第 101201 号

中国电力出版社出版、发行

(北京市东城区北京站西街 19 号 100005 http://www.cepp.sgcc.com.cn)

北京九州迅驰传媒文化有限公司印刷

各地新华书店经售

*

2015 年 6 月第一版 2024 年 7 月北京第十二次印刷

787 毫米×1092 毫米 16 开本 13.25 印张 319 千字

定价 28.00 元

前　　言

　　本书是河南省高等学校特色专业建设点"通信工程"的建设成果之一。专业导论是近年来许多高校面向大学一年级新生开设的一门必修课，主要向学生介绍专业的知识框架、应用方向、就业前景及学习方法等知识。专业导论虽是门"小"课，但其重要性却不容忽视，它对于大一新生形成对专业的概貌性的认识，并引导其建立学习专业知识的浓厚兴趣，有不可替代的作用。

　　对于大一新生来说，踏入大学门槛就像进入了一个新的世界。大学里面学什么？怎么学？有什么用？毕业有哪些选择？大部分的大一新生都会在心里面问这些问题。而大学不是高中学习的简单延伸，仅凭中学阶段的经验难以回答这些问题。所以，一本贴近学生、通俗易懂、全方位的导论教材对于这些专业的大一新生来说是必不可少的。

　　本书按照信息的获取、表示与存储——信号与信息处理——信息的传输与通信系统这一逻辑顺序较为系统地介绍了电子信息类专业的知识体系。为了使大一新生重视实践创新能力的培养，本书系统地介绍了这些专业学生应该掌握的实践技能，如测试仪器的使用、软件开发工具、硬件开发平台、常用的仿真软件及文献检索的基本方法。为了使大学生尽快适应大学阶段的学习，本书还介绍了大学阶段教学形式的特点，引导学生掌握科学的学习方法，勉励大学生学会学习、学会动手、学会思考，注重自己综合素质的提高，科学规划自己的大学生活。本书还对这些专业学生毕业后的两种主要选择：考研和就业进行了有效的指导。

　　本书由河南理工大学相关专业任课教师编写而成。第 1 章、4.3～4.6 节由李亚老师编写，第 2 章、第 3 章由张延良老师编写，第 5 章、第 8 章由李赓老师编写，第 7 章、6.2～6.4 节由王俊峰老师编写，4.1 节、4.2 节、6.1 节、6.5～6.7 节由桂伟峰老师编写。全书由张延良老师统稿。

　　本书在编写过程中，得到了河南理工大学计算机学院的大力支持，在此表示衷心的感谢。

　　由于作者水平有限，书中难免存在疏漏之处，我们殷切希望广大读者批评指正。

编　者

2015 年 5 月

目　录

第1章　信息科学与技术概述

当我第一次听说"信息时代"这个词时，就感到心痒难熬。之后，我读到有关学术界预言各国将为控制信息而不是控制资源而战。这听起来挺玄乎，但他们所说的信息究竟指什么呢？

——比尔·盖茨

信息作为一种客观存在，自古以来，一直都在积极发挥着人类所没有意识到的重大作用。什么是信息？它的实质是什么？有什么特征？对于这些问题的透彻理解是收集、处理和利用信息的前提，让我们从这里开始探索信息资源的宝库，迈向信息科学的大门。

1.1　探索信息的真谛

1.1.1　信息的定义

究竟什么是信息？信息的本质是什么？人类自有思考以来就在不断探索。今天，人类已经跨入信息时代，对于信息的本质，我们能做出什么样的诠释呢？"信息"一词来源于拉丁文"Information"，是认识主体所感知的或所表述的客观事物运动的状态和状态改变方式。我国古人很早就已经知道信息的重要性，认为信息是可以寻觅、获取的。古人所说的信息，与今天人们对信息的认识没有本质的不同。

就一般意义而言，信息可以理解成消息、情报、知识、见闻、通告、报告、事实、数据等。"信息"使用的广泛性使我们难以给它下一个确切的定义。专家、学者从不同的角度为信息下的定义达几十种。

（1）哈特莱在1928年发表的《信息传输》中，提出消息是代码、符号，而不是信息内容本身，使信息与消息区分开来。这为信息论的创立奠定了基础。

（2）1948年，美国科学家香农从研究通信理论出发，第一次用数学方法定义"信息就是不确定性的消除量"，并用概率统计的数学方法来度量不定性被消除的量的大小。

（3）1948年，美国科学家维纳在名著《控制论》中指出："信息就是信息，不是物质，也不是能量"。他还指出："要有效地生活，就必须有足够的信息"。

（4）权威性工具书《辞海》对信息定义为："信息就是收信者事先所不知道的报导"。

随着时代的推移，时代将赋予信息新的含义，信息是一个动态的概念。现代"信息"的概念已经与半导体技术、微电子技术、计算机技术、通信技术、网络技术、多媒体技术、信息服务业、信息产业、信息经济、信息化社会、信息管理、信息论等含义紧密联系在一起，但信息的本质是什么，仍是一个需要进一步探讨的问题。

1.1.2　数据、消息、信号与信息的区别

在日常生活中，人们并不需要区分数据、消息、信号之间的区别，因为它们本身与信息具有紧密的联系。但是，从信息科学的角度来看，信息的含义则更为深刻和广泛，它是不能等同于数据、消息和信号的。

1. 数据

数据是对客观实体的一种描述形式，是信息的载体。就数据与信息的关系而言，Ralph M. Stair 所著《信息系统原理》一书中给出了一个很好的比喻：我们可以将数据比作一块块木头，除了作为一个单独的物体，木头本身没有什么价值。但如果在各个木头之间定义了相互的关系，按一定的规则将它们组织在一起，它们就具有了价值。

从这个意义上讲，信息和数据的区别可以理解为：数据是未加工的信息，而信息是数据经过加工后能为某个目的使用的数据，信息是数据的内容或诠释。将数据加工为信息的过程称为信息加工或处理。

数据可以分为模拟数据和数字数据两种形式。模拟数据是在某个区间内连续的值，例如，声音和视频，其强度是连续改变的波形。数字数据是离散值，例如，大多数用传感器收集的数据是非连续的值。

2. 消息

人们常常错误地把信息等同于消息，认为得到了消息就是得到了信息。

"消息"的英文是"Message"。1928 年，哈特莱在《信息传输》这篇论文中曾经阐述过消息与信息的关系和差异。他认为信息是包含在消息中的抽象量，消息是具体的，其中蕴含着信息。

按照香农理论，在通信过程中，信息总是经过编码（符号化）成为消息以后，才能经过媒介传播，而信息的接收者接收到信息后，总是要经过译码（解读）才能获取其中的信息。在这一个过程中，不管接收者的解读能力如何，不管它是否确实理解其中的内容，不管其中的内涵是否确实消除了受传者的不确定性，消息依然是消息，消息的内涵依然是信息，这种客观存在是不会因接收者的状况而改变的。

3. 信号

信息不同与消息，当然也不同于信号。

在实际通信系统中，为了克服时间或空间的限制而进行通信，必须对消息进行加工处理。把消息变成适合信道传输的物理量，这种物理量称为信号。信号携带消息，是消息的运载工具。

1.1.3 信息论

20 世纪初以来，通信技术迅速发展，迫切需要解决一系列信息理论问题，例如如何从接收的信号中滤除各种噪声，怎样解决火炮自动控制系统跟踪目标问题等。这就促使科学家在研究领域对信息问题进行认真的研究，以便揭示通信过程的规律和重要概念本质。

1948 年，美国数学家香农发表了重要论文《通信的数学理论》。1949 年，他又发表了另一篇重要论文《在噪声中的通信》。在这些论文中，香农提出了通信系统模型、度量信息的数学公式以及编码定理和其他一些技术性问题的解决方案。

香农的研究成果标志着信息论的诞生。由于该信息论是关于通信技术的理论，因此，称为狭义信息论。

信息论的第二个阶段是一般信息论。这种信息论仍以通信问题为核心，但加入了噪声理论，信号的滤波、检测，信号的编码与译码，信号的调制与解调，以及信号的处理等问题。

信息论发展的第三个阶段是广义信息论。它是随着现代科学技术的纵横交叉的发展而逐渐形成的。广义信息论远远超出了通信技术的范围来研究信息问题，它以各种系统、各门学科中的信息为对象，广泛地研究信息的本质和特点，以及信息的获取、计量、传输、存储、处理、控制和利用的一般规律。信息论在各个方面得到了广泛的应用，主要研究以计算机处理为中心的信息处理的基本理论，包括语言、文字的处理和图像识别、学习理论及其各种应用。

1.2　信　息　科　学

1.2.1　科学的定义

"科学"这个词源于拉丁文"Science"，原意为学问、知识，但至今还没有一个为世人公认的定义。英国著名科学家贝尔纳指出："科学在全部人类历史中确已如此地改变了它的性质，以致无法下一个合适的定义"。

1888 年，达尔文曾给科学下过一个定义："科学就是整理事实，从中发现规律，做出结论"。科学要发现人所未知的事实，并以此为依据，实事求是，而不是脱离现实的纯思维的空想。至于规律，则是指客观事物之间内在的本质的必然联系。因此，科学是建立在实践基础上，经过实践检验和严密逻辑论证的，关于客观世界的各种事物的本质及运动规律的知识体系。

"科学"（Science）与"技术"（Technology）是两个既有区别又相互联系的哲学术语。科学是指探知事物的本质、特征、内在规律以及与其他事物的联系，是关于自然、社会和思维的发展与变化规律的知识体系；技术则是运用科学规律实现某一目的的手段和方法，泛指根据生产实践经验和科学原理而发展形成的各种工艺操作方法、技能和技巧。前者是认识世界，后者则是改造世界。

1.2.2　信息科学的定义

信息科学是指以信息为主要研究对象，以信息的运动规律和应用方法为主要研究内容，以计算机等技术为主要研究工具，以扩展人类的信息功能为主要目标的一门新兴的综合性学科。以往传统学科都是以物质和能量为研究对象，而信息科学却有其新颖、独特的研究对象——信息，它既不同于物质，也不同于能量，但又与物质和能量相互联系、相互作用。

从认识论的角度看，信息科学反映的是认识主体的事物（人）与被认识对象（事物的客体）之间的相互作用关系的一门科学。对象运动的状态和方程是一种本体论意义上的信息；被主体所感知的该对象的状态和方式是一种认识论意义下的信息。信息问题可认为是一个主客观相互作用的复杂过程。在信息问题的整个过程中，始于对象的初始运动状态和运动方式，终于对象的目的运动状态和运动方式。从主题观点看，整个过程是利用信息对对象的运动状态和运动方式进行优化的过程。

世界万物无时不在运动，运动产生变化，变化产生本体论意义的信息，因此世界客体对象的变化和相互作用过程称为"信息的产生"。

在本体论意义上，经过主体直接感知得到的信息称为第一类认识论意义下的信息，该感知过程称为"信息的获取"。信息获取的能力或精度取决于主体的信息获取能力。

获取的信息一定要在某种系统或设备中以某种方式存储，并以电、磁或光等信号能量形式出现，构成了信息的表示方式。信号随能量的变化发生变化。无论以什么形式来表示信息，它都转化为一种信号形式。因此，信号是信息的表示形式，也是信息的载体，信息蕴藏在信号之中。

认识论意义上的信息反作用于对象客体，使对象产生新的运动状态和运动方式，该过程称为"信息的利用"。信息的利用过程体现了过程的控制与优化。

1.2.3 信息科学研究的内容与体系

信息科学正在迅速发展，人们对其研究的范围尚无统一的认识，就目前而言，将信息科学研究的基本内容归纳为6个方面。

(1) 信源理论和信息的获取，研究自然信息源和社会信息源，以及从信息源提取信息的方法和技术。

(2) 信息的传输、存储、检索、变换和处理。

(3) 信号的测量、分析、处理和显示。

(4) 模式信息处理，研究对文字、图像、声音等信息的处理、分类和识别，研制机器视觉系统和语音识别装置。

(5) 知识信息处理，研究知识的表示、获取和利用，建立具有推理和自动解决问题能力的知识信息处理系统（即专家系统）。

(6) 决策和控制，在对信息的采集、分析、处理、识别和理解的基础上作出判断、决策或控制，从而建立各种控制系统、管理信息系统和决策支持系统。

总之，信息科学以香农创立的信息论为理论基础，以现代科学方法论作为主要研究方法，以研究信息及其运动规律为主要内容，以扩展人的信息功能作为主要研究目标。这既是信息科学的出发点，也是它的最终归宿。

1.2.4 信息科学技术研究的发展目标

信息科学未来的发展目标主要体现在以下几个方面：

(1) 在物理实现上不断探索制作器件的新思想、新原理和新方法，使各种信息领域元器件的性能不断提高，对应的技术领域为电子学或微电子学。

(2) 计算机、网络等的体系结构和处理逻辑不断改进，发明和设计出各种新型的硬件系统，对应的技术领域为计算机体系结构。

(3) 创造优良的信息处理方法和高效的计算方法，以便不断提高系统的处理效率，对应的技术领域为信号与信息处理、计算机软件与理论。

(4) 不断创新，使软件的理论和技术迅速改进，设计和实现切实可用的软件系统，包括各种系统软件、中间件、应用软件，对应的技术领域为计算机科学技术。

(5) 要求信息在广阔的范围内快速、可靠、安全、随时随地地传输，发展新的、高效的信息传输方式，对应的技术领域为信息与通信系统。

(6) 要为不断增长的、海量的、各种类型的信息提供快速、可靠和安全的存储设备，发展存储技术，对应的技术领域为电子学与信息处理技术。

(7) 研究人的视觉、听觉、生理、心理等机制以及大脑结构和功能，通过模拟仿真制造出机器感知和人工智能设备，使信息处理技术更加智能化，对应的科学领域为智能科学。

(8) 实现信息的施效与利用，制造出自适应的机器系统，对应的技术领域为控制科学。

上述的对应技术领域划分只是一个大概的参考，由于信息科学的交叉特点，实际上学科间的交叉会非常突出，学科间的覆盖与相似性非常得多。

1.2.5　信息科学发展的重要事件

1. 采样定理

1928 年，美国电信工程师 H. 奈奎斯特（Harry Nyquist）首先提出模拟信号离散化取样频率在大于信号最高频率的 2 倍时可以无失真地恢复原模拟信号。该结论被称为奈奎斯特取样定理，又称为采样定理。采样定理有许多表述形式，但最基本的表达方式是时域采样定理和频域采样定理。采样定理在数字遥测系统、信息处理、数字通信和采样控制理论等领域得到了广泛的应用。

2. 脉冲编码调制

1937 年，英国工程师里斯夫（Alec Reeves）在法国的国际电话电报（International Telephone and Telegraph，ITT）工作时，发现了脉冲编码调制（Pulse Code Modulation，PCM）在声音传讯上的用处，这一概念为数字通信奠定了基础。

脉冲编码调制原理表明了声音可以在规则时间间隔下取样。取样值可以表示为二进制数的形式，并且以开关脉冲的形式传输。20 世纪 60 年代它开始应用于市内电话网以扩充容量，使已有音频电缆的大部分芯线的传输容量扩大 24～48 倍。20 世纪 70 年代后期，随着大规模集成电路 PCM 专用芯片的出现，PCM 在光纤通信、数字微波通信和卫星通信中得到了更为广泛的应用。

3. 声码器

声码器最早出现在美国贝尔实验室。这个实验室的 H. W. 达得利在 1928 年提出了合成话音的设想，并于 1939 年在纽约世界博览会上首次表演了他取名为声码器的话音合成器，从而成为了语音编码技术的鼻祖。此后，由于带宽和传输干扰问题亟待解决，推动了数字通信网的发展，同时也推动了低速率语音编码技术的迅速发展。

20 世纪 80 年代以来，光纤传输技术的引入，为有线通信提供了巨大的通信容量，使信道带宽问题似乎得到了解决，但同时，人们对带宽有限的无线通信、卫星通信和军事保密通信的需求不断增加。特别是智能网的提出，各种与语音应用服务相关的新业务不断涌现，要求语音数据能被灵活地处理、存储、转发和传送，从而刺激并推动了应用于移动通信、卫星通信、多媒体、智能网和保密通信等领域的低速率语音编码技术的发展。

4. 信息论

1948 年，香农发表了《通信中的数学模型》一文，该文指出"通信的基本问题是某处信息准确地或近似地在另一处的重建"，并由此建立了信息论的基础，他被后人称为信息论之父。

5. 维纳滤波

1948 年，诺伯特·维纳（Norbert Wiener）提出了一种经典信号恢复方法，即最小化重建信号与原始信号之间的均方误差的 Wiener 滤波器方法。

在第二次世界大战期间，为了解决防空火力控制和雷达噪声滤波问题，维纳综合运用他以前几方面的工作，于 1942 年 2 月首先提出了从时间序列的过去数据推知未来的维纳滤波公式，建立了在最小均方误差准则下将时间序列外推预测的维纳滤波理论，成为控制论的创始人。控制论是一门以数学为纽带，把研究自动调节、通信工程、计算机和计算技术以及生物科学中的神经生理学等学科共同关心的共性问题联系起来而形成的学科。

1947 年 10 月，维纳写出了划时代的著作《控制论》。它揭示了机器中的通信和控制机能与人的神经、感觉机能的共同规律，为现代科学技术研究提供了崭新的科学方法；它从多方面突破了传统思想的束缚，有力地促进了现代科学思维方式和当代哲学观念的一系列变革。

维纳不只是控制论的创始人，同时也是信息论的创始人之一。

6. 卡尔曼滤波

1960 年，斯坦利·施密特（Stanley Schmidt）首次实现了卡尔曼滤波器。卡尔曼在美国国家航空航天局埃姆斯研究中心访问时，发现他的方法对于解决阿波罗计划的轨道预测很有用，后来阿波罗飞船的导航电脑使用了这种滤波器。

简单来说，卡尔曼滤波器是一个 "optimal recursive data processing algorithm（最优化自回归数据处理算法）"。对于解决很大部分的问题，它是最优、效率最高甚至是最有用的。它的应用已经超过 30 年，包括机器人导航、控制、传感器数据融合，甚至军事方面的雷达系统以及导弹追踪等，近来更被应用于计算机图像处理，例如头脸识别、图像分割、图像边缘检测等。

7. 集成电路

1958 年 9 月 12 日，美国德州仪器公司工程师杰克·基尔比发明了世界上第一个集成电路（Integrated Circuit，IC）。集成电路揭开了人类 20 世纪电子革命的序幕，同时宣告了数字信息时代的到来。

集成电路是一种微型电子器件或部件。它采用一定的工艺，把一个电路中所需的晶体管、二极管、电阻、电容和电感等元件及布线互连在一起，制作在一小块或几小块半导体晶片或介质基片上，然后封装在一个管壳内，成为具有所需电路功能的微型结构；其中所有元件在结构上已组成一个整体，使电子元件向微小型化、低功耗、智能化和和高可靠性方面迈进了一大步。

当前以移动互联网、三网融合、物联网、云计算、智能电网、新能源汽车为代表的战略性新兴产业快速发展，这将成为继计算机、网络通信、消费电子之后，推动集成电路产业发展的新动力。

1.2.6　信息科学的具体应用

1.2.6.1　全数字单芯片麦克风

2006 年 2 月 28 日，Akustica 公司宣布向全球提供 AKU200 全数字微机电系统麦克风。这标志着卡耐基梅隆大学的 Ken Gabriel 教授研究的利用标准的 CMOS 制造工艺开发制造 MEMS 系统的 CMOS-MRMS 技术已经成熟。

全数字单芯片麦克风得到了所有手机和笔记本计算领域的用户、设计师、工程师和制造商的支持。它输出音质好，允许音频嵌入在含噪声的电路板中，而不需要庞大的屏蔽电缆，从而使体积更小、耗电更少、价格更便宜和具有更好的音频性能。它改变了基于电介质电容式麦克风（ECM）技术 50 年不变的历史。

1.2.6.2　智能尘埃

20 世纪 90 年代，掀起了一阵智能热：智能居室、智能建筑、智能炸弹等，于是美国加州大学伯克利分校的工程学教授克里斯·皮斯特（Kristofer Pister）想象着：人们会在地球上撒上不计其数的微型传感器，每个传感器都比米粒还小，他把这些传感器叫做智能尘埃（Intelligent Dust）。

智能尘埃是一种微型计算机监测系统，它由传感器、处理器、激光器和通信收发器等精密装置构成。智能尘埃的最小体积只有 $1mm^3$，它可以被播撒到世界的任何地方，去收集那些以前很难得到的信息，可以附在物体上，也可以漂浮在空中，在一个预定的范围内收集并传回情报信息。智能尘埃就像地球的电子神经末梢一样，能将地球上的每件事都监控起来。它不是普通意义上的尘埃，而是一种廉价而智能的微型无线传感器，它们相互联系，形成独立运行的网络，可以监测气候、车流量、地震损害等情况，被誉为改变世界运行方式的技术。

智能尘埃通过无线传播和其他传感器一起把数据传送到网络上。数量多是它与其他监测系统的一个明显区别。目前，智能尘埃已经颠覆传统概念。"无线传感网络"的概念已经被越来越多的研究者所接受。

智能尘埃虽然成本小却用途广，可以探测周围诸多环境参数，从光线强度变化到振动能量大小，几乎无所不能。它能够收集到大量数据进行计算处理，然后利用双向无线通信装置将这些综合信息在微尘器件间往来传送。数以百计的微型传感器还能组成智能尘埃系统，可以自我组织、自我维持，协同工作，用以监测四周环境的温度和湿度等环境参数变量。其主要应用领域总结如下：

1. 军事应用

智能尘埃系统可以部署在战场上，远程传感器芯片能够跟踪敌人的军事行动。智能尘埃可以被大量地装在宣传品、子弹或炮弹壳中，在目标地点撒落下去，形成严密的监视网络，敌国的军事力量和人员、物资的运动自然一清二楚。美国五角大楼希望在战场上放置这种微小的无线传感器，以秘密监视敌军的行踪。美国国防部在多年前就已经把它列为一个重点研发项目。如果像美国预想的那样，智能尘埃用在战场上，美国的军事实力又将与其他国家再度拉开距离。智能尘埃还可以用于防止生化攻击——通过分析空气中的化学成分来预告生化攻击。

2. 医疗健康应用

英特尔公司正在研究通过检测压力来预测初期溃疡的"Smart Socks"，以及通过检测伤口化脓情况来确定有效抗生物质的"智能绷带"。如果一个胃不好的病人吞下一颗米粒大小的小金属块就可以在电脑中看到自己胃肠中病情发展的状况，对任何一个胃不好的人来说无疑都是一个福音。智能尘埃将来可以植入人体内，通过这种无线装置，可以定期检测人体内的葡萄糖水平、脉搏或含氧饱和度，将信息反馈给本人或医生，用它来监控病人或老年人的生活。智能尘埃可以为糖尿病患者监控体内血糖含量的变化。

将来老年人或病人生活的屋里将会布满各种智能尘埃监控器，如嵌在手镯内的传感器会实时发送老人或病人的血压情况，地毯下的压力传感器将显示老人的行动及体重变化，门框上的传感器会显示老人在各房间之间走动的情况，衣服里的传感器给出体温的变化，甚至于抽水马桶里的传感器可以及时分析排泄物并显示出问题……这样，老人或病人即使单独一个人在家也是安全的。

3. 防灾领域的应用

智能尘埃可以用于发生森林火灾时通过从直升机飞播温度传感器来了解火灾情况。它已经用于通过传感器网络调查北太平洋海洋板块的美国华盛顿大学"海洋项目"及美国正在推进的行星网络项目中。

4. 大面积、长距离无人监控

以我国西气东输及输油管道的建设为例，由于这些管道在很多地方都要穿越大片荒无人烟的无人区，故管道监控一直都是道难题，传统的人力巡查几乎是不可能的事，而现有的监控产品，往往复杂且昂贵。智能微尘的成熟产品布置在管道上将可以实时地监控管道的情况，一旦有破损或恶意破坏都能在控制中心实时了解到。如果智能微尘的技术成熟了，仅西气东输这样的一个工程就可能节省上亿元的资金。电力监控方面同样如此，据了解，由于电能无法保存，因此，电力管理部门一般都会层层要求下级部门每月上报地区用电要求，但地区用电量的随时波动使这一数据根本无法准确，国内有些地方供电企业就常常因数据误差太大而遭上级部门的罚款。但一旦用智能微尘来监控每个用电点的用电情况，这种问题就将迎刃而解。总之，从在拥挤的闹市区可用作交通流量监测器，在家庭则可监测各种家电的用电情况以避开高峰期，到感应工业设备的非正常振动来确定制造工艺缺陷，智能微尘技术潜在的应用价值非常之大；而且，微尘器件的价格将大幅下降，现在已在 50~100 美元之间，预计 5 年之内将降到 1 美元左右，这预示着智能微尘具有广阔的市场前景。

这些传感器被部署在科学和公众领域，一些人感觉个人隐私受到了侵犯，遍布全球的监视器让他们感觉受到了秘密监控。一位主张保护隐私的律师说，智能尘埃侵犯隐私的潜在可能性非常大，因为它是非常微小的传感器，人们根本无法发觉它，它的数量之多，令人防不胜防。但这并不意味着应该停止对它的研究工作，人们在研究它的同时应当考虑到隐私保护问题。用智能尘埃把地球监视起来的理论如果能变成现实，将会对人类和地球环境有很大的好处。

1.2.6.3 认知无线电

认知无线电（Cognitive Radio，CR）的概念起源于 1999 年 Joseph Mitola 博士的奠基性工作，其核心思想是 CR 具有学习能力，能与周围环境交互信息，以感知和利用在该空间的可用频谱，并限制和降低冲突的发生。

通信行业所面临的难题是频谱资源紧张。诺基亚研究中心的调查报告指出，频谱资源是非常宝贵的资源，相对于广播电视、应急通信、卫星、特殊应用来说，移动通信拥有的频谱资源少、负荷大，而其他频谱资源在非使用时期处于闲置状态，这就造成了频谱资源的浪费和局部拥挤现象。认知无线电技术在这一方面则具有良好的表现。

认知无线电又被称为智能无线电，它以灵活、智能、可重配置为显著特征，通过感知外界环境，并使用人工智能技术从环境中学习，有目的地实时改变某些操作参数（如传输功率、载波频率和调制技术等），使其内部状态适应接收到的无线信号的统计变化，从而实现任何时间、任何地点的高可靠通信以及对异构网络环境有限的无线频谱资源进行高效的利用。

1.2.6.4 电子人

1998 年 3 月，英国雷丁大学的控制论教授凯文·沃里克冲破了人与机器之间的界限，让医生在他的左臂肌肉层中植入了一个圆柱形集成电路芯片。这块芯片内有 64 条指令，并通过特殊信号传给他在办公室中的一台主控计算机，这项实验持续了 9 天。作为人类历史上第一个电子人，他当时已经名扬世界。

2002 年 3 月，外科医生将一枚硅芯片植入沃里克的左前臂中，芯片上 100 根头发丝粗细的电极与他手臂主神经相连，用以接收神经脉冲信号。在以后的 3 个月中，这位科学家的身体变成了一个"计算机外部设备"，他的神经系统和一块芯片紧密地结合在一起。依靠一段普通的电线，神经脉冲直接传送到计算机中，计算机与生物脑的对话开始了，他的身体会按照两者之一的指令做出反应。这是一种独一无二的体验，沃里克声称那太令人振奋了。"生来是个人，但这只是人生的一段插曲而已，只是一个时间的问题。现在我可以改变了，我想给'人'这个概念赋予新的内涵"。

沃里克预言，如果控制论进一步发展下去，那么它将用红外雷达帮助盲人"看"东西，通过超声波让耳聋的人"听"到声音。沃里克断言："我们人类可以进化成电子人——部分是人，部分是机器。"

人类已经进入神经系统培植时代，生物芯片与摄物体的结合，人类与人工智能的结合创建了新的生命形式。

半电子人技术，机器是身体的一部分，通常这样做的目的是借由人工科技来增加或强化生物体的能力。曾只属于科幻世界的半电子人，如今正在成为现实，一个佩戴心率调整器的人就可以被认为是半电子人。

1.3　信　息　技　术

1.3.1　信息技术的定义

信息技术具体的含义十分广泛，并处于不断的发展演变过程中。目前对于它的定义，大致可分为两类：一类是描述性定义，主要从信息技术的具体形式出发来阐述什么是信息技术，这类定义主要考察信息技术的外在表现形式，比较形象、具体；另一类是功能性定义，这类定义注重阐明信息技术的内在本质或其根本作用，而并不探讨信息技术可能呈现或利用的物质或能量的具体形式。

功能性定义中有代表性的有以下几种：

（1）信息技术是关于信息搜集、加工、存储、检索、传递、利用的理论和方法的总称。

（2）信息技术是在计算机与通信技术支撑下，以获取、加工、存储、变换、显示和传输文字、数值、图像、视频和音频信息为目标，提供设备与信息服务两大方面的技术方法和设备的总称。

（3）信息技术是关于信息的产生、识别、提取、变换、存储、传递、处理、检索、分析、决策、控制和利用的技术总称。

（4）信息技术是管理、开发和利用信息资源的有关方法、手段和操作程序的总称。

（5）信息技术是人类在认识自然和改造自然过程中所积累起来的关于获取信息、传递信息、存储信息、处理信息等的经验、知识、技能资料的总和。

总之，信息技术首先是技术。把人类在认识自然和改造自然的过程中积累起来并在生产劳动中体现出来的经验和知识称为技术。技术的本质或其存在的价值就在于它能拓展人类器官的功能，从古代的石器、铜器、铁器到近代的蒸汽机、发电机，再到现代的人造卫星、电子计算机等，无不是如此。

1.3.2　信息技术的特点与发展

信息技术是一个广泛联系的交叉学科，涉及广泛的知识背景。信息学科不仅与各类传统学科交叉，如化学学科中的化学计量学领域，机械学科中的机电一体化发展、农业的信息化、智能化交通管理、军事指挥自动化系统、战略防御系统、远程视听教学系统、自动护理系统、远程会诊系统、办公自动化系统等，同时信息技术在信息学科内部也存在交叉，如在物理学和微电子技术、纳米电子技术之间，数学与计算机软件、通信协议之间，生物学与生物电子学、生物信息学、仿生学之间，材料科学与元器件的制造之间等均存在交叉。

随着科学技术的发展，一体化是当代科学技术发展的基本特征。机电一体化、光电一体化等进一步提高了信息存储和加工的效率。多媒体系统的发展使各种媒体综合化、一体化，具有广阔的前景。

信息技术的列车被一前一后两个火车头驱动着：人们生产生活的需求在后面推进，计算科学和技术的进展在前面牵引。迄今为止，人类社会已经发生过4次信息技术革命。

第一次革命是人类创造了语言和文字，接着出现了文献。

第二次革命是造纸和印刷术的出现，进一步扩大了信息交流的范围。

第三次革命是电报、电话、电视及其他通信技术的发明和应用。这次革命是信息传递手段的历史性变革，大大加快了信息传递的速度。

第四次革命是电子计算机和现代通信技术在信息工作中的应用。电子计算机和现代通信技术的有效结合使信息的处理速度、传递速度得到了惊人的提高；人类处理、利用信息的能力达到了空前的高度。

1.3.3　信息技术的核心及支撑技术

信息技术是人的信息器官功能的延长，它的核心是：计算机与智能技术、通信技术、传感技术及控制技术。我们称它们为信息技术四基元。信息技术四基元的关系是一个有机的整体，它们和谐有机地合作，共同完成扩展人的智力功能的任务。图1-1显示了它们之间的关系。无论是信息的获取（感测系统）、信息的传递（通信系统）、信息的处理与再生（计算机与智能系统），还是信息的使用（控制系统），都要通过机械的、电子或微电子的、激光的、生物的技术手段来实现。因为，一切信息技术都要通过某种支撑技术的手段来实现。信息技术（特别是现代信息技术）的支撑技术主要是电子与微电子技术、机械技术、光电子技术和生物技术等。信息技术体系如图1-1所示。

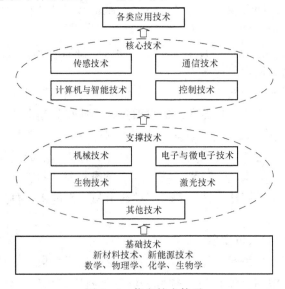

图1-1　信息技术体系

1. 计算机与智能技术

计算机从诞生起就不停地为人们处理大量的信息，而且随着计算机技术的不断发展，其处理信息的能力也在不断加强。现在计算机已经渗透到人们社会生活的各个方面。

计算机技术的发展不仅表现在硬件和软件上，还表现在信息的交流上。多媒体技术是20 世纪 80 年代才兴起的一门技术，它把文字、数据、图形、语音等信息通过计算机进行综合处理，使人们得到更完善、更直观的综合信息。未来，多媒体技术将扮演非常重要的角色。信息技术处理的很大一部分就是音频、图像和视频，因而多媒体技术也是信息技术的一个热点。

当今的计算机信息处理技术在某些方面已经超过了人脑在信息处理方面的能力，如记忆能力、计算能力等；但在许多方面，仍逊色于人脑，如文字识别、语音识别等。尤其重要的是，人脑可以通过自学习、自组织、自适应来不断提高信息处理的能力。所以，计算机的智能化研究将是未来研究的一个方向。

2. 通信技术

通信的发展与社会生活的变化以及人类社会的发展有着极为密切的关系。通信技术在不断改善人们生活质量的同时，也深刻地改变着人们的生产方式和生活方式，推动人类社会向前迈进。借助于通信技术，现在人们可在任何时间、任何地方和需要的人直接取得联系，人们的时空观发生了根本的变化，似乎地球变得越来越小，人们之间的距离变得越来越近。通信发展的历史过程虽然没有明确的界限，但大致可以分为四个阶段，即古代通信、近代通信、现代通信和未来通信。

现在通信技术主要包括数字通信、卫星通信、微波通信、光纤通信等。通信技术的普及应用是现代社会的一个显著标志。通信技术的迅速发展大大加快了信息传递的速度，使地球上任何地点之间的信息传递速度大大缩短，通信能力大大加强，各种信息媒体（数字、声音、图像、图形）都能以综合业务的方式传输。从传统的电话、电报、收音机、电视到如今的移动式电话、传真、卫星通信，这些现代通信方式使数据和信息的传递效率得到很大的提高。

目前，人类在通信技术方面的发展取得了前所未有的成绩。通信卫星、航天飞机、宇宙空间站以及不断发往茫茫星际的飞船已经不再让人惊讶。可视电话系统等的发展，使人类真正成为"千里眼"、"顺风耳"。

计算机网络与通信技术是密不可分的。如今的网络应用已经发展到高带宽、高性能并支持各种综合数字业务，如现场实况转播、网络电话、视频会议、WWW 等多种信息服务的形式。基于网络的工作模式，在很大程度上消除了时间上和空间上的限制，给人们带来了更方便、更快捷地获取信息和合作的途径。

未来的发展中，光通信技术、无线技术、IP 技术等将成为技术普及的新领域。

3. 传感技术

传感技术是当今世界令人瞩目的迅速发展起来的高新技术之一，也是当代科学技术发展的一个重要标志，它与计算机技术、通信技术、微电子技术一起构成信息产业的核心支柱。

传感技术是测量技术、半导体技术、计算机技术、信息处理技术及微电子学、光学、声学、精密机械、仿生学、材料科学等众多学科相互交叉的综合性高新技术密集型前沿技术之一。传感器已广泛应用于航天、航空、国防科研、信息产业、机械、电力、能源、机器人、家电等诸多领域，可以说几乎渗透到每个领域。

如果说计算机是人类大脑的扩展，那么传感器就是人类五官的延伸。目前，利用传感技术已经开发出一大批敏感元件。除了普通的照相机能够收集可见光波的信息、微音器能够收集声波信息之外，现在已经有了红外、紫外等光波波段的敏感元件，帮助人们提取那些人眼见不到的重要信息；还有超声和次声传感器，可以帮助人们获得那些人耳听不到的信息。不仅如此，人们还制造了各种嗅敏、光敏、味敏、热敏、磁敏、湿敏元件以及一些综合敏感元件。这样，就可以把那些人类感觉器官收集不到的各种有用信息提取出来，从而延长和扩展人类收集信息的功能。

4. 控制技术

所谓控制，直观地说，就是指施控主体对受控客体的一种能动作用，这些作用能够使得受控客体根据施控主体的预定目标而动作，并最终达到统一目标。控制作为一种作用，至少要有作用者与受作用者，以及在两者间传送作用的传递者这3个必要的元素。

几十年来，控制理论的发展经历了古典控制理论、现代控制理论和智能控制理论三个阶段。智能控制又包括模糊控制、神经网络控制、专家控制和仿人智能控制。在古典控制理论中，应用最成功的是比例积分微分控制。它是一种在工业生产中广泛应用的常规控制算法，属于线性控制。

计算机控制技术是计算机技术与控制理论、自动化技术相结合的产物。在控制系统中引进计算机，就可以充分运用计算机强大的计算、逻辑判断和记忆等信息加工能力。只要运用微处理器的各种指令，就能编出符合某种控制规律的程序。微处理器执行该程序，就能实现对被控参数的控制。

计算机的应用促进了控制理论的发展。先进的控制理论和计算机技术的发展推动了工业控制的微机化、智能化、网络化和先进控制理论的应用。同时，成功的应用也促进了控制理论的持续和深入开展。因此，计算机在工业生产和理论研究中发挥的作用是无法估量的。

经典技术和理论在应用中遇到不少难题。首先，其分析和设计都是建立在精确的系统数学模型基础上的，而实际系统一般难以获得精确的数学模型；其次，为了提高控制性能，整个控制系统变得极其复杂，增加了设计的难度和设备的投资，降低了系统的可靠性。人工智能的出现和发展促进了自动控制系统向更高层次即智能控制发展。智能控制是一种无需人的干预就能够自主地驱动智能及实现其目标的过程，是用机器模拟人类智能的一个重要领域。当前智能控制技术主要包括以下几个方面：

(1) 模糊控制技术。

(2) 专家控制技术。

(3) 机器学习技术。

5. 微电子技术

信息技术的发展必须具备两个基本的条件：一是快速，即短时间里可以收集或传输大量信息；二是体积小，携带起来方便，在任何场合都能使用。微电子技术满足了这两个条件。微电子技术诞生的标志是1947年发明的晶体管，但微电子产业的快速发展则是在1958年出现第一块集成电路（IC）之后。

所谓微电子，是相对强电、弱电等概念而言的，指它处理的电子信号极其微小。微电子技术是基于半导体材料采用微米级加工工艺制作微小型化电子元器件盒的微型化电路技术。

微电子技术打破整机、线路和元器件间的界限，形成一门横跨材料科学、半导体物理及电子学三大领域的新学科——微电子学。它所研究的核心是集成电路或集成系统的设计和制造。微电子技术不仅使电子设备和系统的微型化成为可能，更重要的是它使电子设备和系统在设计、工艺和封装等诸方面发生了一系列的巨大变革。

现代微电子技术已经渗透到现代高科技的各个领域。现在一切技术领域的发展都离不开微电子技术，尤其是电子计算机技术。它的每一次重大突破都会给电子信息技术带来一次重大革命。我们通常所接触的电子产品，包括通信系统、计算机与网络设备、数字家电等，都是在微电子技术的基础上发展起来的。

微电子已成为支撑信息技术的核心技术。微电子技术的发展使得器件的特征尺寸不断缩小，集成度不断提高，功耗降低，性能提高。随着系统向高速度、低功耗、低电压和多媒体、网络化、移动化的方向发展，系统对电路的要求越来越高，传统集成电路设计已经无法满足性能日益提高的整机系统的要求。由于 IC 设计与工艺技术水平的提高，集成电路规模越来越大，复杂程度越来越高，已经可以将整个系统集成为一个芯片，也就是片上系统（System on Chip，SOC）阶段。

第 2 章　信息的获取与存储

　　任何一个学科都有自己的基本概念，准确把握基本概念是进入这门学科的必经之路。人类为了扩展感觉器官和思维器官的功能，利用信息技术来获取、处理、传递和使用外界的信息。因此，信息科学最基本的概念是信息，它主要研究信息的获取、传输、处理、存储与利用等。

2.1　信 息 的 获 取

　　信息获取是一切生物在自然界能够生存所必不可少的基本环节，生物如不能从外部世界感知信息，就不可能适当地调整自己的状态，改善与外部世界的关系来适应其变化，也就不可避免地遭到被淘汰的命运。人类作为自然界更高级的生物，更必须不停地获取信息，人的眼、耳、口、鼻、舌、皮肤等感觉器官都有获取信息的功能。

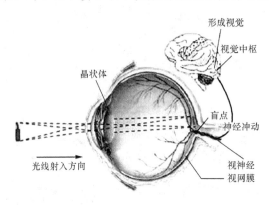

图 2-1　视觉形成过程

　　例如，眼睛是人类最重要的感觉器官，人们从外界接收的各种信息中 80％以上是通过视觉获得的。外界物体反射光线，光线进入眼内，经眼部各屈光介质的折射后形成一个物像焦点落在眼底视网膜上，而视网膜上的视觉神经细胞又将物像分解处理，形成视觉神经冲动，经由视路传递到大脑视皮层，进而由大脑视皮层将双眼分别传入的视觉冲动进行处理融合，从而反映到我们的脑海，如图 2-1 所示。这样，我们就看到了这精彩的世界！

　　可是，人类的感觉器官存在着一些天然的缺陷，如人眼仅能够感受到波长为 380～780nm 的可见光，对小于 380nm 的紫外光和大于 780nm 的红外光谱就无法感知了。人耳也只能对 20Hz～20kHz 范围的音频具有响应能力，而对次声和超声信息就无能为力。因此，人类需要根据信息感知的原理去研制具有更优异性能的人工感知系统，扩展和完善人类感知信息的能力。

2.1.1　语音信息的获取

1. 留声机

　　150 年前，法国发明家斯科特发明了声波振记器，这是最早的原始录音机，是留声机的鼻祖。1877 年 11 月 21 日，美国发明家托马斯·阿尔瓦·爱迪生宣布，他发明了第一台留声机——一种录制并重放声音的装置，如图 2-2 所示。爱迪生曾回忆说："我大声说完一句话，机器就会回放我的声音。我一生从未这样惊奇过"。

　　1877 年 11 月 29 日，他首次演示了这一装置。1878 年 2 月 19 日，他取得美国发明专利。爱迪生早期的留声机可以将声波变换成金属针的振动，然后将波形刻录在圆筒形蜡管的锡箔上。当针再一次沿着刻录的轨迹行进时，便可以重新发出留下的声音。这个装置录下爱迪生朗读的《玛丽有只小羊》的歌词："玛丽抱着羊羔，羊羔的毛像雪一样白"。总共 8s 的声音成为世界录音史上的第一声，它轰动了世界。爱迪生一生取得了一千多种发明专利权，其中留声机是最令他得意的。

图 2-2　爱迪生发明的留声机

2. 拾音器

留声机采用直接记录声波引起的机械振动的方法来获取声音信息。除此之外，现在大量采用的方法是将声音转换成电信号，统称这类转换器为拾音器。固定电话和移动电话中的送话器就属于拾音器。按声波转换成电信号的机理不同，大致分为两类器件，一类是压电陶瓷，另一类是动感线圈。压电陶瓷的物理特性是当磁体受压时，产生电，可通过瓷片两边的金属膜将电信号引出；如果在瓷片两边加电压信号，则瓷片就产生与电压信号相同的振动。压电陶瓷拾音器的结构如图 2-3 所示。动感线圈的工作原理是线圈切割磁力线而产生电压。这两类拾音器的共同结构是都有一个"纸盆"以感知声波的振动。如将拾音器的输出送至受话器（或者喇叭）则可发声。压电陶瓷成本低，灵敏度高，但音质不好。目前利用动感线圈原理制作的拾音器较多，体积大的如扩音器中的麦克风，小的如移动电话中的送话器，直径仅约 6mm，厚度不到 1mm。

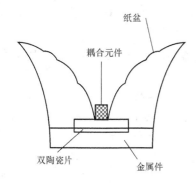

图 2-3　压电陶瓷拾音器的结构

纸盆

耦合元件

双陶瓷片　　金属件

2.1.2　图像信息的获取

图像信息的应用十分广泛，如照相机、摄像头、视频会议、远程医疗、机器人视觉、地球资源遥感等。要获取图像，首先要有摄像头。摄像头分为光电扫描摄像头和半导体电荷耦合器件（CCD）摄像头两大类，早期用光电扫描摄像头，现在几乎都采用 CCD 摄像头。

2009 年 10 月 6 日，2009 年诺贝尔物理学奖揭晓，瑞典皇家科学院诺贝尔奖委员会宣布将该奖项授予一名中国香港科学家高锟（Charles K. Kao）和两名科学家维拉·博伊尔（Willard S. Boyle）、乔治·史密斯（George E. Smith）。高锟因在光学通信领域中光传输的开创性成就而获奖，维拉·博伊尔和乔治·史密斯因发明了成像半导体电路——电荷耦合器件图像传感器 CCD 获此殊荣。

CCD 的全称是 Charge-coupled Device，中文名字为电荷耦合元件。CCD 是一种半导体器件，能够把光学影像转化为电流信号。CCD 上植入的微小光敏物质称作像素（Pixel）。一块 CCD 上包含的像素数越多，其提供的画面分辨率也就越高。CCD 上有许多排列整齐的光电二极管，能感应光线，并将光信号转变成电信号，经外部采样放大及模数转换电路转换成数字图像信号。

CCD 广泛应用在数码摄影、天文学，尤其是光学遥测技术和高速摄影技术。CCD 在摄像机、数码相机和扫描仪中应用广泛，只不过摄像机中使用的是点阵 CCD，即包括 x、y 两个方向用于摄取平面图像；而扫描仪中使用的是线性 CCD，它只有 x 一个方向，y 方向扫描由扫描仪的机械装置来完成。

2.1.3　物理参数信息的获取——传感器技术

1. 传感器的定义和组成

在工业控制中往往需要测量被控制对象的物理参数，如温度、湿度、压力、气体浓度、流量、流速等，这些都是通过传感器来实现的。传感器是一种检测装置，能感受到被测量的信息，并能将感受到的信息按一定规律变换成为电信号或其他所需形式的信息输出，以满足信息的传输、处理、存储、显示、记录和控制等要求。

传感器技术是现代信息技术的主要内容之一。信息技术包括计算机技术、通信技术和传感器技术等，其中计算机相当于人的大脑，通信相当于人的神经，而传感器就相当于人的感官。传感器就是能感受外界信息并能按一定规律将这些信息转换成可用信号的装置，它能够把自然界的各种物理量和化学量等非电量精确地变换为电信号，再经过电子电路或计算机进行处理，从而对这些量进行监测或控制。

传感器主要由直接响应于被测量的敏感元件和产生可用输出的转换元件以及相应的基本转换电路组成。传感器的组成框图如图 2-4 所示。

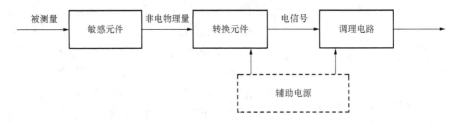

图 2-4　传感器组成框图

敏感元件的作用是直接感受被测量，并以确定关系输出某一物理量，如弹性敏感元件将力转换为位移或应变输出。转换元件将敏感元件输出的非电物理量（如位移、应变、光强等）转换成适于传输和处理的电信号。调理电路能把传感元件输出的电信号转换为便于显示、记录、处理和控制的有用电信号。

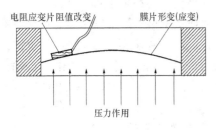

图 2-5　压阻式压力传感器原理示意图

下面我们以压阻式压力传感器为例，介绍传感器的工作原理。其原理示意图如图 2-5 所示。电阻应变片是一种将被测件上的应变变化转换成为一种电信号的敏感器件，它是压阻式应变传感器的主要组成部分之一。电阻应变片通过特殊的黏合剂紧密地黏合在产生力学应变基体上，当基体受力发生应力变化时，电阻应变片也一起产生形变，使应变片的阻值发生改变，从而使加在电阻上的电压发生变化。这种应变片在受力时产生的阻值变化通常较小，一般这种应变片都组成应变桥，并通过后续的仪表放大器进行放大，再传输给处理电路（通常是 A/D 转换和 CPU）或执行机构。

压力传感器是工业实践中最为常用的一种传感器，其广泛应用于各种工业自控环境，涉及水利水电、铁路交通、智能建筑、生产自控、航空航天、军工、石化、油井、电力、船舶、机床、管道等诸多行业。

2. 传感器的分类

传感器种类繁多，按照不同的划分标准，具有不同的分类方式。目前采用较多的传感器分类方法主要有以下几种：

（1）按能量供给形式分类。分为无源传感器和有源传感器。无源传感器只是被动地接收来自被测物体的信息；有源传感器则可以有意识地向被测物体施加某种能量，并将来自被测物体的信息变换为便于检测的能量后再进行检测。

（2）按功能分类。分为电传感器、磁传感器、位移传感器、压力传感器、振动传感器、声传感器、速度传感器、加速度传感器、流量传感器、流速传感器、真空度传感器、温度传感器、湿度传感器、光传感器、射线传感器、分析传感器、仿生传感器、气体传感器和离子传感器等。

（3）按使用材料分类。分为陶瓷传感器、半导体传感器、复合材料传感器、金属材料传感器、高分子材料传感器。

（4）按技术特点分类。分为电传送、气传送或光传送，位式作用或连续作用，有触点或无触点，模拟式或数字式，常规式或灵巧式，接触式或非接触式，普通型、隔爆型或本安型（本质安全型）等传感器。

3. 传感器的地位和作用

现代信息产业的三大支柱是传感器技术、通信技术和计算机技术，它们分别构成了信息系统的"感官""神经"和"大脑"。传感器是信息采集系统的首要部件。鉴于传感器的重要性，发达国家对传感器在信息社会中的作用又有了新的认识和评价。美国把 20 世纪 80 年代看做是传感器时代，把传感器技术列为 90 年代 22 项关键技术之一；日本曾把传感器列为十大技术之首；我国的"863"计划、科技攻关等计划中也把传感器研究放在重要的位置。传感器还是测控系统获得信息的重要环节，在很大程度上影响和决定了系统的功能。在现代工业生产尤其是自动化生产过程中，要用各种传感器来监视和控制生产过程中的各个参数，使设备工作在正常状态或最佳状态，并使产品达到最好的质量。因此可以说，没有众多的优良的传感器，现代化生产也就失去了基础。

不仅工程技术领域中如此，就是在基础科学研究中，由于新机理和高灵敏度检测传感器的出现，也会导致该领域的突破。例如约瑟夫逊效应器件的出现，不仅解决了对 10^{-13} T 超弱磁场的检测，同时还解决了对 10^{-12} A 及 10^{-23} J 等物理量的高精度检测，还发现和证实了磁单极子的存在，对于多种基础科学的研究和精密计量产生了巨大的影响。所以，20 世纪 80 年代以来，世界各国都将传感器技术列为重点发展的高新技术，备受关注。

4. 传感器技术的发展方向

在人类文明史的历次产业革命中，感受、处理外部信息的传感技术一直扮演着一个重要角色。在 18 世纪产业革命以前，传感技术由人的感官实现：人观天象而仕农耕，察火色以冶钢铁。从 18 世纪产业革命以来，特别是在 20 世纪信息革命中，传感技术越来越多地由人造感官，即工程传感器来实现。

传感器技术所涉及的知识非常广泛，渗透到各个学科领域。它们的共性是利用物理定律和物质的物理、化学和生物特性，将非电量转换成电量。所以如何采用新技术、新工艺、新材料以及探索新理论达到高质量的转换，是总的发展途径。

当今，传感器技术的主要发展动向：一是开展基础研究，重点研究传感器的新材料和新工艺；二是实现传感器的微型化、阵列化、集成化和智能化。传感器的具体发展方向如下：

(1) 发现和应用新现象。利用物理现象、化学反应和生物效应设计制作各种用途的传感器，这是传感器技术的重要基础工作。因此，发现和应用新现象，其意义极为深远。

(2) 开发新材料。传感器材料是传感器技术的重要基础，随着物理学和材料科学的进步，人们也有可能通过自由地控制制造出来的材料成分，从而设计制造出用于各种传感器的材料。

(3) 发展微机械加工技术。微机械加工技术除全面继承氧化、光刻、扩散、淀积等微电子技术外，还发展了平面电子工艺技术、各向异性腐蚀、固相键合工艺和机械分断技术。当今平面电子工艺技术中引人注目的是利用薄膜制作快速响应传感器，其中用于检测 NH_3 和 H_2S 的快速响应传感器已较成熟。

(4) 发展多功能传感器。研制能同时检测多种信号的传感器，已成为传感器技术发展的一个重要方向。日本丰田研究所开发实验室研制成功了同时检测 Na^+ 和 H^+ 的多离子传感器。

(5) 仿生传感器。化学和生物战可能是这种传感器的主要应用领域，它在出现生物攻击时可瞬时识别可疑的病原体，食品工业也可利用它监视变质和污染的食品。例如，检验员只要将传感器在肉上擦一下，就可探测出是否存在大肠杆菌等危险的病原体。此外，还可在食品包装袋上附上这样的传感器条，顾客可以根据颜色的变化判断食品是否变质。

(6) 智能化传感器。智能化传感器是一种具有判断能力、学习能力的传感器。它实际上是一种带微处理器的传感器，具有检测、判断和信息处理功能。智能化传感器的代表是美国霍尼威尔公司的 ST-3000 型智能传感器，它是一种带有微处理器的兼有检测和信息处理功能的传感器。

同一般传感器相比，智能化传感器具有以下几个显著特点：

1) 精度高。由于智能式传感器具有信息处理的功能，因此通过软件不仅可以修正各种确定性系统误差（如传感器输入/输出的非线性误差、温度误差、零点误差、正反行程误差等），而且还可以适当地补偿随机误差，降低噪声，从而使传感器的精度大大提高。

2) 稳定、可靠性好。它具有自诊断、自校准和数据存储功能，对于智能结构系统还有自适应功能。

3) 检测与处理方便。它不仅具有一定的可编程自动化能力，可根据检测对象或条件的改变，方便地改变量程及输出数据的形式等，而输出数据可通过串行或并行通信线直接送入远程计算机进行处理。

4) 功能广。不仅可以实现多传感器多参数综合测量，扩大测量与使用范围，而且可以有多种形式输出（如 RS-232 串行输出、PIO 并行输出、IEEE-488 总线输出以及经 D/A 转换后的模拟量输出等）。

5) 性价比高。在相同精度条件下，多功能智能化传感器与单一功能的普通传感器相比，其性价比高，尤其是在采用比较便宜的单片机后更为明显。

2.2 信息的数字化表示

2.2.1 数字化时代

在电子信息系统中，获取信息的初始形态一般都是随时间而连续变化的模拟量，如模拟语音波形、模拟电视信号等。自 20 世纪末期以来，随着微电子设计和加工技术从微米逐步向纳米技术的发展，构筑数字化电子系统的各类微电子器件的性能和性价比得到大大提高，正推动着现代通信、家用电子产品、工业自动化控制、军事信息化电子系统等向数字化快速发展。数字通信取代了模拟通信，数字化工业控制日益普遍，数字化家用电子产品正被人们日益追逐，数字化潮流已成为时代的特征。

数字化技术的重要性至少可以体现在以下几个方面：

（1）数字化是数字计算机的基础。若没有数字化技术，就没有当今的计算机，因为数字计算机的一切运算和功能都是用数字来完成的。

（2）数字化是多媒体技术的基础。数字、文字、图像、语音，包括虚拟现实，及可视世界的各种信息等，实际上通过采样定理都可以用 0 和 1 来表示，这样数字化以后的 0 和 1 就是各种信息最基本、最简单的表示。因此计算机不仅可以计算，还可以发出声音、打电话、发传真、放录像、看电影，这就是因为 0 和 1 可以表示这种多媒体的形象。用 0 和 1 还可以产生虚拟的房子，因此用数字媒体就可以代表各种媒体，就可以描述千差万别的现实世界。

（3）数字化是软件技术的基础，是智能技术的基础。软件中的系统软件、工具软件、应用软件等，信号处理技术中的数字滤波、编码、加密、解压缩等都是基于数字化实现的。例如图像的数据量很大，数字化后可以将数据压缩十倍到几百倍；图像受到干扰变得模糊，可以用滤波技术使其变得清晰。这些都是经过数字化处理后得到的结果。

（4）数字化是信息社会的技术基础。数字化技术正在引发一场范围广泛的产品革命，各种家用电器设备、信息处理设备都将向数字化方向变化，如数字电视、数字广播、数字电影、DVD 等，现在通信网络也向数字化方向发展。有人把信息社会的经济说成是数字经济，这足以证明数字化对社会的影响有多么重大。

2.2.2 二进制

人类用文字、图表、数字表达和记录着世界上各种各样的信息，便于人们用来处理和交流。现在可以把这些信息都输入到计算机中，由计算机来保存和处理。现代计算机都使用二进制来表示数据。现在我们所要讨论的就是用二进制来表示这些数据。二进制并不符合人们的习惯，但是计算机内部却采用二进制表示信息，其主要原因有如下 4 点。

1. 电路简单

在计算机中，若采用十进制，则要求处理 10 种电路状态，相对于两种状态的电路来说，是很复杂的；而用二进制表示，则逻辑电路的通、断只有两个状态。例如：开关的接通与断开，电平的高与低等。这两种状态正好用二进制的 0 和 1 来表示。

2. 工作可靠

在计算机中，用两个状态代表两个数据，数字传输和处理方便、简单，不容易出错，因而电路更加可靠。

3. 简化运算

在计算机中，二进制运算法则很简单。例如：相加减的速度快，求积规则有 3 个，求和规则也只有 3 个。

4. 逻辑性强

二进制只有两个数码，正好代表逻辑代数中的"真"与"假"，而计算机工作原理是建立在逻辑运算基础上的，逻辑代数是逻辑运算的理论依据。用二进制计算具有很强的逻辑性。

2.2.3　进位计数制

用若干数位（由数码表示）的组合去表示一个数，各个数位之间是什么关系，即逢"几"进位，这就是进位计数制的问题，也就是数制问题。数制，是人们利用数字符号按进位原则进行数据大小计算的方法，通常是以十进制来进行计算的。另外，还有二进制、八进制和十六进制等。在计算机的数制中，要掌握 3 个概念，即数码、基数和位权。

下面简单地介绍这 3 个概念。

数码：一个数制中表示基本数值大小的不同数字符号。例如，八进制有 8 个数码：0、1、2、3、4、5、6、7。

基数：一个数值所使用数码的个数。例如，八进制的基数为 8，二进制的基数为 2。

位权：一个数值中某一位上的 1 所表示数值的大小。例如，八进制的 123，1 的位权是 64，2 的位权是 8，3 的位权是 1。

1. 十进制（Decimal Notation）

十进制的特点如下：

（1）有 10 个数码：0、1、2、3、4、5、6、7、8、9。

（2）基数：10。

（3）逢十进一（加法运算），借一当十（减法运算）。

（4）按权展开式。对于任意一个 n 位整数和 m 位小数的十进制数 D，均可按权展开为

$$D = D_{n-1} \times 10^{n-1} + D_{n-2} \times 10^{n-2} + \cdots + D_1 \times 10^1 + D_0 \times 10^0 + D_{-1} \times 10^{-1} + \cdots + D_{-m} \times 10^{-m}$$

例如：将十进制数 456.24 写成按权展开式形式为

$$456.24 = 4 \times 10^2 + 5 \times 10^1 + 6 \times 10^0 + 2 \times 10^{-1} + 4 \times 10^{-2}$$

2. 二进制（Binary Notation）

二进制的特点如下：

（1）有两个数码：0、1。

（2）基数：2。

（3）逢二进一（加法运算），借一当二（减法运算）。

（4）按权展开式。对于任意一个 n 位整数和 m 位小数的二进制数 D，均可按权展开为

$$D = B_{n-1} \times 2^{n-1} + B_{n-2} \times 2^{n-2} + \cdots + B_1 \times 2^1 + B_0 \times 2^0 + B_{-1} \times 2^{-1} + \cdots + B_{-m} \times 2^{-m}$$

例如：$(11001.101)_2$ 表示的十进制数为

$$1 \times 2^4 + 1 \times 2^3 + 0 \times 2^2 + 0 \times 2^1 + 1 \times 2^0 + 1 \times 2^{-1} + 0 \times 2^{-2} + 1 \times 2^{-3} = (25.625)_{10}$$

3. 八进制（Octal Notation）

八进制的特点如下：

（1）有 8 个数码：0、1、2、3、4、5、6、7。

（2）基数：8。

（3）逢八进一（加法运算），借一当八（减法运算）。

（4）按权展开式。对于任意一个 n 位整数和 m 位小数的八进制数 D，均可按权展开为

$$D = O_{n-1} \times 8^{n-1} + \cdots + O_1 \times 8^1 + O_0 \times 8^0 + O_{-1} \times 8^{-1} + \cdots + O_{-m} \times 8^{-m}$$

例如：$(5346)_8$ 表示的十进制数为

$$5 \times 8^3 + 3 \times 8^2 + 4 \times 8^1 + 6 \times 8^0 = (2790)_{10}$$

4. 十六进制（Hexadecimal Notation）

十六进制的特点如下：

（1）有 16 个数码：0、1、2、3、4、5、6、7、8、9、A、B、C、D、E、F。

（2）基数：16。

（3）逢十六进一（加法运算），借一当十六（减法运算）。

（4）按权展开式。对于任意一个 n 位整数和 m 位小数的十六进制数 D，均可按权展开为

$$D = H_{n-1} \times 16^{n-1} + \cdots + H_1 \times 16^1 + H_0 \times 16^0 + H_{-1} \times 16^{-1} + \cdots + H_{-m} \times 16^{-m}$$

在 16 个数码中，A、B、C、D、E 和 F 这 6 个数码分别代表十进制的 10、11、12、13、14 和 15，这是国际上通用的表示法。

例如：十六进制数 $(4C4D)_{16}$ 代表的十进制数为

$$4 \times 16^3 + C \times 16^2 + 4 \times 16^1 + D \times 16^0 = (19533)_{10}$$

几种常用进制之间的对应关系见表 2-1。

表 2-1　　　　　　　　　　　几种常用进制之间的对应关系

十进制	二进制	八进制	十六进制
0	0000	0	0
1	0001	1	1
2	0010	2	2
3	0011	3	3
4	0100	4	4
5	0101	5	5
6	0110	6	6
7	0111	7	7
8	1000	10	8
9	1001	11	9
10	1010	12	A
11	1011	13	B
12	1100	14	C
13	1101	15	D
14	1110	16	E
15	1111	17	F

2.2.4　几个基本概念

经过收集、整理和组织起来的数据，能成为有用的信息。数据是指能够输入计算机并被

计算机处理的数字、字母和符号的集合。平常所看到的景象和听到的事实，都可以用数据来描述。可以说，只要计算机能够接受的信息都可叫做数据。

在计算机内部，数据都是以二进制的形式存储和运算的。计算机数据的表示经常用到以下几个概念。

1. 位

二进制数据中的一个位（bit）简写为 b，音译为比特，是计算机存储数据的最小单位。一个二进制位只能表示 0 或 1 两种状态，要表示更多的信息，就要把多个位组合成一个整体，一般以 8 位二进制组成一个基本单位。

2. 字节

字节是计算机数据处理的最基本单位，并主要以字节为单位解释信息。字节（Byte）简记为 B，规定一个字节为 8 位，即 1B＝8b。每个字节由 8 个二进制位组成。一般情况下，一个 ASCII 码占用一个字节，一个汉字国际码占用两个字节。

3. 字

一个字通常由一个或若干个字节组成。字（Word）是计算机进行数据处理时，一次存取、加工和传送的数据长度。由于字长是计算机一次所能处理信息的实际位数，因此，它决定了计算机数据处理的速度，是衡量计算机性能的一个重要指标。字长越长，性能越好。

4. 数据的换算关系

1B＝8b，1KB＝1024B，1MB＝1024KB，1GB＝1024MB，1TB＝1024GB。

计算机型号不同，其字长是不同的，常用的字长有 8、16、32、64 位。一般情况下，IBM PC/XT 的字长为 8 位，80286 微机字长为 16 位，80386/80486 微机字长为 32 位，Pentium 系列微机字长为 64 位。

例如，一台微机，光盘容量为 256MB，U 盘容量为 4GB，硬盘容量为 2TB，则它实际的存储字节数分别为

$$光盘容量＝256×1024×1024B＝268\ 435\ 456B$$
$$U\ 盘容量＝4×1024×1024×1024B＝4\ 294\ 967\ 296B$$
$$硬盘容量＝2×1024×1024×1024×1024B＝2\ 199\ 023\ 255\ 552B$$

如何表示正负和大小，在计算机中采用什么计数制，是学习计算机的一个重要问题。数据是计算机处理的对象，在计算机内部，各种信息都必须通过数字化编码后才能进行存储和处理。

2.2.5　各种数据在计算机中的编码

计算机中不但使用数值型数据，还大量使用非数值型数据，如字符、汉字等。例如，表示一条操作指令通常要使用英文字母；在输入和输出时，要使用大量的图形符号。这些字符在计算机中都以二进制代码形式表示。

计算机是以二进制方式组织、存放信息的，信息编码就是指对输入到计算机中的各种数值和非数值型数据用二进制数进行编码的方式。对于不同机器、不同类型的数据其编码方式是不同的，编码的方法也很多。为了使信息的表示、交换、存储或加工处理方便，在计算机系统中通常采用统一的编码方式，因此制定了编码的国家标准或国际标准。例如：位数不等的二进制码、BCD 码、ASCII 码、汉字编码等。计算机使用这些编码在计算机内部和键盘等终端之间以及计算机之间进行信息交换。

在输入过程中，系统自动将用户输入的各种数据按编码的类型转换成相应的二进制形式存入计算机存储单元中。在输出过程中，再由系统自动将二进制编码数据转换成用户可以识别的数据格式输出给用户。

2.2.5.1 英文字符的数字化编码

计算机中使用最多的字符包括十进制数字 0～9，大、小写英文字母 A～Z 和 a～z，常用的运算符和标点符号等共 128 个。可以用 7 位二进制数对这些字符进行编码（因为 128＝2^7），使得每个字符得到的码值都不重复。国际上通用的字符编码是美国标准信息交换码，简称 ASCII 码。

ASCII 码使用指定的 7 位或 8 位二进制数组合来表示 128 种或 256 种可能的字符。标准 ASCII 码（见表 2-2）也叫基础 ASCII 码，使用 7 位二进制数来表示所有的大写和小写字母，数字 0 到 9、标点符号，以及在美式英语中使用的特殊控制字符。其中，0～31 及 127（共 33 个）是控制字符或通信专用字符（其余为可显示字符），如控制符：LF（换行）、CR（回车）、FF（换页）、DEL（删除）、BS（退格）、BEL（振铃）等；通信专用字符：SOH（文头）、EOT（文尾）、ACK（确认）等；ASCII 值为 8、9、10 和 13 分别转换为退格、制表、换行和回车字符。它们并没有特定的图形显示，但会依不同的应用程序，而对文本显示有不同的影响。32～126（共 95 个）是字符（32SP 是空格），其中 48～57 为 0～9 十个阿拉伯数字，65～90 为 26 个大写英文字母，97～122 为 26 个小写英文字母，其余为一些标点符号、运算符号等。

表 2-2　　　　　　　标　准　ASCII　码

ASCII 值（十六进制）	字符	ASCII 值（十六进制）	字符
0	NUL	10	DLE
1	SOH	11	DC1
2	STX	12	DC2
3	ETX	13	DC3
4	EOT	14	DC4
5	ENQ	15	NAK
6	ACK	16	SYN
7	BEL	17	ETB
8	BS	18	CAN
9	HT	19	EM
0A	NL	1A	SUB
0B	VT	1B	ESC
0C	FF	1C	FS
0D	ER	1D	GS
0E	SO	1E	RE
0F	SI	1F	US

续表

ASCII 值（十六进制）	字符	ASCII 值（十六进制）	字符
20	sp	40	@
21	!	41	A
22	"	42	B
23	#	43	C
24	$	44	D
25	%	45	E
26	&	46	F
27	`	47	G
28	(	48	H
29	)	49	I
2A	*	4A	J
2B	+	4B	K
2C	,	4C	L
2D	—	4D	M
2E	.	4E	N
2F	/	4F	O
30	0	50	P
31	1	51	Q
32	2	52	R
33	3	53	S
34	4	54	T
35	5	55	U
36	6	56	V
37	7	57	W
38	8	58	X
39	9	59	Y
3A	:	5A	Z
3B	;	5B	[
3C	<	5C	\
3D	=	5D	]
3E	>	5E	^
3F	?	5F	_

ASCII 值（十六进制）	字符	ASCII 值（十六进制）	字符
60	`	70	p
61	a	71	q
62	b	72	r
63	c	73	s
64	d	74	t
65	e	75	u
66	f	76	v
67	g	77	w
68	h	78	x
69	i	79	y
6A	j	7A	z
6B	k	7B	{
6C	l	7C	|
6D	m	7D	}
6E	n	7E	~
6F	o	7F	del

同时还要注意，在标准 ASCII 码中，其最高位（b7）用作奇偶校验位。奇偶校验是指在代码传送过程中用来检验是否出现错误的一种方法，一般分奇校验和偶校验两种。奇校验规定：正确的代码一个字节中 1 的个数必须是奇数，若非奇数，则在最高位 b7 添 1；偶校验规定：正确的代码一个字节中 1 的个数必须是偶数，若非偶数，则在最高位 b7 添 1。

2.2.5.2　汉字的数字化编码

英文是拼音文字，一个不超过 128 种字符的字符集，就可满足英文处理的需要。汉字是平面结构，字数多，字形复杂，长期被认为不便于计算机存储和处理，因而有一些人主张用拼音文字来取代汉字。经过我国科技工作者的不懈努力，这一问题已得到了较好的解决，我国已经具备了成熟的汉字信息处理方法，并且得到了广泛应用。

汉字系统对每个汉字规定了输入计算机的编码，即汉字的输入码。计算机为了识别汉字，要把汉字的输入码转换成汉字的机内码，以便进行处理和存储。为了将汉字以点阵的形式输出，还要将汉字的内部码转换为汉字的字形码，确定一个汉字的点阵，并且，在计算机和其他系统或设备需要信息、数据交流时还必须采用国标码。

1. 国标码

用计算机处理汉字，首先要解决汉字在计算机里如何表示的问题，即汉字编码问题。根据统计，在人们日常生活交往中，包括社会生活、经济、科学技术交流等方面，经常使用的汉字约有四五千个。汉字字符集是一个很大的集合，至少需要用两个字节作为汉字编码的形式。原则上，两个字节可以表示 256×256＝65 536 种不同的符号，作为汉字编码表示的基础是可行的。但考虑到汉字编码与其他国际通用编码，如 ASCII 西文字符编码的关系，我国国家标准局采用了加以修正的两字节汉字编码方案，只用了两个字节的低 7 位。这个方案可以容纳 128×128＝16384 种不同的汉字，但为了与标准 ASCII 码兼容，每个字节中都不能再用 32 个控制功能码和码值为 32 的空格以及 127 的操作码。因此，每个字节只能有 94个编码。这样，双七位实际能够表示的字数是 94×94＝8836 个。

我国根据汉字的常用程度定出了一级和二级汉字字符集，并规定了编码。国家标准局于1981 年公布了 GB 2312—1980《信息交换用汉字编码字符集 基本集》，其中共收录汉字和图形符号（682 个）7445 个。

每一个汉字或符号都用两个字节表示。其中每一个字节的编码取值范围都是从 20H～7EH，即十进制写法的 33～126，这与 ASCII 编码中可打印字符的取值范围一样，都是 94个。因为这样两个字节可以表示的不同字符总数为 8836 个，而国标码字符集共有 7445 个字符，所以在上述编码范围中实际上还有一些空位。

2. 机内码

汉字国标码作为一种国家标准，是所有汉字编码都必须遵循的统一标准，但由于国标码每个字节的最高位都是"0"，与国际通用的标准 ASCII 码无法区分。例如，"天"字的国标码是 01001100 01101100，即两个字节分别是十进制的 76、108，十六进制的 4CH、6CH；而英文字符"L"和"l"的 ASCII 码也恰好是 76 和 108，因此，如果内存中的两个字节为76 和 108，就难以确定到底是汉字"天"字，还是英文字符"L"和"l"。显然，国标码必须进行某种变换才能在计算机内部使用。常见的用法是将两个字节的最高位设定为 1（低 7位采用国标码）。经过这样处理后的国标码称之为机内码。例如，汉字"天"字的机内码是11001100 11101100，写成十六进制是 CCH ECH，即十进制的 204 236。由于 ASCII 码只用低 7 位，首位置 0，因此国标码每个字节最高位的"1"就可以作为识别汉字码的标志。计算机在处理到首位是"1"的代码时把它理解为是汉字的信息，在处理到首位是"0"的代码时把它理解为 ASCII 码。

但这种用法对国际通用性以及 ASCII 码在通信传输时加奇偶检验位等都是不利的，因而还有改进的必要。

3. 输入码

输入码是计算机输入汉字的代码，是代表某一个汉字的一组键盘符号。为了建立友好的用户界面，输入码的规则必须简单清晰、直观易学、容易记忆、操作方便、码位短、输入速度快、重码少，既适合初学者学习，又能满足专业输入者的要求，便于盲打。汉字的输入方法不同，同一个汉字的输入码可能不一样。人们根据汉字的属性（汉字字量、字形、字音、使用频度）提出了数百种汉字输入码的编码方案。由于用户不同、用途不同，各自喜爱的编码方式也不尽相同，故对选用什么编码方案不能强求统一。例如拼音码和五笔字型比较受一般用户的欢迎。

4. 字形码

字形码是表示汉字字形的字模数据，通常用点阵、矢量函数等方式表示。用点阵表示字形时，字形码一般指确定汉字字形的点阵代码。字形码也称字模码，它是汉字的输出形式，随着汉字字形点阵和格式的不同，字形码也不同。常用的字形点阵有 16×16 点阵、24×24点阵、48×48 点阵等。字形点阵的信息量是很大的，占用存储空间也很大，以 16×16 点阵为例，每个汉字占用 32（2×16）个字节，两级汉字大约占用 256KB。因此，字形点阵只能用来构成"字库"，而不能用于机内存储。字库中存储了每个汉字的点阵代码，当显示输出时才检索字库，输出字形点阵得到字形。

以 8×8 点阵记录"人"字字形为例来说明字形码，如图 2-6 所示。每格即 1 个点，共 8×8＝64 点，若白色为 0，黑色为 1，则对于这个"人"字，需记录为右侧二进制形式。这就是使用点阵法将字形与二进制对应的方法。如果将这些点再细分成 16×16 点阵，显示的"人"字是不是会更精细一些呢？是的，但需要用到的二进制位也会更多。因此，点越多，文字越精细，占用的存储空间也越大。

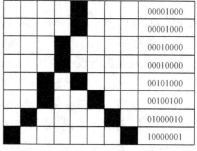

图 2-6　字形码示例

2.3　信 息 的 存 储

随着信息技术的全球化、多媒体化，人类要处理的信息量与日俱增，要求不断开发具有更高信息存储密度及更快响应速度的材料和器件。在信息时代，我们采用的存储类型有光存储、半导体存储、磁存储以及新型的固体存储器。对于信息的存储，我们的兴趣点集中在以下几个方面：①保真性；②稳定性；③读写难易度；④单位存储价格。人们循着这些要求不断地提升、改进信息存储的材料和器件。

1. 光存储

光存储主要是基于光子与材料表面直接作用（进行数据存储），发生光热、光折变、光致变色、光诱导化学反应等各种光致物理化学效应，使得材料在记录前后的物理特性发生改变，从而达到信息存储的目的。它的存储密度受到光的波长和有机材料的影响。传统光盘存储受衍射分辨率极限的限制，即使采用更大数值孔径的聚焦镜和更短的波长，也很难进一步提高存储密度。随着全息图像的出现以及激光技术的发展，全息光存储技术的发展成为可能，它采用合理的复用技术，可以有效地增加系统的存储容量，提高存储系统的性能。2007年 1 月，InPhase 公司与德国厂商 DSM 签订了 OEM 协议，由后者制造存储容量达 300GB的 Tapestry 300R 全息存储驱动器。

2. 半导体存储

半导体存储器的发展历史实际上也是半导体业的发展历史，并且存储器型半导体是半导体业的主要组成部分之一。如计算机的内在主要就是半导体存储，分为 RAM 和 ROM，但是晶体管的集成受到 Moore 定律的限制。现今 IBM、AMD、意法半导体、东芝公司等推出的 22nm 制程工艺的芯片是密度最大的，$0.1\mu m^2$ 区域可以集成 6 个晶体管。下一代 CPU 将采用 14nm 制程工艺，存储密度将进一步提高。现在市场上推出的固态硬盘也属于半导体存储，但是其价格高昂，容量也不及普通磁盘。

3. 磁存储

磁存储技术的历史长久，第 1 台 0.5in 磁带机 1952 年在 IBM 公司问世，迄今 60 多年来，磁带的发展从来没有停止过。磁带主要有 DAT 技术、DLT 技术、VXA 技术、LTO 技术、Mammoth 技术、AIT 技术等。磁带的可移动性、高容量和可靠性是其生命力长久的主要因素。IBM 公司展示过一款磁带样品，存储密度达到每平方英寸 29.5GB，其存储量是非常大的，因此磁带一般作为大数据库的存储器。磁盘的发展也很迅速，1898 年丹麦工程师波尔逊首次用磁存储方法将声音记录于钢丝上，然后重新播放。自此以来，磁性材料在当今信息时代的应用越来越广泛，利用它可对多种图像、声音、数码等信息转换、记录、存储和处理。在磁存储中信息的记录与读出原理是磁致电阻效应。磁致电阻磁头的核心是一片金属材料，其电阻随磁场变化而变化。磁记录方式可分为水平（纵向）磁记录和垂直磁记录两种，目前垂直磁记录技术已经广泛应用于市场硬盘。水平（纵向）磁记录的磁位单元两个磁极都在盘片表面上，磁头采用环式写入元件，通过其下方的狭缝磁场即可将磁变换记录到磁位单元。而使用垂直磁记录后，磁位单元只有一个磁极暴露在盘片表面上，磁头必须改用底部开口很大的单极写入元件，并在磁记录层下面加入较厚的软磁底层，单极写入元件的信号极和返回极之间的磁场通过磁记录层和软磁底层形成完整的回路。因此，水平（纵向）磁记录模式下，每个磁位占的面积较大，也就很难提高磁记录密度，一张 3.5in 的硬盘一般不能超过 500GB。垂直磁记录模式下，薄膜是在沿法线方向上被磁化的。在记录状态下，由于静磁相互作用的存在，水平磁记录模式在低记录密度时是稳定的，而垂直磁记录模式则在高记录密度时是稳定的。二者的这个本质区别就决定了磁记录模式从水平磁记录向垂直磁记录过渡的必然趋势。第一款容量达到 750GB 的硬盘驱动器——希捷 2006 年 4 月底发布的 Barracuda 7200.10 就导入了垂直磁记录技术。

信息存储是人类永恒的课题，我们要不断提高信息存储密度、信息读写速度、存储时间以及保真度。光存储、磁存储、半导体存储都一直在不断发展，并且各有其自身的特点。在技术上，磁存储研究徘徊不前；光盘存储产业看起来很大，但是缺乏知识产权；半导体存储器也就是集成电路的水平，我国整体与领先国家相差 2～3 代，即相差 6～8 年的水平；网络存储技术研究刚刚起步，存储系统基本上都是国外的，在应用水平和使用规模上也远远不够。

第 3 章 信 号 与 信 息 处 理

3.1 信 号 的 概 念 及 分 类

通信系统的任务是传递信息，信息往往以消息为载体，如语言、文字、图像、数据、指令等，均为消息。为了便于传输，先由转换设备将所传送的消息按一定的规律变换为相对应的信号，如电信号、光信号，它们通常是随时间变化的电流、电压、光强等物理量。这些信号经过适当的信道，如传输线、电缆、空间、光纤、光缆等，将信号传送到接收方，再转换为声音、文字、图像等。因此，信号是信息的一种表示方式，通过信号传递信息。

信号常可表示为时间的函数，该函数的图形就称为信号的波形。因此在讨论信号有关问题时，"信号"与"函数"两个词可互相通用。

如果一个信号的强度变化是平滑的，没有中断或者不连续，那么这种信号就被称为模拟信号（见图 3-1）。与模拟信号相对应的是数字信号（见图 3-2）。数字信号的强度在某一段时间内保持某个常量值，在下一个时段又变化为另一个常量值。举例说明，如果把某地的气温值看做一个随时间变化的量，这便是个模拟信号；而某停车场停着的车辆数目，则是个数字信号。因为前者可以是任意数，而后者被限定为整数，即不可能出现 7.8 或 13.54 这样的数值。

图 3-1 模拟信号示例

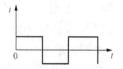
图 3-2 数字信号示例

在移动通信系统里，为了让我们的声音能够以电流或电磁波的形式传播，就需要一个输入变换器，将声波转换为电信号，这里的声波和电信号都是典型的模拟信号。在第一代移动通信系统中，信道中传递的就是这个模拟的电信号。从第二代移动通信系统开始，模拟信号被转换为数字信号后，才能通过信道传递到接收端。

实际上，由于种种原因，在信号传输过程中存在着某些"不确定性"或"不可预知性"。比如，在通信系统中，收信者在收到所传送的消息之前，对信源所发出的消息总是不可能完全知道的，否则通信就失去意义了。此外，信号在传输和处理的各个环节中不可避免地要受到各种干扰和噪声的影响，使信号产生失真，而这些干扰和噪声的情况总是不可能完全知道的。这类"不确定性"或"不可预知性"统称为随机性。因此，严格来说，在实践中经常遇到的信号一般都是随机信号。研究随机信号要用概率、统计的观点和方法。

信号的特性可从三个方面来描述，即时域特性、空域特性和频域特性。信号的时域特性指的是信号的形式，出现时间的先后、持续时间的长短、随时间变化的快慢和大小、重复周期的大小等。信号的空域特性指的是信号的幅度、相位在空间位置的分布范围、边界、轮廓、形态等。信号的频域特性则指它的频率结构，即频谱的宽度、各个频率成分的强度分布等。

3.2　信号与信息处理的基本原理

3.2.1　信号处理的目的

获取和传递信息的目的是应用信息来解决问题，而为了达到一定的应用目的，通常需要对所获得的信息进行适当的处理。信号是信息的载体和外壳，人的五官是信息的感受器。然而，还有大量的信息是人的五官不能直接感受到的。人类利用不同波长的电磁波与物体相互作用的不同特性，发明了各种传感器来获取各种对象的多种物理现象的信号，而电子方式的信号容易产生、存储、处理、变换、传输、控制与显示，通过分析和处理这些信号，可以获得关于对象的更深刻的信息。

信号处理是指对信号的各种参数进行的各种调整，如滤波、提取、变换、分析和综合等运算和加工的过程。在时域和空域中它是对波形的处理，在频域中是对频谱的处理。信号处理的目的一般包括以下几个方面：

（1）信号增强。去除信号中的冗余和次要成分，包括不仅没有任何意义反而会带来干扰的噪声，也就是提高信噪比。

（2）特征提取。把信号变成易于进行分析和识别的形式。

（3）编码解码。把信号变成适于传输、变换和存储的形式（编码），或者从编码信号中恢复出原始信号（解码）。

信号处理是信息技术的基础理论和技术之一。它建立在数学理论与分析的基础上，主要依靠器件、电路、系统分析、合成以及电子计算机技术加以实现。就所获取信号的来源而言，信号处理有通信信号的处理、雷达信号的处理、图像信号的处理、语音信号的处理、生物医学信号的处理、地球物理信号的处理、振动信号的处理等。

3.2.2　信号处理的发展历程

信号处理同人类的历史一样悠久。可以说，自从有了人类就有了信号处理，千百年来人类的交流实际上就是信号处理的过程。信号处理的对象就是客观世界，信号处理接收传感器是眼耳鼻舌等感官，信号处理终端就是人类大脑。但直到17世纪，随着微积分的发明，人们才开始有意识地用数学的方式描述信号处理问题。或者说，从那时开始建立信号处理的基本模型和框架。随着工业革命的到来和社会的不断发展，人们逐步搭建了实用的信号处理系统。直到20世纪50年代，实际的信号处理系统基本上都是模拟系统，实现这些模拟系统多是采用电子线路，甚至还有用机械装置的。之后，在各种合力的推动下，数字信号处理技术才开始兴起，并不断地向广度和深度发展，成为当今最重要、最热门的技术之一。

概括地讲，推动数字信号处理兴起和发展的主要动因包括以下几个方面。

第一也是最重要和最基础的动因是计算机的发明。可以说，数字信号处理的任务就是"用计算机来处理现实世界中的信号"，正是计算机的出现，才使得"用计算机技术来感知世界"成为可能。在计算机刚刚问世的20世纪50年代，不管是在商业场合还是科学实验室，计算机能力虽然相当有限，但其价格却异常昂贵。因此，数字信号处理最先在如下一些关键领域得到应用和发展：事关国防安全的雷达和声纳领域，能够带来巨大经济效益的石油勘探领域，数据获取极为困难的太空探索领域及事关生命的医学成像领域。

同样还是在20世纪50年代，计算机对信号处理的影响以另外一种方式出现——计算机仿真。也就是说，利用计算机的灵活性，在一种新的信号处理算法或系统在工程化之前先进行计算机的仿真，确认满足要求之后再用模拟器件实现。因为在那个时代，模拟器件在处理速度、成本和体积大小方面较数字器件都有非常明显的优势。

第二大动因是 FFT 算法的出现。FFT 算法也称为快速傅里叶变换算法。顾名思义，这是一种计算傅里叶变换的高效算法。为什么这样一种快速算法具有这么重大的影响呢？实际上，早在 18 世纪人们就认识到信号在时域和频域展现不同的特性。有些信号在时域的特性非常清楚，有些信号则在频域更容易被理解。傅里叶变换就是信号从时域通向频域的桥梁。但在很长时间内，人们往往只能在时域对信号进行处理。因为通常得到的信号绝大多数是时域信号，而傅里叶变换的运算量又实在是太大。也即是说，傅里叶变换的处理速度成为信号处理的一个瓶颈。FFT 算法将傅里叶变换的处理速度提高了几个数最级，这使得一些复杂信号算法的实现在其处理时间内允许与系统之间进行在线交互试验。再者，FFT 算法事实上可以用专用数字硬件来实现。这样从前很多曾被认为是不切实际的信号处理算法开始显露出具体实现的可能。时至今日，绝大部分的实时处理算法是以 FFT 为基础的，而且 FFT 算法的运行时间也成为衡量数字信号处理器等专用芯片性能的重要标准。从此不难理解 FFT 算法对推动数字信号处理发展的革命性、历史性贡献。

第三大动因在于微电子学和半导体工业的迅猛发展。以 DSP 芯片为代表的微处理器的发明及其在数量上的激增为数字信号处理的实现铺平了道路。1958 年，美国德州仪器（TI）公司的杰克·基尔比研制成功历史上第一个集成电路，由此揭开了人类"数字革命"的大幕。基尔比也因此获得 2000 年的诺贝尔物理学奖。为表彰他在数字信号处理方面的杰出贡献，美国国际电子与电气工程师协会（IEEE）将该协会信号处理方面的最高奖以他的名字命名。从 1979 年贝尔实验室第一款单芯片数字信号处理器开始，数字信号处理的专用芯片随着集成电路技术的发展也得到了飞速发展，这使得许多复杂的数字信号处理算法能够在廉价高速的专用芯片上很方便地实现，由此也反过来推动了数字信号处理理论和算法研究的进一步深入，并逐步渗透到生产和生活的各个方面。

3.2.3　数字信号处理的主要研究内容

国际上，一般把 1965 年 FFT 算法的问世作为数字信号处理这一新学科的开端。经过几十年的发展，数字信号处理自身已基本上形成一套较为完整的体系。概括地说，数字信号处理的主要研究内容包括以下 10 个方面：

（1）信号的采集，包括模/数变换技术、采样定理等。

（2）离散时间信号的分析，包括时域及频域分析、离散傅里叶变换等。

（3）离散系统的分析，包括差分方程、单位冲激响应、频率响应、Z 变换等。

（4）信号处理中的快速算法，包括快速傅里叶变换、快速卷积与相关等。

（5）数字滤波技术，包括各种滤波器的设计与实现等。

（6）信号的建模，包括 MA、AR 及 ARMA 等各种模型。

（7）信号的传输与存储，包括信号的各种调制方式、压缩算法等。

（8）信号的检测与估计，包括信号的参数估计、波形估计、各种检测算法等。

（9）数字信号处理的实现，包括软件实现与硬件实现。

（10）数字信号处理的应用。

当然，数字信号处理的理论体系并不仅仅局限于上述 10 个方面。因为数字信号处理是一门实践性的学科，伴随着电子技术、通信技术及计算机技术的飞速发展，数字信号的理论也在不断丰富和完善，各种新算法和新理论正在不断推出。

3.2.4　数字信号处理的基本流程

我们知道现实世界的绝大多数信号都是模拟信号，如语音、温度、电磁波、脑电图、心电图等。为了要对这些信号进行数字化处理，必须要先将现实世界的模拟信号转换成数字信号，然后再进行滤波、频谱分析等各种各样的数字处理。在处理完成之后，还可能要再将数字信号还原成模拟信号。比如在激光唱盘播放系统中，先要将声音信号变成数字信号存储在激光唱盘上，在回放的时候又要重新还原成模拟信号。典型的数字信号处理系统框图如图 3-3 所示。模/数转换器（Analog to Digital Converter，ADC）将模拟信号变为数字信号，数字信号处理系统完成对数字信号的各种处理，输出的数字信号经数/模转换器（Digital to Analog Converter，DAC）还原成模拟信号。在有的应用场合，无需输出模拟信号，这时可以省略 DAC。为了保证信号在经过 ADC 转换后没有混叠，还要加上一个抗混叠平滑滤波器。基于类似的道理，在 DAC 之后要加上一个抗镜像滤波器。

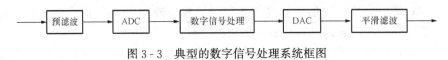

图 3-3　典型的数字信号处理系统框图

3.3　信号与信息处理的应用领域

信号与信息处理作为一门新兴学科，由于其技术的先进性和应用的广泛性，越来越显示出强大的生命力，凡是需要对各种各样的信号进行谱分析、滤波、压缩等的科学领域和工程领域都要用到它，这种趋势还在发展。信号与信息处理在语音处理、通信系统、声纳、雷达、地震信号、空间技术、自动控制系统、仪器仪表、生物医学工程和家用电器等方面得到了广泛应用。下面简要介绍它的主要应用。

3.3.1　通信信号处理

我们都知道人类是群居动物，除了最基本的衣食住行外，人们还需要不断地与外界和他人进行联系和沟通，这就是通信。在现代社会，常用的通信工具包括采取有线通信方式的固定电话、采用无线通信方式的电台及综合应用无线和有线通信方式的移动电话等。特别是现在，移动电话已成为必不可少的工具，相应地，移动通信也成为目前世界上增长最快的领域。数字信号处理是使移动电话革命成为可能的关键技术之一。

先来看移动通信中的第一项数字信号处理技术——数字调制。在移动通信中，主叫方的手机首先是向附近的基站发送信息，基站将此信息通过控制中心发送到被叫方附近的基站，最后再传送到被叫方的手机中。以语音通信为例，人类能听得见的声音频率范围是 20～20 000Hz，但这个频率范围的信号传播距离很近，如果手机将人们的声音信号变成对应频率的电信号后直接发送的话，可能根本就到不了基站。这时候，必须要对声音信号进行调制，使其变为适合于无线传输的信号形式。换句话说，调制就是把基带信号变换为适合传输的高频带通信号的处理过程。实际上，调制是各种通信都必不可少的最基本内容，但不同的通信系统和通信环境有不同的调制和解调技术。移动通信的通信条件和通信环境可以说是各种通信方式中最苛刻、最恶劣的，这就要求使用先进的数字调制技术，能在低接收信噪比条件下提供低误比特率解调性能；还要使发射频谱尽可能窄，并能提供较高的传输速率。

在移动通信中，由于移动电话操作的不利环境，常常还会遇到多径传播的问题。多径是指无线电信号从发射天线经过多个路径抵达接收天线的传播现象。比如说基站发出的信号有一部分是直接到达移动电话，另外有一小部分可能经过了某个高层建筑，然后再经反射后才到达移动电话，这在高楼林立的现代都市是非常普遍的情况。由于从基站到移动电话之后的信号经过了多条路径传播，不同路径的信号在移动电话中叠加之后，其幅度和相位起伏会比较大，影响通信的质量。具体情况则取决于多径的特性和移动电话的运动。多径传播问题的解决依靠的是另一种数字信号处理技术——数字均衡。通常的做法是发射一个 26 位长的已知序列以规则间隔发射，在接收机末端，均衡器使用训练序列调整数字滤波器的系数来估计多径的特性，在此基础上来消除数据多径的影响。

回声抵消是数字信号处理在移动通信中的另外一个重要应用。很多朋友可能有过这样的体会，在打电话的过程中，自己能从手机中听到自己刚才所说的话，这就是回声。实际上，在固定电话中，回声的问题同样存在。造成回声的原因很多，比如说手机设计过程中收发隔离度不好会导致回声，线路繁忙也可能会造成回声。在电信网络中各种原因造成的回声通常可分为电气回声和声学回声。对人耳来说，如果延时时间超过 10ms，就能明显地感觉到回声的存在，从而导致通话质量下降。如何降低或消除回声呢？通常的做法是利用一个回声估计器监视接收路径，并动态构建一个与回声产生线路数学模型有关的滤波器。这个滤波器与接收路径上的话音流进行卷积，得到一个回声的估计值。叠加有回声的有用信号通过一个减法器减掉回声的估计值，就可以从发送路径线路中减去回声的线性部分。通过不断调整滤波器系数，可以使回声的估计值收敛于回声，也就是达到消除回声的目的。

3.3.2　音频信号处理

音乐改变生活，千百年来音乐一直都是人们休闲娱乐的一项主要内容。当然不仅如此，音乐还能净化心灵，提升修养，甚至在某些特定的场合还能激发出无与伦比的力量。从黑胶薄膜唱片到盒式录音机，从随身听到 CD 唱机，人们能很容易感觉到的是科技的进步改变着人们的聆听方式。人们不能轻易感觉到的是数字信号处理在其中发挥的巨大作用。下面就以 CD 唱机为例来认识数字信号处理在其中的应用。

声音是连续变化的信号，即模拟信号，在制作 CD 唱片的过程中，首先是要把模拟信号转换成数字信号。声音信号示例如图 3-4 所示。人耳能听到的声音信号频率范围是 20～20 000Hz，为了避免高于 20 000Hz 的高频信号干扰采样，在进行采样之前，需要对输入的声音信号进行滤波。考虑到滤波器在 20 000Hz 的地方大约有 10% 的衰减，所以可以用22 000Hz 的 2 倍频率作为声音信号的采样频率。

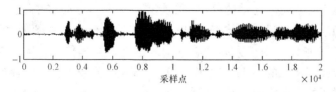

图 3-4　声音信号示例

　　有的音频发烧友可能会要问，CD唱机的采样率不是44100Hz吗？确实是的，按上面的计算应该是44000Hz。但是在实际中，为了能够与电视信号同步，PAL电视的场扫描为50Hz，NTSC电视的场扫描为60Hz，所以取50和60的整数倍，选用了44100Hz作为激光唱盘声音的采样标准。

　　声音转换成用"1"和"0"表示的数字信号之后，并不是直接把它们记录到盘上。物理盘上记录的数据和真正的声音数据之间需要做变换处理，这种处理统称为通道编码。通道编码不只是光盘需要，凡在物理线路上传输的数字信号都需要进行通道编码。在激光唱盘中，常用的通道编码有RS编码和EFM编码。经过通道编码后的数字信号称为信道比特流。在进一步处理后用来控制激光波束，使数字信息记录到正在旋转的唱盘的光敏层上。利用照相的显影过程在主盘上产生凹痕图案，有凹痕的表示"1"，没有凹痕的表示"0"。这样就将声音记录在唱盘上了。

　　在CD播放器的重放过程中，为了读出记录的信息，当唱盘以3.5～8r/s的速度旋转时，唱盘上的轨道以1.2m/s的恒定速度进行光学扫描。来自唱盘上的数字信息首先被解调，然后对数据进行检测，看是否有错误。制造上的缺陷、损坏、指印或者唱盘上的灰尘都有可能引起错误。如果有错误的话，则尽可能加以校正。如果错误是不可校正的，则通过用邻近的正确抽样值经内插来取代错误的值；如果错误不止一个采样值，则将其设为0（静音）。在误差校正或者隐藏以后，得到的数据是一串16位的字，每一个字表示一个音频信号的抽样值。这些抽样值可以直接送往16位的数/模转换器（DAC），然后进行模拟的低通滤波再驱动扬声器或音响。然而这对模拟器的性能要求非常高，实现非常困难。为了避免这一点，通常是让数字信号通过工作在音频抽样频率44.1kHz的4倍的数字滤波器，从而得到进一步的处理。增加抽样频率的效果是使DAC的输出更加光滑，从而降低对后续模拟滤波器的要求。应用数字滤波器能够保证相位的线性，减少交叉调制的概率，从而得到一个具有随时钟频率变化特性的滤波器，使得音乐播放的效果对唱盘的旋转速度不敏感。

3.3.3　生物医学信号处理

　　随着社会的发展，生活水平的提高，人们越来越注重健康了，定期或者经常性的体检即是其具体的表现之一。在体检中，有很多项目是依靠医疗电子设备来完成的，比如B超、心电图、X光机等。在这些医疗电子设备的背后，几乎都活跃着数字信号处理的身影。这里以心电图检查为例来介绍数字信号处理在医疗方面的应用。

　　心电图检查是体检中最经常的项目了。可以说做过体检的人都做过心电图检查。整个过程很简单。躺在床上，医生拿几个吸球吸在胸部，几个夹子夹住手腕和踝部，打开检查仪过几十秒就可以了。别看心电图做起来很简单，但作用可不简单，在冠心病、心绞痛、心肌梗死、心律失常的诊断中有确诊或者非常大的帮助诊断的作用。

　　心电图指的是心脏在每个心动周期中，由起搏点、心房、心室相继兴奋，伴随着心电图生物电的变化，通过心电描记器从体表引出多种形式的电位变化的图形（简称ECG）。心电图信号示例如图3-5所示。由于人体的心电信号是低频微弱信号，因而对干扰敏感。最主要的干扰来自电源频率所在的50Hz干扰，也称为50Hz工频干扰。它会使系统的信噪比下降，甚至会淹没微弱的有用心电信号。因此，设计滤波器消除工频干扰是心电图检查中最重要且最基础的工作之一。

　　除了在时域观察和分析，还经常要将心电图信号进行频谱分析。心电图信号不同的频率

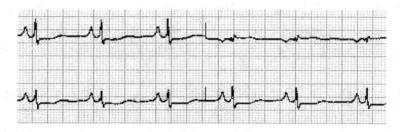

图 3-5 心电图信号示例

成分都有其确切的生理意义，表征了人体的健康机能，选取不同频段的信号进行不同的病理分析。比如，研究表明，心率变异信号的频率范围为 $0\sim0.5\mathrm{Hz}$。低频心率变异信号（$0.04\sim0.15\mathrm{Hz}$）反映了交感神经的活动情况，高频心率变异信号（$0.15\sim0.5\mathrm{Hz}$）反映了迷走神经的调节情况。通过对心电图信号不同频率成分的研究，可以很好地检查人体潜在的一些不健康因素，对尽早发现并预防多种疾病具有重要的意义。

3.3.4　图像信号处理

早在 1964 年，美国喷气推进实验室对"旅行者 7 号"航天探测器传送的大批月球照片用计算机处理后，得到了清晰逼真的图像，从此就开创了图像处理的先河。20 世纪 70 年代，数字图像处理技术开始应用于医学、地球遥感监测和天文学等领域，其中的 CT（计算机断层摄像术）就是图像处理在医学诊断领域最重要的应用。

"图"是物体透射或反射光的分布，是客观存在的。"像"是人的视觉系统对图在大脑中形成的印象或认识，是人的感觉。图像是图和像的有机结合，既反映物体的客观存在，又体现人的心理因素。图像也是对客观存在的物体的一种相似性的生动模仿或描述，或者说图像是客观对象的一种可视表示，它包含了被描述对象的有关信息。人们在工作或日常生活中会经常见到图像，比如红外图像、雷达图像、医学图像、照片、绘画、动画、电视画面等都是图像的最直接的例子，它是人们最主要的信息源。据统计，人类从外界获取的信息中约有 75% 来自视觉，即以图像的形式获取。人们常说"百闻不如一见""一目了然"都说明了这个事实。

人们可以通过各种观测系统从被观察的场景中获得图像。观测系统有照相机和摄像机、显微图像摄像系统、卫星多光谱扫描成像系统、合成孔径雷达成像系统、医学成像系统（超声成像系统、磁共振成像系统等）等。从观测系统所获取的图像可以是静止的，如照片、绘画、医学显微图片等；也可以是运动的，如飞行物、心脏图像等视频图像；还可以是三维（3D）的，大部分装置都将 3D 客观场景投影到二维（2D）像平面，所得图像是 2D 的。图像可以是黑白的，也可以是彩色的。图像根据空间坐标和幅度（亮度或色彩）的连续性可分为模拟图像和数字图像。模拟图像是空间坐标和幅度都连续变化的图像，而数字图像是空间坐标和幅度均用离散的数字（一般是整数）表示的图像。

数字图像处理技术在广义上是指各种与数字图像处理有关的技术的总称，目前主要指应用数字计算机和数字系统对数字图像进行加工处理的技术。图像处理和分析所涉及的知识种类繁多，但从主要研究内容和方法上可以分为以下几个方面：

（1）图像数字化。它将非数字形式的图像信号通过数字化设备转换成数字计算机能接收的数字图像，是数字图像处理技术的基础，包括采样和量化。

（2）图像变换。为了便于在频域对图像进行更有效的处理，需要对图像信息进行变换。根据图像的特点，一般采用正交变换，如傅里叶变换、沃尔什—哈达码变换、离散余弦变换、KL 变换、小波变换等，以改变图像的表示域和图像数据的排列形式，有利于图像增强或压缩编码。

（3）图像增强。图像增强是增强图像中的有用信息，削弱干扰和噪声，提高图像的清晰度，突出图像中所感兴趣的部分。一方面用以改善人们的视觉效果，另一方面便于人或机器分析、理解图像内容。它主要包括灰度增强、图像平滑、锐化、同态增强、彩色增强等。

（4）图像恢复。图像恢复（复原）是对退化的图像进行处理，使处理后的图像尽可能地接近原始的图像。退化图像是指由于各种原因（设备问题、周围环境、干扰等）使原清晰图像变模糊或使原图像未达到应有质量而形成的降质图像。它主要包括退化模型的表示、退化系统的模型及参数的确定、无约束恢复、有约束最小二乘恢复、频域恢复方法、图像的几何畸变校正、超分辨率图像复原方法等。

（5）图像压缩编码。由于图像中通常存在冗余，数据量大，不利于传输、处理和存储，因此需要对待处理图像进行压缩编码，以减少描述图像的数据量。压缩可以在不失真的前提下进行，也可以在允许的失真条件下进行。前者解压后可无失真地得到原图像信息，称为无损压缩编码；而后者只能得到原图像的近似，称为有损压缩编码。

（6）图像分割。图像分割是数字图像处理中的关键技术之一。图像分割是指根据选定的特征将图像划分成若干个有意义的部分，这些选定的特征包括图像的边缘、区域等。这是进一步进行图像识别、分析和理解的基础。它主要包括边缘检测的基本方法、基于灰度的门限分割、区域分割等。

（7）图像分析与描述。图像分析与描述主要是对已经分割的或正在分割的图像中各部分的属性及各部分之间的关系进行分析表述。它主要包括灰度幅值与统计特征描述、区域的几何特征、边界描述、区域描述、纹理描述、形态学描述等。随着图像处理研究的深入发展，已经有人进行三维物体描述的研究，提出了体积描述、表面描述、广义圆柱体描述等方法。

（8）图像识别分类。图像识别分类就是根据从图像中提取的各目标物的特征，与目标物固有的特征进行匹配、识别，以作出对各目标物类属的判别。

近十年来，数字图像处理技术得到了迅猛发展，并已应用到许多领域，如工业、农业、国防军事、社会和日常生活、生物医学、通信等。今天，几乎不存在与数字图像处理无关的技术领域，而最主要的应用包括以下几个方面：

（1）宇宙探测中的应用。在宇宙探测和太空探索中，有许多星体的图片需要获取、传送和处理，这些都依赖于数字图像处理技术。

（2）通信中的应用。通信中的应用主要包括图像信息的传输、电视电话、卫星通信、数字电视等。传输的图像信息包括静态图像和动态序列（视频）图像，要解决的主要问题是图像压缩编码。

（3）遥感方面的应用。遥感包括航空遥感和卫星遥感。人们应用数字图像处理技术对卫星或飞机摄取的遥感图像进行处理和分析，以获取其中的有用信息。这些应用包括地形、地质、资源的勘测，自然灾害监测、预报和调查，环境监测、调查等。

（4）生物医学领域的应用。生物医学是数字图像处理应用最早、发展最快、应用最广泛的领域。主要包括细胞分析、染色体分类、放射图像处理、血球分类、各种 CT 和核磁共振图像分析、DNA 显示分析、显微图像处理、癌细胞识别、心脏活动的动态分析、超声图像成像、生物进化的图像分析等。

（5）工业生产中的应用。将 CAD 和 CAM 技术应用于磨具和零件优化设计及制造、印制板质量和缺陷的检测、无损探伤、石油气勘测、交通管制和机场监控、纺织物的图案设计、光的弹性场分析、运动工具的视觉反馈控制、流水线零件的自动监测识别、邮件自动分拣及包裹的自动分拣识别等。

（6）军事、公安领域的应用。在任何时候，最先进的技术总是应用在军事中，数字图像处理技术也不例外。包括军事目标的侦察和探测，导弹制导，各种侦察图像的判读和识别，雷达、声呐图像处理，指挥自动化系统等。公安方面的应用包括现场实景照片、指纹、足迹的分析与鉴别，人像、印章、手迹的识别与分析，集装箱内物品的核辐射成像检测，人随身携带物品的 X 射线检查等。

（7）天气预报方面的应用。包括天气云图的测绘和传输、气象卫星云图的处理和识别等。

（8）考古及文物保护方面的应用。包括珍贵稀有名画的电子化保存，珍贵文物图片、名画、壁画的辅助恢复等。

总之，目前的趋势表明，数字图像处理技术的应用呈现爆炸式增长，而且将持续相当长的时间。

3.4 电子学与集成电路

信号处理可分为模拟信号处理和数字信号处理。由于数字信号的灵活性和高稳健性以及超大规模集成电路技术的飞速发展，数字信号处理技术已经成为信号处理的主要发展方向。简单的数字信号处理起源于 20 世纪 30～40 年代，数字计算机的诞生，加速了数字信号处理的发展，出现了中、小规模集成电路和数字运算器。20 世纪 70 年代末发展了可编程信号处理，通过软件实现了各种灵活多变的信号处理算法。20 世纪 80 年代初出现了数字信号处理器 DSP；20 世纪 80 年代中后期，出现了并行处理器，包括脉动阵和波前阵、极高速信号处理及并行处理 VLSI 芯片。由于微电子学的发展，VLSI 集成度不断提高，DSP 发展很快。随着智能信息处理和相关科学技术的发展，极大地丰富了信息处理的内容并扩宽了其应用领域。

电子学和集成电路技术的进步，使得计算设备的运算量、精度、速度等飞速发展，从而使得许多信号和信息处理算法的实现成为可能。从本节开始，我们将向大家介绍信号与信息处理算法物理实现的基础，包括电子管与晶体管、冯诺依曼计算机的基本工作原理、单片机、嵌入式微处理器、数字信号处理器及可编程逻辑电路等方面的知识。

3.4.1 电子管与晶体管

1. 电子管的发展历史

1904 年，世界上第一只电子管在英国物理学家弗莱明的手下诞生。弗莱明为此获得了这项发明的专利权。电子管的诞生，标志着世界从此进入了电子时代。

电子管是一种在气密性封闭容器（一般为玻璃管）中产生电流传导，利用电场对真空中电子流的作用以获得信号放大或振荡的电子器件。它早期应用于电视机、收音机等电子产品中，近年来逐渐被晶体管和集成电路所取代，但目前在一些高保真音响器材中，仍然使用电子管作为音频功率放大器件。

　　说起电子管的发明，我们首先得从"爱迪生效应"谈起。爱迪生这位举世闻名的大发明家，在研究白炽灯的寿命时，在灯泡的碳丝附近焊上一小块金属片。结果，他发现了一个奇怪的现象：金属片虽然没有与灯丝接触，但如果在它们之间加上电压，灯丝就会产生一股电流，趋向附近的金属片。这股神秘的电流是从哪里来的？爱迪生也无法解释，但他不失时机地将这一发明注册了专利，并称之为"爱迪生效应"。后来，有人证明电流的产生是因为炽热的金属能向周围发射电子造成的。

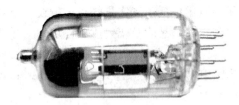

图 3-6　真空二极管

　　但最先预见到这一效应具有实用价值的，则是英国物理学家和电气工程师弗莱明。1904 年，弗莱明在研究无线电接收机时，发明了真空二极管（见图 3-6），他希望借此来改进无线电检波器的性能，可惜未能如愿。

　　1906 年，贫困潦倒的美国发明家德福雷斯特，在二极管的灯丝和板极之间巧妙地加了一个栅板，从而发明了第一只真空三极管。这一小小的改动，竟带来了意想不到的结果。它不仅反应更为灵敏，而且能够发出音乐或声音的振动。虽然都被称作电子管，但与二极管相比较，三极管的性能发生了质的飞跃。三极管（见图 3-7）可以工作在高频段，这意味着它变得更灵敏；三极管集检波、信号放大、振荡三种功能于一体，为无线电发射机、接收机的设计奠定了坚实的基础，是第一个大规模应用的电子元器件。各种类型的三极管如图 3-7 所示。德福雷斯特自己也非常惊喜，认为"我发现了一个看不见的空中帝国"。电子管的问世，推动了无线电电子学的蓬勃发展。到 1960 年前后，西方国家的无线电工业已可以年产 10 亿只无线电电子管。电子管除应用于电话放大器、海上和空中通信外，还广泛渗透到家庭娱乐领域，将新闻、教育节目、文艺和音乐播送到千家万户。就连飞机、雷达、火箭的发明和进一步发展，也有电子管的一臂之力。在此后的几十年中，各种各样的电子设备中都能找到电子管的身影，因此有人把电子管的发明看作是电子工业的起点。

图 3-7　三极管

　　2. 晶体管的发展历史

　　三条腿的魔术师电子管在电子学研究中曾是得心应手的工具。电子管器件历时 40 余年一直在电子技术领域里占据统治地位。但是，不可否认，电子管十分笨重，能耗大、寿命短、噪声大，制造工艺也十分复杂。因此，电子管问世不久，人们就在努力寻找新的电子器件。第二次世界大战中，电子管的缺点更加暴露无遗。在雷达工作频段上使用的普通的电子管，效果极不稳定。移动式的军用器械和设备上使用的电子管更加笨拙，易出故障。因此，电子管本身固有的弱点和迫切的战时需要，都促使许多科研单位和广大科学家研制能取代电子管的固体元器件。

早在 20 世纪 30 年代，人们已经尝试着制造固体电子元件。但是，当时人们多数是直接用模仿制造真空三极管的方法来制造固体三极管，因此这些尝试毫无例外都失败了。

基于电子管处理高频信号的效果不理想，人们就想办法改进矿石收音机中所用的检波器。在这种检波器里，有一根与半导体矿石表面相接触的金属丝，它既能让信号电流沿一个方向流动，又能阻止信号电流朝相反方向流动。在第二次世界大战爆发前夕，贝尔实验室在寻找比早期使用的方铅矿晶体性能更好的检波材料时，发现掺有某种极微量杂质的锗晶体的性能不仅优于矿石晶体，而且在某些方面比电子管整流器还要好。

在第二次世界大战期间，不少实验室在有关硅和锗材料的制造和理论研究方面，也取得了不少成绩，这就为晶体管的发明奠定了基础。第二次世界大战结束后，为了克服电子管的局限性，贝尔实验室加紧了对固体电子器件的基础研究。肖克利等人探讨用半导体材料制作放大器件的可能性，决定集中研究锗、硅等半导体材料。

1945 年秋天，贝尔实验室正式成立了以肖克利为首的半导体研究小组，成员有布拉顿、巴丁等人。其中，布拉顿早在 1929 年就开始在这个实验室工作，长期从事半导体的研究，积累了丰富的经验。他们经过一系列的实验和观察，逐步认识到半导体中电流放大效应产生的原因。在锗片的底面接上电极，在另一面插上细针并通上电流，然后让另一根细针尽量靠近它，并通上微弱的电流，这样就会使原来的电流产生很大的变化。微弱电流少量的变化，会对另外的电流产生很大的影响，这就是"放大"作用。

布拉顿等人还想出了有效的办法来实现这种放大效应。他们在基极和发射极之间输入一个弱信号，在基极和集电极之间的输出端，就放大为一个强信号了。在现代电子产品中，上述晶体三极管的放大效应得到广泛的应用。

巴丁和布拉顿最初制成的固体器件的放大倍数为 50 左右。不久之后，他们利用两个靠得很近（相距 0.05mm）的触须接点，来代替金箔接点，制造了"点接触型晶体管"。1947年 12 月，这个世界上最早的实用半导体器件终于问世了，在首次试验时，它能把音频信号放大 100 倍，它的外形比火柴棍短，但要粗一些，如图 3-8 所示。

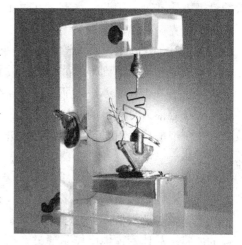

在为这种器件命名时，布拉顿想到它的电阻变换特性，即它是靠一种从"低电阻输入"到"高电阻输出"的转移电流来工作的，于是取名为 Trans-resister（转换电阻），后来缩写为 Transistor，中文译名就是晶体管。

点接触型晶体管有自己的缺点，如噪声大、功率大时难于控制、适用范围窄，另外制造工艺复杂，致使许多产品出现故障。为了克服以上缺点，肖克利提出了一种用"整流结"来代替金属半导体接点的大胆设想。

终于在 1950 年，第一只"面结型晶体管"问世了。它的性能与原来设想的完全一致。1956 年，

图 3-8　贝尔实验室在 1947 年组装
的第一个晶体管

因发明晶体管，肖克利、巴丁、布拉顿三人同时荣获诺贝尔物理学奖，如图 3 - 9 所示。今天的晶体管，大部分仍是这种面结型晶体管。

3.4.2　集成电路

2000 年的诺贝尔物理学奖得主杰克·基尔比先生是集成电路的发明者、手持计算器的发明人之一，如图 3 - 10 所示。他的发明奠定了现代微电子技术的基础，可以说如果没有集成电路的发明，就不会有今天的计算机，人类还将在信息时代的门外徘徊。我们生活中所能见到的各种电子设备，几乎无一例外都是建立在集成电路技术基础上的。

图 3 - 9　巴丁（左）、肖克利（坐）和　　　　图 3 - 10　集成电路的发明者
布拉顿因发明晶体管而获得诺尔奖　　　　　　　　杰克·基尔比

1958 年，经过多次面试之后，34 岁的杰克·基尔比应聘到德州仪器公司。公司并没有对杰克·基尔比的工作职责进行具体划分。在德州仪器公司工作后不久杰克·基尔比就开始意识到，公司制造电阻器、晶体管和电容器，如果对其产品进行重新组装可能会生产出更有效的微型模块产品。因此，杰克·基尔比设计了一个使用管状部件的 IF 放大器，而且做出了原型。杰克·基尔比利用员工周末和工厂停工的前几天完成了详细的成本分析。

杰克·基尔比对 IF 放大器的试验效果进行认真思考。通过进行成本分析，杰克·基尔比第一次更清楚地了解到半导体车间的成本结构，成本非常高。杰克·基尔比觉得如果他不能尽快地想出一个好的办法，那么在假期结束后，就有可能会分配他去做微型模块项目提案的工作。在心情万分沮丧的时候，杰克·基尔比开始感觉到，半导体车间唯一可以以高成本效益方式制造的产品就是半导体。经过进一步思考，他得出这样的结论，真正需要的实际上就是半导体——电阻器和电容器。于是杰克·基尔比很快起草了一个使用这些部件的触发器的设计提案。具体说来，可以用与有源设备相同的材料来制造。用硅的体效应来提供电阻器，而电容器则通过 P-N 结来提供。

杰克·基尔比很快就完成了这些草图，并用非连续硅元素制造了一条电路，其中使用了打包的成熟结晶体管。电阻器是通过在硅上凿出小条并蚀刻上值后做出来的。电容器是在散布式硅功率电容器晶片上凿出来并用金属处理两侧。整个电路组装完成后，于 1958 年 8 月 28 日向公司进行了演示。

1959 年 2 月 6 日，杰克·基尔比向美国专利局申报专利，这种由半导体元件构成的微型固体组合件，从此被命名为"集成电路"（IC）。

我们可以说集成电路是历史上最重大的发明之一（见图 3-11），它为无数的其他发明铺平了道路。

1964 年，科学家摩尔预言，集成电路上能被集成的晶体管数目，将会以每 12 个月翻一番的速度稳定增长，并在今后数十年内保持着这种势头。摩尔的这个预言，因集成电路芯片后来的发展曲线得以证实，并在较长时期保持着有效性，被人誉为"摩尔定律"（见图 3-12）。事实证明，摩尔的预言是准确的。尽管这一技术进步的周期已经从最初预测的 12 个月延长到如今的近 18 个月，但"摩尔定律"依然有效。目前最先进的集成电路已含有 17 亿个晶体管。至此而后，集成电路迅速把电脑推上高速成长的快车道。

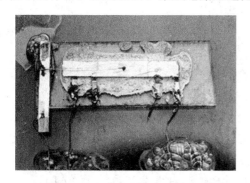

图 3-11　第一块集成电路板

图 3-12　摩尔以"摩尔定律"而闻名

3.5　计算机的基本工作原理

现代计算机的思想和架构是建立在图灵理论和冯诺依曼计算机体系结构之上的。图灵于 1936 年发表的论文《论可计算数及其在判定问题中的应用》是计算机原理的奠基之作。文中，图灵阐释了人在纸上的计算过程可以分解为两大类的机械操作：写或者擦除某一符号；操作位置的转移。通过这两类操作，任何纸上计算都可以分解为很小的机械操作过程来完成。在图灵的理论基础之上，冯诺依曼在计算机的研制过程中描述了计算机的逻辑结构。他提出以二进制和存储程序控制为基础的计算机体系结构，并把计算机分为 5 个部分：①运算单元；②控制单元；③存储单元；④输入单元；⑤输出单元。这就是现代计算机的通用结构。可以说，图灵理论证明了制造通用计算机的可行性，而冯诺依曼系统化、逻辑化地描述了电子计算机的系统结构，现代计算机就是两者结合起来的产物。因此，依据这一思想设计的计算机又称为冯诺依曼计算机。该计算机的工作原理如下：

（1）采用二进制形式表示数据和指令。

（2）将程序（数据和指令序列）预先存放在主存储器中（程序存储），使计算机在工作时能够自动高速地从存储器中取出指令，并加以执行（程序控制）。

（3）由运算器、控制器、存储器、输入设备、输出设备五大基本部件组成计算机硬件体系结构。

冯诺依曼计算机工作流程如图 3-13 所示。

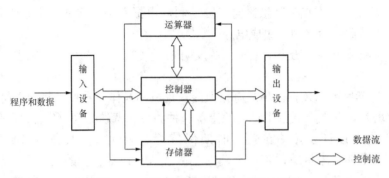

图 3-13　冯诺依曼计算机工作流程图

第一步：将程序和数据通过输入设备送入存储器。

第二步：启动运行后，计算机从存储器中取出程序指令送到控制器去识别，分析该指令要做什么事。

第三步：控制器根据指令的含义发出相应的命令（如加法、减法），将存储单元中存放的操作数据取出送往运算器进行运算，再把运算结果送回存储器指定的单元中。

第四步：当运算任务完成后，就可以根据指令将结果通过输出设备输出。

运算器和控制器合称为中央处理器，又称为 CPU（Central Processing Unit），是计算机系统的核心。

运算器是负责对数据进行算术运算或逻辑运算的部件，由算术逻辑单元（ALU）、累加器、状态寄存器和通用寄存器组等组成。算术逻辑单元用于算术运算、逻辑运算及移位、求补等操作；累加器用于暂存被操作数和运算结果；通用寄存器组是一组寄存器，运算时用于暂存操作数和数据地址；状态寄存器也称标志寄存器，用于存放算术逻辑单元工作中产生的状态信息。

控制器是计算机指令的执行部件，其工作是取指令、解释指令以及完成指令的执行。控制器由指令指针寄存器（IP）、指令寄存器（IR）、控制逻辑电路和时钟控制电路等组成。指令指针寄存器用于产生及存放下一条待取指令的地址。指令寄存器用于存放正在执行的指令。

计算机的存储程序和程序控制两大特点决定了计算机一定要有存储器，存储器的作用是存储计算机工作中需要的程序和数据。

输入设备是外界向计算机传送信息的装置。在计算机系统中，最常用的输入设备是键盘和鼠标，还有光笔、数字化仪、数码照相机、图像扫描仪等。

输出设备的作用是将计算机中的数据传送到外部媒介，并转化成某种为人们所识别的形式。在微型计算机中，最常用的输出设备有显示器和打印机，还有绘图仪等。

3.6　单　片　机

3.6.1　单片机的概念及分类

单片机，也称单片微型计算机。它是把中央处理器（CPU）、随机存取存储器（RAM）、只读存储器（ROM）、输入/输出端口（I/O）等主要计算机功能部件都集成在一块集成电路芯片上的微型计算机。图 3 - 14 给出了 AT89S52 单片机的芯片。

图 3 - 14 AT89S52 单片机芯片

计算机的产生加快了人类改造世界的步伐，但是它毕竟体积大。单片机在这种情况下诞生了，它为我们改变了什么？纵观我们现在生活的各个领域，从导弹的导航装置到飞机上各种仪表的控制，从计算机的网络通信与数据传输到工业自动化过程的实时控制和数据处理，以及我们生活中广泛使用的各种智能 IC 卡、电子宠物等，这些都离不开单片机。以前没有单片机时，这些东西也能做，但是只能使用复杂的模拟电路，然而这样做出来的产品不仅体积大，而且成本高，再者由于长期使用，元器件不断老化，控制的精度自然也会达不到标准。在单片机产生后，就将控制这些东西变为智能化了，我们只需要在单片机外围接一些简单的接口电路，核心部分只是由人为的写入程序来完成。这样产品的体积变小了，成本也降低了，长期使用也不会担心精度达不到了。

单片机主要应用于测控领域。单片机使用时，通常是处于测控系统的核心地位并嵌入其中，所以国际上通常把单片机称为嵌入式控制器（Embedded Micro controller Unit，EM-CU）或微控制器（Micro controller Unit，MCU）。我国习惯于使用"单片机"这一名称。

单片机是计算机技术发展史上的一个重要里程碑，标志着计算机正式形成了通用计算机系统和嵌入式计算机系统两大分支。

单片机体积小、成本低，可嵌入到工业控制单元、机器人、智能仪器仪表、汽车电子系统、武器系统、家用电器、办公自动化设备、金融电子系统、玩具、个人信息终端及通信产品中。

单片机按照用途可分为通用型和专用型两大类。

（1）通用型单片机。其内部可开发的资源（如存储器、I/O 等各种外围功能部件等）可全部提供给用户。用户根据需要，设计一个以通用单片机芯片为核心，再配以外围接口电路及其他外围设备，并编写相应的软件来满足各种不同需要的测控系统。

（2）专用型单片机。专门针对某些产品的特定用途而制作的单片机。例如，各种家用电器中的控制器等。由于特定用途，单片机芯片制造商常与产品厂家合作，设计和生产"专用"的单片机芯片。

由于在设计中，已经对专用型单片机的系统结构最简化、可靠性和成本最佳化等方面都做了全面的综合考虑，故具有十分明显的综合优势。无论专用型单片机在用途上有多么"专"，其基本结构和工作原理都是以通用单片机为基础的。

3.6.2 单片机的发展历史

单片机按处理的二进制位数主要分为 4 位单片机、8 位单片机、16 位单片机和 32 位单片机。

单片机的发展历史大致分为四个阶段。

第一阶段（1974～1976 年）：初级阶段。因工艺限制，采用双片的形式，且功能较简单。1974 年 12 月，仙童公司推出了 8 位的 F8 单片机，实际上只包括了 8 位 CPU、64B RAM 和 2 个并行口。

第二阶段（1976～1978 年）：低性能单片机阶段。1976 年 Intel 公司的 MCS-48 单片机（8 位）极大地促进了单片机的变革和发展，1977 年 GI 公司推出了 PIC1650，但这个阶段仍处于低性能阶段。

第三阶段（1978～1983 年）：高性能单片机阶段。1978 年，Zilog 公司推出 Z8 单片机。1980 年，Intel 公司在 MCS-48 系列基础上推出了 MCS-51 系列单片机，Mortorola 公司推出了 6801 单片机，使单片机的性能及应用跃上了新的台阶。

此后，各公司的 8 位单片机迅速发展。新推出的单片机普遍带有串行 I/O 口、多级中断系统、16 位定时器/计数器，片内 ROM、RAM 容量加大，且寻址范围可达 64KB，有的片内还带有 A/D 转换器。由于这类单片机的性价比高，因此被广泛应用，是目前应用数量最多的单片机。

第四阶段（1983 年至今）：8 位单片机巩固发展及 16、32 位单片机推出阶段。16 位典型产品有 Intel 公司的 MCS-96 系列单片机，而 32 位单片机除了具有更高的集成度外，其数据处理速度比 16 位单片机提高许多，性能比 8、16 位单片机更加优越。

20 世纪 90 年代是单片机制造业大发展时期，Mortorola、Intel、ATMEL、德州仪器（TI）、三菱、日立、飞利浦、LG 等公司开发了一大批性能优越的单片机，极大推动了单片机的应用。近年来，又有不少新型的高集成度的单片机产品涌现出来，产品丰富多样。目前，除 8 位单片机得到广泛应用外，16、32 位单片机也得到广大用户青睐。

3.6.3 单片机的特点

单片机是集成电路技术与微型计算机技术高速发展的产物，其体积小、价格低、应用方便、稳定可靠，因此，给工业自动化等领域带来了一场重大革命和技术进步。

由于体积小，它很容易地嵌入到系统之中，以实现各种方式的检测、计算或控制，这一点，一般微机根本做不到。

由于单片机本身就是一个微机，因此只要在单片机的外部适当增加一些必要的外围扩展电路，就可以灵活地构成各种应用系统，如工业自动检测监视系统、数据采集系统、自动控制系统、智能仪器仪表等。

单片机具有以下特点：

（1）简单方便，易于普及。单片机技术是易掌握技术。应用系统设计、组装、调试已经是容易的事情，工程技术人员通过学习可很快掌握其应用设计技术。

（2）功能齐全，应用可靠，抗干扰能力强。

（3）发展迅速，前景广阔。短短几十年，单片机经过 4 位机、8 位机、16 位机、32 位机等几大发展阶段。尤其是集成度高、功能日臻完善的单片机不断问世，使单片机在工业控制及工业自动化领域获得长足发展和大量应用。目前，单片机内部结构更加完美，片内外围功能部件越来越完善，一片芯片就是一个应用系统，为更高层次和更大规模的发展奠定了坚实的基础。

（4）嵌入容易，用途广泛，体积小，性价比高，应用灵活性强。单片机在嵌入式微控制系统中具有十分重要的地位。

单片机出现前，制作一套测控系统，要用大量的模拟电路、数字电路、分立元件完成，以实现计算、判断和控制功能。系统的体积庞大，线路复杂，连接点多，易出现故障。单片机出现后，测控功能的绝大部分由单片机的软件程序实现，其他电子线路则由片内的外围功能部件来替代。

3.6.4 单片机的应用

单片机主要应用在如下领域：

（1）工业检测与控制。主要应用于工业过程控制、智能控制、设备控制、数据采集和传输、测试、测量、监控等。在工业自动化领域中，机电一体化技术将发挥越来越重要的作用，在这种集机械、微电子和计算机技术为一体的综合技术（如机器人技术）中，单片机发挥着非常重要的作用。

（2）仪器仪表。目前对仪器仪表的自动化和智能化要求越来越高。单片机的使用有助于提高仪器仪表的精度和准确度，简化结构，减小体积而易于携带和使用，加速仪器仪表向数字化、智能化、多功能化方向发展。

（3）消费类电子产品。例如，洗衣机、电冰箱、空调机、电风扇、电视机、微波炉、加湿机、消毒柜等，嵌入了单片机后，功能和性能大大提高，并便于实现智能化、最优化控制。

（4）通信。在调制解调器、各类手机、传真机、程控电话交换机、信息网络及各种通信设备中，单片机也已经得到广泛应用。

（5）武器装备。在现代化的武器装备中，如飞机、军舰、坦克、导弹、鱼雷制导、智能武器装备、航天飞机导航系统，都有单片机嵌入其中。

（6）各种终端及计算机外部设备。计算机网络终端（如银行终端）以及计算机外部设备（如打印机、硬盘驱动器、绘图机、传真机、复印机等）中都使用了单片机作为控制器。

（7）汽车电子设备。单片机广泛地应用在各种汽车电子设备中，如汽车安全系统、汽车信息系统、智能自动驾驶系统、卫星汽车导航系统、汽车紧急请求服务系统、汽车防撞监控系统、汽车自动诊断系统以及汽车黑匣子等。

（8）分布式多机系统。在较复杂多节点的测控系统中，常采用分布式多机系统。一般由若干台功能各异的单片机组成，各自完成特定的任务，它们通过串行通信相互联系、协调工作。在这种系统中，单片机往往作为一个终端机安装在系统的某些节点上，对现场信息进行实时的测量和控制。

由上可见，从工业自动化、自动控制、智能仪器仪表、消费类电子产品等方面，直到国防尖端技术领域，单片机都发挥着十分重要的作用。

3.7 精简指令集与嵌入式微处理器

3.7.1 复杂指令集与精简指令集

CPU 芯片为什么能够控制一个庞大而复杂的电脑系统呢？CPU 依靠指令来计算和控制系统，每款 CPU 在设计时就规定了一系列与其硬件电路相配合的指令系统。这就是 CPU 中所集成的指令集。指令集的先进与否，关系到 CPU 的性能发挥，它也是 CPU 性能体现的一个重要标志。指令的强弱也是 CPU 的重要指标，指令集是提高微处理器效率的最有效工具之一。

长期以来，计算机性能的提高往往是通过增加硬件的复杂性来获得的。随着集成电路技术，特别是 VLSI（超大规模集成电路）技术的迅速发展，为了软件编程方便和提高程序的运行速度，硬件工程师采用的办法是不断增加可实现复杂功能的指令和多种灵活的编址方式，甚至某些指令可支持高级语言语句归类后的复杂操作，致使硬件越来越复杂，造价也相应提高。为实现复杂操作，微处理器除向程序员提供类似各种寄存器和机器指令功能外，还通过存于只读存储器（ROM）中的微程序来实现其极强的功能，微处理器在分析每一条指令之后执行一系列初级指令运算来完成所需的功能，这种设计的型式被称为复杂指令集计算机（Complex Instruction Set Computer，CISC）。一般 CISC 所含的指令数目至少在 300 条以上，有的甚至超过 500 条。

采用复杂指令系统的计算机有着较强的处理高级语言的能力，这对提高计算机的性能是有益的。当计算机的设计沿着这条道路发展时，有些人没有随波逐流，他们回过头去看一看过去走过的道路，开始怀疑这种传统的做法。IBM 公司设在纽约 Yorktown 的 Jhomas-sI. Wason 研究中心于 1975 年组织力量研究指令系统的合理性问题。因为当时已感到，日趋庞杂的指令系统不但不易实现，而且还可能降低系统性能。1979 年以帕特逊教授为首的一批科学家也开始在美国加州大学伯克莱分校开展这一研究。

结果表明，CISC 存在许多缺点。首先，在这种计算机中，各种指令的使用率相差悬殊：一个典型程序的运算过程所使用的 80% 指令，只占一个处理器指令系统的 20%。事实上最频繁使用的指令是取、存和加这些最简单的指令。这样一来，长期致力于复杂指令系统的设计，实际上是在设计一种很难在实践中用得上的指令系统的处理器。同时，复杂的指令系统必然带来结构的复杂性，这不但增加了设计的时间与成本，还容易造成设计失误。此外，尽管 VLSI 技术现在已达到很高的水平，但也很难把 CISC 的全部硬件做在一个芯片上，这也妨碍了单片机的发展。在 CISC 中，许多复杂指令需要极复杂的操作，这类指令多数是某种高级语言的直接翻版，因而通用性差。由于采用二级的微码执行方式，它也会降低那些被频繁调用的简单指令系统的运行速度。

针对 CISC 的这些弊病，帕特逊等人提出了精简指令的设想，即指令系统应当只包含那些使用频率很高的少量指令，并提供一些必要的指令以支持操作系统和高级语言。按照这个原则发展而成的计算机被称为精简指令集计算机（Reduced Instruction Set Computer，RISC）。

RISC 和 CISC 的不同之处就在于 RISC 指令集的指令数目少，而且每条指令采用相同的字节长度，一般为 4 个字节，并且在字边界上对齐，字段位置固定，特别是操作码的位置；而 CISC 指令集的特点就是指令数目多且复杂，每条指令的长度也不相等。在操作上，RISC 指令集中大多数操作都是寄存器到寄存器之间的操作，只以简单的 Load（读取）和 Sotre（存储）操作访问内存地址。因此，每条指令中访问的内存地址不会超过 1 个，指令访问内存的操作不会与算术操作混在一起。

在功能上，RISC 指令集也要比 CISC 指令集具有优势，它可以大大简化处理器的控制器和其他功能单元的设计，不必使用大量专用寄存器，特别是允许以硬件线路来实现指令操作，从而节约处理器的制造成本。采用 CISC 指令集的处理器使用微程序来实现指令操作，在执行速度上不如 RISC 指令集。

另外，RISC 还加强了并行处理能力，非常适合于采用处理器的流水线、超流水线和超标量技术，从而实现指令集并行操作，提高处理器的性能；而且随着 VLSI（超大规模集成电路）技术的发展，整个处理器的核心甚至多个处理器核心都可以集成在一个芯片上。RISC 指令集的体系结构可以给设计单芯多核处理器带来很多好处，有利于提高处理器的性能。

3.7.2 嵌入式微处理器

说起嵌入式微处理器，都不得不提到一个公司——ARM 公司。1991 年 ARM 公司成立于英国剑桥，主要从事 RISC 架构微处理器的研发。公司成立后，其业务一度很不景气，工程师们担心将要失业。由于缺乏资金，ARM 公司做出了一个意义深远的决定——自己不制造与销售芯片，只将芯片的设计方案授权给其他公司。正是这个决定开创了集成电路设计的一种新的商业模式——IP（Intellectual Property）模式。ARM 公司通过微处理器设计的专利、版权等的授权、版税与转让来获取利润。ARM 公司将自己的知识产权出售给芯片设计企业，他们根据各自需求在此设计的基础上搭配外围电路的设计后，就可以直接生产使用了。ARM 设计的微处理器虽然性能上赶不上英特尔的产品，但是其低成本、低功耗的优势非常突出。进入 21 世纪后，在移动通信、工业信息化等领域快速发展的推动下，嵌入式计算机的兴起给 ARM 提供了表演的舞台。目前，基于 ARM 架构的微处理器约占据了 32 位 RISC 微处理器 75% 以上的市场份额。在智能手机、平板电脑、汽车电子、航空、网络设备等各个领域 ARM 架构的微处理器占据了 90% 以上，其客户包括高通、苹果、三星、华为、联发科、展讯、联芯等智能手机芯片供应商。

因此 ARM 既是一个公司的名字，同时也代表了 ARM 公司所设计的 32 位 RISC 嵌入式微处理器。图 3 - 15 所示是一款嵌入式微处理器芯片 ARM Cortex-A15。

图 3 - 15　嵌入式微处理器 ARMCortex-A15

嵌入式微处理器一般具备以下 4 个特点：

（1）对实时多任务有很强的支持能力，能完成多任务并且有较短的中断响应时间，从而使内部的代码和实时内核的执行时间减少到最低限度。

（2）具有功能很强的存储区保护功能。这是由于嵌入式系统的软件结构已模块化，而为了避免在软件模块之间出现错误的交叉作用，需要设计强大的存储区保护功能，同时也有利于软件诊断。

（3）可扩展的处理器结构，以便能最迅速地开发出满足应用的最高性能的嵌入式微处理器。

（4）嵌入式微处理器必须功耗很低，尤其是用于便携式的无线及移动的计算和通信设备中靠电池供电的嵌入式系统更是如此，如需要功耗只有毫瓦级甚至微瓦级。

嵌入式微处理器的主要应用领域如下：

（1）工业控制领域。基于 ARM 核的微控制器芯片不但占据了高端微控制器的大部分市场份额，同时也逐渐向低端微控制器应用领域扩展，Cortex-M 系列就是 ARM 公司推出的典型低功耗、高性价比 32 位工控微控制器，向传统的 8 位/16 位微控制器提出了挑战。

（2）无线通信领域。目前大部分无线通信设备采用了 ARM 技术，ARM 以其高性价比和低成本，在该领域的地位日益巩固。

（3）网络应用。随着宽带技术的推广，采用 ARM 技术的 ADSL 芯片正逐步获得竞争优势。此外，ARM 在语音及视频处理上进行了优化，并获得广泛支持，这也对 DSP 的应用领域提出了挑战。

（4）消费类电子产品。ARM 技术在目前流行的数字音频播放器、数字机顶盒和游戏机中得到了广泛采用。

（5）成像和安全产品。现在流行的数码相机和打印机中绝大部分采用 ARM 技术，手机中的 32 位 SIM 智能卡也采用了 ARM 技术。

3.8　数字信号处理器

3.8.1　DSP 的概念及特点

数字信号处理（Digital Signal Processing，DSP）是一门涉及许多学科而又广泛应用于许多领域的新兴学科。20 世纪 60 年代以来，随着计算机和信息技术的飞速发展，数字信号处理应运而生并得到迅速的发展。数字信号处理是利用计算机或专用处理设备，以数字形式对信号进行采集、变换、滤波、估值、增强、压缩、识别等处理，以得到符合人们需要的信号形式。

数字信号处理的实现方法一般有以下几种：

（1）在通用的计算机（如 PC 机）上用软件（如 Fortran、C 语言）实现。

（2）在通用计算机系统中加上专用的加速处理机实现。

（3）用通用的单片机（如 MCS-51、96 系列等）实现，这种方法可用于一些不太复杂的数字信号处理，如数字控制等。

（4）用通用的可编程 DSP 芯片实现。与单片机相比，DSP 芯片具有更加适合于数字信号处理的软件和硬件资源，可用于复杂的数字信号处理算法。

（5）用专用的 DSP 芯片实现。在一些特殊的场合，要求的信号处理速度极高，用通用 DSP 芯片很难实现，例如专用于 FFT、数字滤波、卷积、相关等算法的 DSP 芯片，这种芯片将相应的信号处理算法在芯片内部用硬件实现，无需进行编程。

在上述几种方法中，第 1 种方法的缺点是速度较慢，一般可用于 DSP 算法的模拟；第 2 种和第 5 种方法专用性强，应用受到很大的限制，第 2 种方法也不便于系统的独立运行；第 3 种方法只适用于实现简单的 DSP 算法；只有第 4 种方法才使数字信号处理的应用打开了新的局面。

虽然数字信号处理的理论发展迅速，但在 20 世纪 80 年代以前，由于实现方法的限制，数字信号处理的理论还得不到广泛的应用。直到 20 世纪 70 年代末 80 年代初世界上第一片单片可编程 DSP 芯片的诞生，才将理论研究结果广泛应用到低成本的实际系统中，并且推动了新的理论和应用领域的发展。可以毫不夸张地说，DSP 芯片的诞生及发展对近 20 年来通信、计算机、控制等领域的技术发展起到了十分重要的作用。

DSP 芯片，也称数字信号处理器，是一种特别适合于进行数字信号处理运算的微处理器，其主要应用是实时快速地实现各种数字信号处理算法。

DSP 芯片是微处理器的一种，这种微处理器具有极高的速度。因为这种处理器的应用场合要求极高的实时性。比如通过移动电话进行通话，如果处理速度不快就只能等待对方停止说话，这一方才能通话，如果双方同时通话，因为数字信号处理速度不够快，就只能关闭信号连接。信号处理的各种运算最基本的就是乘法和累加运算，其运算量非常大，这就决定了数字信号处理器的结构和指令系统的特点。

DSP 芯片由于其专门用于数字信号处理，因此具有以下技术特点：

(1) 在一个指令周期内可完成一次乘法和一次加法。

(2) 程序和数据空间分开，可以同时访问指令和数据。

(3) 片内具有快速 RAM，通常可通过独立的数据总线在两块中同时访问。

(4) 具有低开销或无开销循环及跳转的硬件支持。

(5) 快速的中断处理和硬件 I/O 支持。

(6) 具有在单周期内操作的多个硬件地址产生器。

(7) 可以并行执行多个操作。

(8) 支持流水线操作，使取指、译码和执行等操作可以重叠执行。

当然，与通用微处理器相比，DSP 芯片的其他通用功能相对较弱些。

3.8.2　DSP 芯片的发展

世界上第一个单片 DSP 芯片应当是 1978 年 AMI 公司发布的 S2811。1979 年美国 Intel 公司发布的商用可编程器件 2920 是 DSP 芯片的一个主要里程碑。这两种芯片内部都没有现代 DSP 芯片所必须有的单周期乘法器。1980 年，日本 NEC 公司推出的 μPD7720 是第一个具有乘法器的商用 DSP 芯片。

在这之后，最成功的 DSP 芯片当数美国德州仪器公司（Texas Instruments，TI）的一系列产品。TI 公司在 1982 年成功推出其第一代 DSP 芯片 TMS32010 及其系列产品 TMS32011、TMS320C10/C14/C15/C16/C17 等，之后相继推出了第二代 DSP 芯片 TMS32020、TMS320C25/C26/C28，第三代 DSP 芯片 TMS320C30/C31/C32，第四代 DSP 芯片 TMS320C40/C44，第五代 DSP 芯片 TMS320C5X/C54X，第二代 DSP 芯片的改进型 TMS320C2XX，集多片 DSP 芯片于一体的高性能 DSP 芯片 TMS320C8X 以及目前速度最快的第六代 DSP 芯片 TMS320C62X/C67X 等。TI 公司将常用的 DSP 芯片归纳为三大系列，即 TMS320C2000 系列（包括 TMS320C2X/C2XX）、TMS320C5000 系列（包括 TMS320C5X/C54X/C55X）、TMS320C6000 系列（TMS320C62X/C67X）。如今，TI 公司的一系列 DSP 产品已经成为当今世界上最有影响的 DSP 芯片，TI 公司也成为世界上最大的 DSP 芯片供应商，其 DSP 市场份额占全世界份额近 50%。TI 公司的一款 DSP 芯片如图 3 - 16 所示。

图 3 - 16　TI 公司的一款 DSP 芯片

第一个采用 CMOS 工艺生产浮点 DSP 芯片的是日本的 Hitachi 公司，它于 1982 年推出了浮点 DSP 芯片。1983 年日本 Fujitsu 公司推出的 MB8764，其指令周期为 120ns，且具有双内部总线，从而使处理吞吐量发生了一个大的飞跃。而第一个高性能浮点 DSP 芯片应是 AT&T 公司于 1984 年推出的 DSP32。

与其他公司相比，Motorola 公司在推出 DSP 芯片方面相对较晚。1986 年，该公司推出了定点处理器 MC56001；1990 年，推出了与 IEEE 浮点格式兼容的浮点 DSP 芯片 MC96002。

美国模拟器件公司（Analog Devices，AD）在 DSP 芯片市场上也占有一定的份额，相继推出了一系列具有自己特点的 DSP 芯片，其定点 DSP 芯片有 ADSP2101/2103/2105、ASDP2111/2115、ADSP2161/2162/2164 以及 ADSP2171/2181，浮点 DSP 芯片有 ADSP21000/21020、ADSP21060/21062 等。

自 1980 年以来，DSP 芯片得到了突飞猛进的发展，DSP 芯片的应用越来越广泛。从运算速度来看，MAC（一次乘法和一次加法）时间已经从 20 世纪 80 年代初的 400ns（如 TMS32010）降低到 10ns 以下（如 TMS320C54X、TMS320C62X/67X 等），处理能力提高了几十倍。DSP 芯片内部关键的乘法器部件从 1980 年的占模片区的 40％左右下降到 5％以下，片内 RAM 数量增加一个数量级以上。从制造工艺来看，1980 年采用 4μm 的 N 沟道 MOS（NMOS）工艺，而现在则普遍采用亚微米（Micron）CMOS 工艺。DSP 芯片的引脚数量从 1980 年的最多 64 个增加到现在的 200 个以上，引脚数量的增加，意味着结构灵活性的增加，如外部存储器的扩展和处理器间的通信等。此外，DSP 芯片的发展使 DSP 系统的成本、体积、重量和功耗都有很大程度的下降。表 3-1 所示是 TI 公司 DSP 芯片 1982、1992、1999 年的发展比较表。其中 MIPS（Million Instructions Per Second）指单字长定点指令平均执行速度，即每秒处理的百万级的机器语言指令数。这是衡量 CPU 速度的一个指标。

表 3-1　　　　　　　　　　TI 公司 DSP 芯片发展比较表（典型值）

年份	1982 年	1992 年	1999 年
制造工艺	4μm NMOS	0.8μm CMOS	0.3μm CMOS
MIPS	5	40	100
主频（MHz）	20	80	100
内部 RAM	144 字	1K 字	32K 字
内部 ROM	1.5K 字	4K 字	16K 字
价格（美元）	150	15	5～25
功耗（mW/MIPS）	250	12.5	0.45
集成晶体管数	50K	500K	

表 3-2 所示是世界上主要 DSP 芯片供应商的代表芯片的一些数据。

表 3-2　　　　　　　　　　单片可编程 DSP 芯片

公司	DSP 芯片	推出时间（年）	MAC 周期（ns）	定点位数	浮点位数
AMI	S2811	1978	300	12/16	
NEC	μPD7720	1980	250	16/32	
	μPD77230	1985	150		32

公司	DSP 芯片	推出时间（年）	MAC 周期（ns）	定点位数	浮点位数
TI	TMS32010	1982	390	16/32	
	TMS32020	1987	200	16/32	
	TMS320C25	1989	100	16/32	
	TMS320C30	1989	60	24/32	32/40
	TMS320C40	1992	40	32	40
	TMS320C50	1990	35	16/32	
	TMS320C203	1996	12.5	16/32	
	TMS320LC549	1996	10	16/32	
	TMS320C62X	1997	5	16/32	
Motorola	MC56001	1986	75	24	
	MC96002	1990	50	32/64	32/44
	MC56002	1991	50	24/48	
AT&T	DSP32C	1988	80	16 或 24	32/40
	DSP16A	1988	25	16/36	
	DSP3210	1992	60	24	32/40
AD	ADSP2101	1990	60	16	
	ADSP21020	1991	40	32	32/40

3.8.3 DSP 芯片的应用

自从 20 世纪 70 年代末 80 年代初 DSP 芯片诞生以来，DSP 芯片得到了飞速的发展。DSP 芯片的高速发展，一方面得益于集成电路技术的发展，另一方面也得益于巨大的市场。在近 20 年时间里，DSP 芯片已经在信号处理、通信、雷达等许多领域得到广泛的应用。目前，DSP 芯片的价格越来越低，性价比日益提高，具有巨大的应用潜力。DSP 芯片的应用主要有以下几种：

（1）信号处理。如数字滤波、自适应滤波、快速傅里叶变换、相关运算、谱分析、卷积、模式匹配、加窗、波形产生等。

（2）通信。如调制解调器、自适应均衡、数据加密、数据压缩、回波抵消、多路复用、传真、扩频通信、纠错编码、可视电话等。

（3）语音。如语音编码、语音合成、语音识别、语音增强、说话人辨认、说话人确认、语音邮件、语音存储等。

（4）图形/图像。如二维和三维图形处理、图像压缩与传输、图像增强、动画、机器人视觉等。

（5）军事。如保密通信、雷达处理、声纳处理、导航、导弹制导等。

（6）仪器仪表。如频谱分析、函数发生、锁相环、地震处理等。

（7）自动控制。如引擎控制、声控、自动驾驶、机器人控制、磁盘控制等。

（8）医疗。如助听、超声设备、诊断工具、病人监护等。

（9）家用电器。如高保真音响、音乐合成、音调控制、玩具与游戏、数字电话/电视等。

随着 DSP 芯片性价比的不断提高，可以预见 DSP 芯片将会在更多的领域内得到更为广泛的应用。

3.9　可编程逻辑器件

3.9.1　可编程逻辑器件的特点

在数字电子系统领域，存在三种基本的器件类型：存储器、微处理器和逻辑器件。存储器用来存储随机信息，如数据表或数据库的内容。微处理器执行软件指令来完成范围广泛的任务，如运行字处理程序或视频游戏。逻辑器件提供特定的功能，包括器件与器件间的接口、数据通信、信号处理、数据显示、时序和控制操作以及系统运行所需要的所有其他功能。

逻辑器件可分为两大类：固定逻辑器件和可编程逻辑器件。固定逻辑器件中的电路是永久性的，它们完成一种或一组功能，一旦制造完成，就无法改变。可编程逻辑器件（PLD）是能够为客户提供范围广泛的多种逻辑能力、特性、速度和电压特性的标准成品部件，而且此类器件可在任何时间改变，从而完成许多种不同的功能。

PLD 是 20 世纪 80 年代发展起来的新型器件，是一种由用户根据自己的需要来设计逻辑功能并对此器件进行编程后实现的。

数字电路的集成电路通常是标准的小规模、中规模、大规模的器件，而这些器件的逻辑功能在出厂时已经由厂商设计好了，用户只能根据其提供的功能及管脚设计其需要的电路。由于这些通用器件考虑到其通用性，其在使用时有许多功能是多余的，并且由于管脚的排布是固定的，在设计 PCB 时给电路的连线带来了极大不便。PLD 内部具有大量组成数字电路的最小单元——门电路，而这些门电路并没有固定怎样连接，并且输入/输出脚的连接可自己设置，门电路的连接可通过编程的方法加以设计，故这种电路给我们带来了极大的方便。

PLD 的设计主要通过硬件描述语言及仿真工具，硬件描述语言（VDL）常用的有VHDL、Verilog、ABEL。仿真工具目前比较流行的有 Altera 的 MAX-plus2、Lattice 的 is-pEXPERT、Xilinx 的 Foundation Series。

PLD 如同一张白纸或是一堆积木，工程师可以通过传统的原理图输入法，或是硬件描述语言自由地设计一个数字系统。通过软件仿真，可以事先验证设计的正确性。在 PCB 完成以后，还可以利用 PLD 的在线修改能力，随时修改设计而不必改动硬件电路。使用 PLD来开发数字电路，可以大大缩短设计时间，减少 PCB 面积，提高系统的可靠性。

3.9.2　可编程逻辑器件的分类

当前现场可编程逻辑器件（FPGA）和复杂可编程逻辑器件（CPLD）是可编程逻辑器件中两种主要的类型。国际上生产 FPGA/CPLD 的主流公司，在国内占有市场份额较大的主要有 Xilinx、Altera、Lattice 三家公司生产。

FPGA 提供了最高的逻辑密度、最丰富的特性和最高的性能。现在最新的 FPGA 器件，如 Xilinx Virtex 系列中的部分器件，可提供 800 万"系统门"（相对逻辑密度）。这些先进的器件还提供诸如内建的硬连线处理器、大容量存储、时钟管理系统等特性，并支持多种最新的超快速器件至器件（device-to-device）信号技术。FPGA 应用范围广泛，从数据处理和存储，到仪器仪表、电信和数字信号处理等。与此相比，CPLD 提供的逻辑资源少得多，最高约 1 万门。但是，CPLD 提供了非常好的可预测性，因此对于关键的控制应用非常理想，而且如 Xilinx CoolRunner 系列 CPLD 器件需要的功耗极低。

但是近年来，随着微电子工业的不断发展，可编程逻辑器件的发展进入"片上可编程系统"SOPC 的新纪元。SOPC 技术是在可编程逻辑器件的基础上发展起来的一种灵活、高效的嵌入式系统，它所具有的灵活性、低成本等特点使系统设计者受益匪浅。SOPC 将处理器、存储系统、I/O、LVDS、CDR 等系统设计功能模块集成到一个可编程器件上，构成一个可编程的片上系统。

目前，赛灵思和 Altera 都推出了相应的 SOCFPGA 产品，制造工艺达到 65nm，系统门数超过百万门。在可编程逻辑发展的此阶段，逻辑器件内嵌了硬核高速乘法器、Gbit 差分串行接口，时钟频率高达 500MHz 的 PowerPC 微处理器，以及软件 MicroBlaze、Picoblaze、Nios，这实现了软件与硬件、高速与灵活性的结合，使 PLD 的应用范围从单片扩展到系统级。SOPC 技术在微电子工业方面发挥着越来越大的作用。

3.9.3 可编程逻辑器件的应用

1. PLD 在 ASIC 设计中的应用

把一个有专用目的，并具有一定规模的电路或子系统集成化而设计在一芯片上，这就是专用集成电路 ASIC 的设计任务。通常 ASIC 的设计要么采用全定制电路设计方法，要么采用半定制电路设计方法进行检验。若不满足要求，还要重新设计再进行验证。这样，不但开发费用高，而且设计开发周期长，因此设计出的产品性价比不高。显然，产品没有市场竞争力，自然就降低了产品的生命周期，而传统的 ASIC 设计方法来说，这又是不可避免的。

随着设计方法的不断完善，不仅需要简化设计过程，而且越来越需要降低系统的体积和成本，提高系统的可靠性，缩短研制周期。于是希望有一种由很多厂家都可提供的，具有一定连线的结构和已封装好的全功能的标准电路。由于共同性强，用量大，因此成本也不高。这种器件可以由用户根据需要自行完成编程设计工作，用某种编程技术自己"烧制"使内部电路结构实现再连接，也就是说用户既是使用者又是设计者和制造者，这种器件就是 PLD，它的引入就形成了半定制电路设计方法的可编程 ASIC。目前，HDPLD 有两种用途：一是用于最终产品；二是用于 ASIC 化的前道工序的开发试制品。CPLD/FPGA 在国际上现已成为很流行的标准化 IC 芯片，从我国的国情来看，将 CPLD/FPGA 用于 ASIC 原形设计会得到大力推广。

2. 基于 EDA 的 CPLD/FPGA 应用

电子产品的高度集成数字化是必由之路，我国的电子设计技术经过了 SSI 和 MCU 阶段，现在又面临一次新突破，即 CPLD/FPGA 在 EDA 基础上的广泛应用。如果说 MCU 在逻辑的实现上是无限的话，那么 CPLD/FPGA 不但包括了 MCU 这一特点，而且可触及硅片电路的物理界限，并兼有串、并行工作方式，高速、高可靠性以及宽口径适用性等诸多方面的特点。不但如此，随着 EDA 技术的发展和 CPLD/FPGA 在深亚微米领域的应用，它们与 MCU、MPU、DSP、A/D、D/A、RAM 及 ROM 等器件间的物理与功能界限已日益模糊。特别是软/硬 IP 芯核产业的迅速发展，嵌入式通用及标准 FPGA 器件，片上系统（SOC），1999 年底已经上市。CPLD/FPGA 以其不可替代的地位以及伴随而来的具有经济特征的 IP 芯核产业的崛起，正越来越受到业内人士的关注。

基于 EDA 技术的发展，CPLD/PFGA 与其他 MCU 相比，其优点越来越明显。PLD/FPGA 产品采用先进的 JTAG-ISP 和在系统内配制编程，这种编程方式可轻易地实现红外线编程、超声编程或无线编程，或通过电话线远程编程，编程方式简便、先进。这些功能在工控、智能仪表、通信和军事上有特别用途。CPLD/FPGA 的设计开发采用功能强大的 EDA 工具，通过符合国际标准的硬件描述语言（如 VHDL 或 VERILOG-HDL）来进行电子系统设计和产品开发，开发工具的通用性，设计语言的标准化以及设计过程几乎与所用的 CPLD/FPGA 器件的硬件结构没有关系，所以设计成功的逻辑功能软件有很好的兼容性和可移植性，开发周期短；易学易用，开发便捷。可以预言我国的 EDA 技术学习和 CPLD/FPGA 的应用热潮决不会逊色于过去 10 年的单片机热潮。

3.10　新一代智能计算机

3.10.1　智能计算机的发展历程

计算理论的奠基人之一图灵提出了"图灵机"和"图灵测试"等重要的概念。图灵定义计算机为处理离散量信息的数字计算机。

1950 年 10 月，图灵发表了一篇题为《机器能思考吗?》的论文，该论文成为划时代之作。正是这篇论文为图灵赢得了"人工智能之父"的桂冠。图灵的这篇论文第一次提出了"机器思维"的概念。他反驳了机器不能思维的论调，给出了肯定的回答，对智能问题从行为学角度给出了定义，做出了一个假想：一个人在不接触对方的情况下，通过一种特殊的方式和对方进行一系列的问答，如果在相当长时间内，他无法根据这些问题判断对方是人还是计算机，那么就可以认为这个计算机具有同人相当的智力，即这台计算机是能思维的。这就是著名的"图灵测试"（Turing Testing）。当时全世界只有几台计算机，几乎所有计算机根本无法通过这一测试。但图灵预言，在 20 世纪末，一定会有计算机通过"图灵测试"。美国科学家兼慈善家休·勒布纳 20 世纪 90 年代初设立了人工智能年度比赛，把图灵的设想付诸实践。

自图灵对数字计算机能不能模拟人的智能这一问题提出以来，在计算机界始终存在两种截然对立的看法。1937 年 A. 丘奇和图灵分别独立地提出关于人的思维能力与递归函数的能力等价的假说。这一未被证明的假说后来被一些人工智能学者认为：如果一个可以提交给图灵机的问题不能被图灵机解决，则这个问题用人类的思维也不能解决。这一学派继承了以逻辑思维为主的唯理论与还原论的哲学传统，强调数字计算机模拟人类思维的巨大潜力。另一些学者，如 H. 德雷福斯等哲学家肯定地认为以图灵机为基础的数字计算机不能模拟人的智能。他们认为数字计算机只能做形式化的信息处理，而人的智能活动不一定能形式化，也不一定是信息处理，不能把人类理智看成是由离散、确定的与环境局势无关的规则支配的运算。这一学派原则上不否认用接近于人脑的材料构成智能机的可能性，但这种广义的智能机不同于数字计算机。还有些学者认为不管什么机器都不可能模拟人的智能，但更多的学者相信大脑中大部分活动能用符号和计算来分析。必须指出，人们对于计算的理解在不断加深与拓宽。有些学者把可以实现的物理过程都看作计算过程。基因也可以看作开关，一个细胞的操作也能用计算加以解释，即所谓分子计算。从这种意义讲，广义的智能计算机与智能机器或智能机范畴几乎一样。

　　进入 20 世纪 80 年代以来，日本、美国等发达国家曾开始研制第五代计算机，也称为智能计算机。它突出了人工智能方法和技术的作用，在系统设计中考虑了建造知识库管理系统和推理机，使得机器本身能根据存储的知识进行推理和判断。

　　为了实现人类智能在计算机上的模拟、延伸、扩展，必须对其体系结构、工作方式、处理能力、接口方式等进行彻底的变革，这样造出来的计算机才能称为智能计算机。我们可以把构造这样的智能机器看作是人工智能研究的远期目标。日本提出的第五代计算机研制计划就是向远期目标迈进的重要一步，被称为第一代智能计算机。

　　对智能计算机的不同看法还来源于不同的目标和出发点。一种是科学研究的观点，强调理解人脑的机制，要求计算机按照人脑的工作方式表现出智能行为。另一种是工程的观点，强调用计算机解决需要人的智慧才能解决的实际问题，不管人脑和计算机的工作方式是否相同。从工程观点看智能计算机，所关心的是它具有的功能而不限制其实现途径。也就是说，所谓智能计算机，就是指具有感知、识别、推理、学习等能力，能处理定性的、不完全不确定的知识，能与人类以自然语言、文字及图形图像通信，并在实际环境中有适应能力的计算机。要达到这一目标需要长期的努力。

　　智能计算机是现代计算技术、通信技术、人工智能和仿生学有机结合的一种知识处理工具。研制智能计算机的目的不是用计算机代替人的脑力劳动，而是充分发挥人和计算机各自的特长，形成互补、协调的人机合作环境。不怎么聪明的智能计算机可以使聪明的人更加聪明。在人机合作的和谐环境中，人主要负责提供涉及面很广的常识和从事有创造性的工作，机器作为人的助手从事需要一定智能的其他工作。智能机往往在某些方面聪明过人而在其他方面又十分愚笨，因此设计一个高效率、高智商的人机协作智能系统必须合理地确定哪些事由人做，哪些事由机器做，而且要建立十分友好的人机对话界面。

　　尽管各国学者为研制智能机进行了长期不懈的努力，但究竟通过什么途径才能使计算机具有智能或者说表现出智能行为，还是一个未解决的问题。概括来说，已提出的主要途径有以下几条，它们分别以认知心理学、神经生理学、人类社会学及生物进化论为模拟的基础。

　　(1) 符号处理与知识处理。把智能问题当成符号处理与知识处理问题是人工智能的主流。纽威尔和西蒙教授在 1975 年的图灵奖演说中提出物理符号系统假设：物理符号系统是智能行为的充分必要条件。这一假设把符号处理技术摆到智能机研制的关键位置。20 世纪 60 年代关于推理机制和问题求解技术的研究，使人们认识到一个智能系统的能力主要在于系统中包含的知识而不是它的推理机制，这就是 E. 费根鲍姆教授倡导的知识原则。根据这一原则，构造智能机系统的关键是建立包含大量常识和专门知识的知识库，其技术难点在于知识的自动获取和自动维护以及知识共享等。这一途径的基础是逻辑理论与认知心理学。

　　(2) 人工神经网络。构造智能机的另一途径根源于神经生理学的研究成果，即用大量相对简单的处理单元（人工神经元）通过复杂的互连构成神经网络计算机。这一途径强调大规模并行、分布式的表示与处理、非线性的动力学系统行为、系统的训练与学习以及模拟量的处理等。尽管目前提出的人工神经网络模型及已研制的各种人工神经网络系统与人脑的神经网络结构相距甚远，但这种以整体的统计行为取代逻辑推理，以样本训练与学习取代执行某种算法的新思路对传统的唯理论与还原论是一种冲击。神经网络计算机在模式识别和低层次感知模拟等方面有发展潜力，但也有一定局限性。它与传统的符号处理有某种互补关系。这两者的结合可以发挥各自的优势。

（3）层次化的智力社会模型。错综复杂的人类社会是由许多个人和不同层次的团体组成的。与此类似，智能行为也可看成是许多在不同层次上的相互影响的并行操作的进程。层次越低，其智力越差，最底层的处理应是非智能的行为。按这种思路，关键是要弄明白非智能的活动的联合如何才能浮现智能行为，其奥秘应在其相互联系之中。这就是明斯基教授主张的"智力社会"模型。这一学派强调理解智能的层次和系统中各部分的联系，主要从人类社会的行为来看待思维与智能，其实现上较侧重分布式的人工智能和复杂的巨系统。

（4）基于生物进化的智能系统。人类的智能是通过极其漫长的生物进化产生的，进化是智能的源泉。如果把机器智能的提高也当成是一种进化过程，其进化速度将比形成人的智能快得多。生物进化的关键是在动态环境中的适应能力。基于这一观点，布鲁克斯教授提出研制智能机的另一种途径：建立在现实世界中具有真正感知和行动能力的智能系统，由简单到复杂逐步提高其智能水平。这一方法强调自适应控制，主张无需表示无需推理的智能系统。

上述每一条途径都有各自的理论背景和应用前景。鉴于脑的功能是成千上万具有不同专门功能的子系统协作的结果，是上百万条生物进化缠绕组合的结果，人类智能的本质不可能归结为几个像波函数或运动学三定律那样规整、简洁的基本原理，智能机也不可能按某一种固定模式制造。研究智能计算机应当采取综合集成的方法，在上述几条途径和可能的新途径基础上，将定性与定量、数字与模拟、逻辑与统计、电子与非电子等互补的技术综合集成起来，特别是将存于机器的知识与人的经验知识集成起来，发挥系统的整体优势与综合优势。

1982 年英国提出阿尔维（Alvey）计划和高级信息技术计划，次年 4 月英国批准为期 10 年的阿尔维计划，该计划主要内容分为四大部分：智能系统—发展思维的类似人的智能系统；人机接口—发展智能人机接口装置，与人更友好合作；超大规模集成电路—发展电路设计 CAD 技术；软件工程—更好发挥计算机效能。

我国 863/973 智能系统主题研究的主要内容与上述类似。

3.10.2　智能计算机可能的发展思路

根据国内国际信息科学技术发展状况，未来智能计算机发展面临的问题，导致智能信息科学可能从如下几个方面突破发展"瓶颈"：

（1）进一步发展计算能力。发展计算能力包括发展新的器件，如光计算器件、量子计算器件等。

（2）开辟新技术途径。如进一步发展仿生技术，采用仿人或仿生物的智能原理实现新的智能原理；发展人工神经网络技术，扩大人工神经网络的规模，探索新的神经网络工作机制。

（3）发展新的计算理论。发展模糊计算的多值逻辑理论、模糊计算系统（Fuzzy System），它们以模糊数学为理论基础，可以较好地处理不确定问题的描述与求解；发展模仿生物遗传进化过程的演化计算技术（Evolutionary Computation），以达尔文进化论为依据，以遗传算法（Genetic Algorithm）为基础，解决可计算性问题。人工神经网络、模糊理论、演化计算等智能计算技术的快速发展形成了许多新的计算理论与智能计算机。

（4）发展新器件。在硅片技术快速发展的基础上，发展光计算器件、量子计算器件等新的器件制造理论与工程化方法。电子技术从芯片连接的角度讲属于二维连接或 2.5 维连接方式，而光学连接则是三维连接或高维连接，因此光器件具有连接优势，同时光的工作速度远远高于电子的工作速度，理论上具有更高的计算能力。从技术发展的角度看，光器件的存储能力远远大于硅片的存储能力。人工神经网络（Artificial Neural Network）期待大容量、高速度的光器件的发展。新器件的发展必然引起新的信息技术革命。

因此，第五代智能机的发展道路应当是新技术与传统技术的结合，即数字计算机＋新的计算技术＋新的计算理论＋新的计算设备。

3.10.3 智能计算研究成果对社会发展的影响

曾经有人说过："是懒人推动了社会技术的发展"，这里的"懒人"指不断地开动脑筋寻求用技术代替人的体力的那些人。从另外一个角度讲，用技术代替人的体力也是人类的生物目标，即体力劳动越少越好，人支配机器去劳动。在社会发展的过程中，这个愿望在日本和欧美等发达国家和地区得到了实践。

"无人工厂"又叫自动化工厂，是指全部生产活动由电子计算机进行控制，生产第一线配有机器人而无需配备工人的工厂。这种工厂，生产命令和原料从工厂一端输进，经过产品设计、工艺设计、生产加工和检验包装，最后从工厂另一端输出产品。所有工作都由计算机控制的机器人、数控机床、无人运输小车和自动化仓库来实现，人不直接参加工作。

1952 年，美国福特汽车公司在俄亥俄州的克里夫兰建造了世界上第一个生产发动机的全自动工厂，由 42 部自动机器进行 500 种不同的操作和加工，还能把不合格的产品检查出来。

1984 年 4 月，世界上第一座实验用的"无人工厂"在日本筑波科学城建成，并开始进行试运转。试运转证明，以往需要近百名熟练工人和电子计算机控制的最新机械，花两周时间制造出来的小型齿转机、柴油机等，现在只需要 4 名工人花一天时间就可以制造出来。

"无人工厂"里安装有各种能够自动调换的加工工具。从加工到装配以至最后一道成品检查，都可在无人的情况下完成。这个成功必将进一步加快整个制造业的"工厂自动化"进程。"无人工厂"是未来制造业工厂的一种发展方向。

在互联网论坛上，传统产业与 IT 行业的两个知名老总在谈论"未来企业应当是什么样"的问题时，IT 老总给出一个有趣的答案："未来企业有一个人和一条狗就可以啦，他们分工明确，各负其责，人负责别把狗饿死，狗看好这人别乱按电钮"。这虽然具有玩笑的成分，但也表露出未来产业发展的自动化与智能化的趋势。

中国科技发展纲要写到："中国未来解决工业生产自动化的难题，不是指生产线的自动化问题，而是辅助工序的自动化"。因此未来发展的关键是智能技术与智能水平能否满足工业生产自动化的要求。这也是"863"和"973"计划智能主体研究的核心问题。

第 4 章 信息的传输与通信系统

4.1 通信系统的结构

通信的任务是在两地之间迅速而准确地传递信息。"通"的要求有几个方面：一是准确可靠；二是迅速快捷；三是具有任意性；四是传递距离要远，覆盖区域要广。"信"的要求是信息内容具有多样性。

信息交流是人类社会活动和发展的基础，通信是推动人类社会发展、进步的巨大动力。从信息源形式看，人类经历了语言方式交流、语言文字方式交流、语言文字和印刷品交流、多种方式交流等发展阶段；从通信的手段看，人类经历了人力—马力—烽火台传递信息、电子传递信息和光电传递信息等阶段。目前人类已经进入信息时代，随着现代科学技术和现代经济的发展，现已建立起全球通信网。

现代通信与传感技术、计算机技术紧密结合，成为了整个社会的高级"神经中枢"，使人类已建立起来的世界性全球通信网或地区部门通信网成为各国现代经济的最重要的基础结构之一。没有现代通信就没有现代经济的高速发展。

4.1.1 通信系统的基本模型

通信系统的目的是传输信息。通信系统的作用就是将信息从信源发送到一个或多个目的地。对于电通信来说，首先要把信息转变成电信号，然后由发送设备将信号送入信道，接收设备对接收信号做相应的处理后，送给收信者转换为原来的消息。通信系统的一般模型如图4-1所示。

图 4-1 通信系统的一般模型

1. 信息源

信息源（简称信源）的作用是把各种消息转换成原始电信号。根据消息的种类不同，信源可分为模拟信源和数字信源。模拟信源输出连续的模拟信号，如话筒（声音→音频信号）、摄像机（图像→视频信号）；数字信源则输出离散的数字信号，如电传机（键盘字符→数字信号）、计算机等各种数字终端。模拟信源送出的信号经数字化处理后也可送出数字信号。

2. 发送设备

发送设备的作用是产生适合于在信道中传输的信号，即使发送信号的特性和信道特性相匹配，具有抗信道干扰的能力，并且具有足够的功率以满足远距离传输的需要。因此，发送设备涵盖的内容很多，可能包含变换、放大、滤波、编码、调制等过程。对于多路传输系统，发送设备还包括多路复用器。

3. 信道

信道是一种物理媒质，用来将来自发送设备的信号传送到接收端。在无线信道中，信道可以是自由空间；在有线信道中，信道可以是明线、电缆和光纤。有线信道和无线信道均有多种物理媒质。信道既给信号提供通路，也会对信号产生各种干扰和噪声。信道的固有特性及引入的干扰和噪声直接关系到通信的质量。

图 4-1 中的噪声源是信道中的噪声及分散在通信系统及其他各处的噪声的集中表示。噪声通常是随机的、形式多样的，它的出现干扰了正常信号的传输。

4. 接收设备

接收设备的功能是将信号放大和反变换（如译码、解调等），其目的是从收到的接收信号中正确恢复出原始电信号。对于多路复用信号，接收设备中还包括解除多路复用，实现正确分路的功能。此外，它还要尽可能减小在传输过程中噪声与干扰所带来的影响。

5. 收信者

收信者（简称信宿）是传送消息的目的地，其功能与信源相反，即把原始电信号还原成相应的消息，如扬声器等。

图 4-1 概括地描述了一个通信系统的组成及共性。根据研究的对象以及所关注的问题不同，相应有不同形式的、更具体的通信模型。

4.1.2　信道

任何一个通信系统，信道是必不可少的组成部分。信道按传输媒介分为有线信道和无线信道。有线信道包括架空明线、电缆和光纤；无线信道中有中、长波地表面传播，短波电离层反射传播，超短波和微波直射传播以及各种散射传播。根据信道特性参数随外界各种因素的影响而变化的快慢，通常分为"恒参信道"和"变参信道"。

1. 有线信道

有线信道分为两大类，一类是传输电信号的电导线，主要分为明线、对称电缆和同轴电缆；另一类是传输光信号的光纤或光缆。

明线是指平行架设在电线杆上的导线。它的优点是传输损耗低，但它易受天气和环境的影响，对外界噪声干扰敏感，而且能架设的线对很有限，故已逐渐被通信电缆所代替。

对称电缆是放在同一保护套内的许多相对绝缘的双导线组成的传输媒介。为减少各对导线之间的干扰，各对导线都拧成扭绞状；导线材料是铝或铜，其传输损耗比明线大得多，但传输特性比较稳定。对称电缆在有线电话网中广泛作为用户接入线路。

图 4-2 所示是同轴电缆的结构图。同轴电缆由同轴的两个导体构成，外导体是一个圆柱形空管或金属丝编织网，内导体是金属芯线。它们之间填充着电介质，电介质可能是塑料，也可能是空气。在采用空气绝缘的情况下，内导体依靠有一定间距的绝缘子来定位。由于同轴电缆的外导体通常接地，因此它有很好的屏蔽干扰的作用。目前由于光纤技术和应用的迅速发展，远距离传输的干线通路多采用光纤替代同轴电缆。同轴电缆主要应用在有线广播电视网中作为用户接入线。

光纤信道是指以光导纤维（简称光纤）为传输媒介和光波为载波的通道，可提供极大的传输容量。光纤传输具有低损耗、宽频带、细线径、轻重量、可弯曲半径小、不怕腐蚀、节省有色金属以及免受电磁干扰等优点，已获广泛使用。光纤结构图如图 4-3 所示。

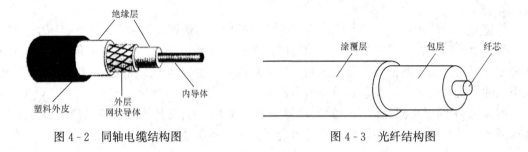

图 4-2　同轴电缆结构图　　　　　　　图 4-3　光纤结构图

2. 无线信道

无线信道的传输媒介比较多，它包括短波电离层反射、对流层散射等。可以这样认为，凡不属有线信道的媒质均为无线信道的媒质。无线信道利用空间电磁波传递信息。各个无线频段的定义及其应用见表 4-1。

表 4-1　　　　　　　　　　各个无线频段的定义及其应用

名称	频率	波长	主要应用
低频（LF）（长波）	30～300kHz	10～1km	导航、水下通信、无线电信标
中频（MF）（中波）	0.3～3MHz	1～0.1km	广播、海事通信、测向、海岸警卫
高频（HF）（短波）	3～30MHz	100～10m	远程广播、船舶通信、业余无线电
甚高频（VHF）（超短波）	30～300MHz	10～1m	调频广播、电视广播、导航、交通管制
特高频（UHF）（微波）	0.3～3GHz	1～0.1m	移动通信、电视广播、卫星通信、导航、雷达
超高频（MW）（微波）	3～30GHz	100～1cm	微波通信、雷达
极高频（mMWF）（毫米波）	30～300GHz	10～1mm	雷达、空间通信

信道是对通信中发送端和接收端之间的通路的一种形象比喻，对于无线电波而言，它从发送端传送到接收端，其间并没有一个有形的连接，它的传播路径也有可能不止一条，但是为了形象地描述发送端与接收端之间的工作，我们想象两者之间有一个看不见的道路衔接，把这条衔接通路称为无线信道。无线信道具有一定的频率带宽，正如公路有一定的宽度一样。

无线信道中电波的传播不是单一路径，而是许多路径来的众多反射波的合成。由于电波通过各个路径的距离不同，因而各个路径来的反射波到达时间不同，也就是各信号的时延不同。当发送端发送一个极窄的脉冲信号时，移动台接收的信号由许多不同时延的脉冲组成，称为时延扩展。

同时由于各个路径来的反射波到达时间不同，相位也就不同。不同相位的多个信号在接收端叠加，有时叠加而加强（方向相同），有时叠加而减弱（方向相反）。这样，接收信号的幅度将急剧变化，即产生了快衰落。这种衰落是由多种路径引起的，所以称为多径衰落。

此外，接收信号除瞬时值出现快衰落之外，场强中值（平均值）也会出现缓慢变化。这主要是由地区位置的改变以及气象条件变化造成的，以致电波的折射传播随时间变化而变化，多径传播到达固定接收点的信号的时延随之变化。这种由阴影效应和气象原因引起的信号变化，称为慢衰落。

　　由于移动通信中移动台的移动性，无线信道中还会有多普勒效应。在移动通信中，当移动台移向基站时，频率变高；远离基站时，频率变低。我们在移动通信中要充分考虑多普勒效应。虽然，在日常生活中，我们移动速度有限，不可能会带来十分大的频率偏移，但是这不可否认地会给移动通信带来影响，为了避免这种影响造成通信中的问题，我们不得不在技术上加以各种考虑，从而也加大了移动通信的复杂性。

　　综上所述，无线信道存在电波的多径传播、时延扩展、衰落特性以及多普勒效应等。

4.1.3　调制与解调

　　调制在通信系统中的作用至关重要。所谓调制，就是把信号转换成适合在信道中传输的形式的一种过程。广义的调制分为基带调制和频带调制（也称载波调制）。在无线通信和其他大多数场合，调制一词均指载波调制。

　　载波调制就是用调制信号去控制载波的参数的过程，使载波的某一个或某几个参数按照调制信号的规律而变化。调制信号是指来自信源的消息信号（基带信号），这些信号可以是模拟的，也可以是数字的。受调制的周期性振荡信号称为已调信号，它含有调制信号的全部特征。解调（也称检波）则是调制的逆过程，其作用是将已调信号中的调制信号恢复出来。

　　为什么要进行载波调制呢？基带信号对载波的调制是为了实现下列一个或多个目标：第一，在无线传输中，信号是以电磁波的形式通过天线辐射到空间的。为了获得较高的辐射效率，天线的尺寸必须与发射信号波长相比拟。而基带信号包含的较低频率分量的波长较长，致使天线过长而难以实现。例如，天线长度一般应大于 $\lambda/4$，其中 λ 为波长；对于 3000Hz 的基带信号，如果不通过载波而直接耦合到天线发送，则需要长度约为 25km 的天线。显然，这是无法实现的。但若通过调制，把基带信号的频谱搬至较高的载波频率上，使已调信号的频谱与信道的带通特性相匹配，这样就可以提高传输性能，以较小的发射功率与较短的天线来辐射电磁波。如在 GSM 体制移动通信使用的 900MHz 频段，所需天线长度仅为 8cm。第二，把多个基带信号分别搬移到不同的载频处，以实现信道的多路复用，提高信道利用率。第三，扩展信号带宽，提高系统抗干扰、抗衰落能力，还可实现传输带宽与信噪比之间的互换。因此，调制对通信系统的有效性和可靠性有着很大的影响和作用。采用什么样的调制方式将直接影响着通信系统的性能。

　　调制方式有很多。根据调制信号是模拟信号还是数字信号，载波是连续波（通常是正弦波）还是脉冲序列，相应的调制方式有模拟连续波调制（简称模拟调制）、数字连续波调制（简称数字调制）、模拟脉冲调制和数字脉冲调制等。

　　最常用和最重要的模拟调制方式是用正弦波作为载波的幅度调制和角度调制。常见的调幅（AM）、双边带（DSB）、单边带（SSB）和残留边带（VSB）等调制就是幅度调制的几种典型实例；而频率调制（FM）是角度调制中被广泛采用的一种。

　　数字调制与模拟调制的基本原理相同，常用的方法有振幅键控（ASK）、频移键控（FSK）和相移键控（FSK）。

4.2　信道的编码与译码

　　数字信号或信令在传输过程中，由于受到噪声或干扰的影响，使得在传送的数据流中产生误码，从而使接收端产生图像跳跃、不连续或出现马赛克等现象。所以通过信道编码这一环节，对数码流进行相应的处理，使系统具有一定的纠错能力和抗干扰能力，可极大地避免码流传送中误码的发生。

提高数据传输效率、降低误码率是信道编码的任务。信道编码的本质是增加通信的可靠性，但信道编码会使有用的信息数据传输减少，信道编码的过程是在源数据码流中加插一些码元，从而达到在接收端进行判错和纠错的目的，这就是我们常常说的开销。这就好像我们运送一批玻璃杯一样，为了保证运送途中不出现打烂玻璃杯的情况，我们通常都用一些泡沫或海绵等物将玻璃杯包装起来，这种包装使玻璃杯所占的容积变大，原来一部车能装 5000 个玻璃杯，包装后就只能装 4000 个了，显然包装的代价使运送玻璃杯的有效个数减少了。同样，在带宽固定的信道中，总的传送码率也是固定的，由于信道编码增加了数据量，其结果只能是以降低传送有用信息码率为代价了。将有用比特数除以总比特数就等于编码效率，不同的编码方式，其编码效率有所不同。

当今，各种移动通信系统无不采用纠错编码技术。数字电视中常用的纠错编码，通常采用两次附加纠错码的前向纠错（FEC）编码。RS 编码属于第一个 FEC，188 字节后附加 16 字节 RS 码，构成（204，188）RS 码，这也可以称为外编码。第二个附加纠错码的 FEC 一般采用卷积编码，又称为内编码。外编码和内编码结合一起，称为级联编码。级联编码后得到的数据流再按规定的调制方式对载频进行调制。

前向纠错码（FEC）的码字是具有一定纠错能力的码型，它在接收端解码后，不仅可以发现错误，而且能够判断错误码元所在的位置，并自动纠错。这种纠错码信息不需要储存，不需要反馈，实时性好。因此在广播系统（单向传输系统）都采用这种信道编码方式。

纠错编码的基本原理：我们考察由 3 位二进制数字构成的码组，它共有 $2^3 = 8$ 种不同的可能组合。若将其全部用来表示天气，则可以表示 8 中不同的天气情况，如 000（晴），001（云），010（阴），011（雨），100（雪），101（霜），110（雾），111（雹）。其中任一码组在传输中若发生一个或多个错码。这时，接收端将无法发现错误。

若在上述 8 种码组中只准许使用 4 种来传送信息，例如

$$000＝晴$$
$$011＝云$$
$$101＝阴$$
$$110＝雨$$

这时虽然只能传送 4 种不同的天气，但是接收端却有可能发现码组中的一个错误。例如，若 000（晴）中错了一位，则接收码组将变成 100、010 或 001。这三种码组都是不准使用的，称为禁用码组，故这种编码也能检测三个错码。但是，这种码不能发现两个错码，因为发生两个错码后产生的也是许用码组。

上面这种码只能监测错误，不能纠正错误。要想能纠正错误，还要增加多余度。例如，若规定许用码组只有两个：000（晴），111（雨），其他都是禁用码，则能检测两个以下错码，或能纠正一个错码。

从上面可以得到关于"分组码"的一般概念。如果不要求检（纠）错，为了传输四种不同的信息，用两位码组就够了，成为信息位。多增加一位为监督位，图 4 - 4 描示出了这种情况。通常，把这种信息码分组，为每组码附加若干监督码的编码称为分组码。在分组码中，监督码仅监督本组码中的信息码元。

天气	信息位	监督位
晴	00	0
云	01	1
阴	10	1
雨	11	0

图 4 - 4 分组码

一般分组码用符号（N，k）表示，其中 k 是每组二进制信息码元的数目；N 是编码组的总位数，又称为码组的长度（码长）。$N-k=r$ 为每码组中的监督码元数目，或称为监督位数目。一般分组码结构如图 4 - 5 所示。图中前面 k 位（$a_{N-1}\cdots a_r$）为信息位，后面附加 r 个监督位（$a_{r-1}\cdots a_0$）。

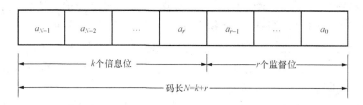

图 4 - 5 一般分组码结构

移动信道的恶劣性使接收信号展现出非常差的错误率（5%～10%），迫使译码器在非常低的信噪比下工作。另外，"频带"是移动通信系统宝贵而紧张的资源，尤其是在用户密集的闹市区和室内通信系统里。为此，对编译码器的设计就提出了较高要求，驱使译码要充分用到所有已知的信号特点，如信道状态信息、级联、交织和软判决等；而且，会占用带宽的信息"冗余"必须谨慎使用。但同时，数字电路技术的快速发展也提高了复杂度较高的纠错编码的可行性。

4.2.1 模拟移动通信系统中数字信令的 BCH 编码

模拟蜂窝系统中，业务信道主要是传输模拟 FM 电话以及少量模拟信令，因此未应用数字处理技术；而控制信道均传输数字信令，并进行了数字调制和纠错编码。以英国系统为例，采用 FSK 调制，传输速率为 8kbit/s。基站采用的是 BCH（40，28）编码，汉明距离 $d=5$，具有纠正 2 位随机错码的能力，之后重发 5 次，以提高抗衰落、抗干扰能力。移动台采用了 BCH（48，36）进行纠错编码，汉明距离 $d=5$，可纠正 2 个随机差错或纠正 1 个及检测 2 个差错，然后也是重发 5 次。上述纠错编码是提高数字信令传输可靠性所必需的，也是行之有效的。

4.2.2 GSM 的 FEC 编码

GSM 系统仍是目前使用最广泛的移动通信系统，也是纠错编码最重要的应用之一。GSM 标准的语音和数据业务使用多种 FEC 编码，包括 BCH 码、FIRE 码、CRC 码（错误检测、码同步和接入、数据信道）。这些码都作为级联码的外码，我们这里主要侧重于级联码的内码方案，最初用于全速率语音业务信道。语音编码后的 13kbit/s 信息，一个时隙 20ms 包括 260bit，分成三个敏感类。78bit 对错误不敏感类不加编码保护；50bit 特别敏感类加 3bit 奇偶校验，4bit 格图终结尾比特，与其余的 132bit，一共 189bit 用（2，1，5）的非系统卷积码进行编码。所以一共有 378bit，加上未编码 78bit，一共 456bit，每 20ms，总的速率为 22.8。再加上相邻另外 1 个语音编码块的 456bit，每组各占 57bit×2 进行（8×114）交织，分布到 TDMA 的 8 个突发中，在移动信道中使用 GMSK 调制。这些突发里还包括 2bit 业务/控制标识比特、6bit 尾比特、8.25bit 保护比特，还有 26bit 训练序列，提供给接收端的使用 Viterbi 算法的 MMSE 均衡器输出每块 456 软或硬判决值。

如果按 GSM 标准规定使用了跳频，那么我们可合理地将信道视为统计独立的 Rayleigh 信道。这种情况下，如果使用 CSI 和软值，$r=1/2$ 的编码可得到 3.1dB 的增益。

4.2.3　窄带 CDMA 系统（IS-95）中的 FEC 编码

CDMA 系统是个自干扰的系统，因此 FEC 编码在对抗多用户干扰（MUI）和多径衰落时非常重要。CDMA 系统（IS-95）的纠错编码是分别按反向链路和前向链路进行设计的，主要包括卷积编码、交织、CRC 校验等。现分述如下：

前向链路中除导频信道外，同步信道、寻呼信道和前向业务信道中的信息在传输前都要先进行（2，1，9）的卷积编码，卷积码的生成函数为 $g_0=$（111101011）和 $g_1=$（101110001）；接着，同步信道的符号流要经过 1 次重发，然后进行 16×8 的块交织；业务和寻呼信道的速率为 4.8/2.4/1.2kbit/s 符号流，分别进行 1/3/7 次重发（9.6kbit/s 数据流不必重发），然后再进行 24×16 的块交织。

反向链路包括业务信道和接入信道，考虑到移动台的信号传播环境，增加编码长度，对信息进行（3，1，9）的卷积编码。其生成函数为 $g_0=$（101101111）、$g_1=$（110110011）和 $g_2=$（111001001）；然后，接入信道经过 1 次重发后，进行 32×18 交织。反向业务信道以同前向一样的方式进行重发，再进行 32×18 的交织。

如果整体考虑纠错编码和扩频调制，则可把扩频看作内码，而信道编码视作外码。以后向链路为例，编码交织后是 64 阶正交 Walsh 函数扩频，然后是被周期为 2−1 的长码直接序列扩频。接收端经相干或不相干 Rake 接收机进行分集接收后，系统码字（信息比特）就可以用相关的最大值或相关矢量的最大值表示，然后送到解交织器和外部 SOVA Viterbi 译码器。

4.2.4　3G 中的 Turbo 码

3G 与 2G 最重要的不同是要提供更高速率、更多形式的数据业务，所以对其中的纠错编码体制提出了更高的要求。语音和短消息等业务仍然采用与 GSM 和 CDMA 相似的卷积码，而对数据业务 3GPP 协议中已经确定 Turbo 码为其纠错编码方案。

Turbo 码又叫并行级联卷积码。Turbo 码编码器通过交织器把两个递归系统卷积码并行级联，译码器在两个分量译码器之间进行迭代译码，译码之间传递去掉正反馈的外信息，整个译码过程类似涡轮（Turbo）工作，所以又形象地称为 Turbo 码。

编码器的输出端包括信息位和两个校验位，代表编码速率为 1/3。轮流删除两个校验位就可以得到码率为 1/2 的码。用不同的校验位生成器或者不同的删除方式就可以得到各种不同速率的 Turbo 码。伪随机交织器对信息系列进入第二个校验位生成器之前进行了重排列。迭代译码是 Turbo 码性能优异的一个关键因素，DEC1 和 DEC2 分量译码器分别采用 MAP 或者 SOVA 算法。MAP（最大后验概率）算法比 Viterbi 算法在复杂度上多 3 倍，对于传统卷积码只有 0.5dB 的增益，但是在 Turbo 码译码器中，它对每一比特给出了最大的 MAP 估计，这一点在低 SNR 情况下的迭代译码是至关重要的因素。一般在应用中，都采用对数化的 MAP 算法，即 LOG-MAP 算法，将大部分的乘法运算转化为加法运算，这样既减小了运算复杂度，又便于硬件实现。

在一般的信息传输系统中，信宿收到的消息不一定与信源发出的消息相同，而信宿需要知道此时信源发出的是哪一个信源消息，故需要把信宿收到的消息 y_j 根据某种规则判决为对应于信源符号消息集合中的某一个，例如 x_i，这个判决的过程称为接收译码，简称译码。译码时所用的规则称为译码准则。

任何译码准则所遵循的基本要求都是要使信宿得到的判决结果中错误最少。译码准则就是一种能满足 $g(y_j)=x_i$ 的函数关系，它使得译码结果中的错误概率达到最小。

常用的信道译码准则有最小错误概率准则和最大似然译码准则。

（1）最小错误概率准则。其出发点是如何使译码后的错误概率 PE 为最小。其基本思路为：收到 y_j 后，对于所有的后验概率 $P(x_1 \mid y_j)$、$P(x_2 \mid y_j)$、…、$P(x_i \mid y_j)$ …，若其中 $P(x_i \mid y_j)$ 具有最大值，则将 x_i 判决为 y_j 的估值。由于这种方法是通过寻找最大后验概率来进行译码的，故又称为最大后验概率准则。

最大后验概率译码方法是理论上最优的译码方法，但在实际译码时，既要知道先验概率又要知道后验概率，而后验概率的定量计算有时比较困难，需要寻找更为实际可行的译码准则。

（2）最大似然译码准则。在 $P(y_j \mid x_1)$、$P(y_j \mid x_2)$、…、$P(y_j \mid x_i)$ …中，若存在一个 $P(y_j \mid x_i)$ 为其中的最大值，则 $g(y_j)=x_i$ 必然符合最小错误概率准则。这种由最大的信道传输概率 $P(y_j \mid x_i)$ 直接将 y_j 译成 x_i 的方法，称为最大似然译码准则。这种方法的特点是只要知道传输概率 $P(y_j \mid x_i)$ 就可以了，而使信源空间变为等概是有很多办法的。

4.3　加　密　与　解　密

加密技术是最常用的安全保密手段，利用技术手段把重要的数据变为乱码（加密）传送，到达目的地后再用相同或不同的手段还原（解密）。

加密技术包括两个元素：算法和密钥。算法是将普通的信息或者可以理解的信息与一串数字（密钥）结合，产生不可理解的密文的步骤。密钥是用来对数据进行编码和解密的一种算法。在安全保密中，可通过适当的钥加密技术和管理机制来保证网络的信息通信安全。

软件的加密与解密是一个迷人的研究领域，它几乎可以与任意一种计算机技术紧密结合——密码学、程序设计语言、操作系统、数据结构。而由于这样或者那样的原因，对于这一领域的关注程度一直还处于低温状态。而科学技术论坛相信会为更多对知识怀有渴望的朋友多开辟一条走向这个领域的道路，进而推动这个领域的不断发展。

密钥加密技术的密码体制分为对称密钥体制和非对称密钥体制两种。相应地，对数据加密的技术分为两类，即对称加密（私人密钥加密）和非对称加密（公开密钥加密）。对称加密以数据加密标准 DES（Data Encryption Standard）算法为典型代表，非对称加密通常以 RSA（Rivest Shamir Ad1eman）算法为代表。对称加密的加密密钥和解密密钥相同，而非对称加密的加密密钥和解密密钥不同，加密密钥可以公开而解密密钥需要保密。

对称加密采用了对称密码编码技术，它的特点是文件加密和解密使用相同的密钥，即加密密钥也可以用作解密密钥，这种方法在密码学中叫做对称加密算法。对称加密算法使用起来简单快捷，密钥较短，且破译困难，除了数据加密标准（DES）。另一个对称密钥加密系统是国际数据加密算法（IDEA），它比 DES 的加密性好，而且对计算机功能要求也没有那么高。IDEA 加密标准由 PGP（Pretty Good Privacy）系统使用。

1976 年，美国学者 Dime 和 Henman 为解决信息公开传送和密钥管理问题，提出一种新的密钥交换协议，允许在不安全的媒体上的通信双方交换信息，安全地达成一致的密钥，这就是"公开密钥系统"。相对于对称加密算法，这种方法也叫做非对称加密算法。与对称加密算法不同，非对称加密算法需要两个密钥：公开密钥（Publickey）和私有密钥（Privatekey）。公开密钥与私有密钥是一对，如果用公开密钥对数据进行加密，只有用对应的私有密钥才能解密；如果用私有密钥对数据进行加密，那么只有用对应的公开密钥才能解密。因为加密和解密使用的是两个不同的密钥，所以这种算法叫做非对称加密算法。

4.4　多用户通信

多用户通信近些年来得到了很大发展，特别是以卫星通信、移动无线和基于扩频的 CDMA 等典型多址技术应用，更具长足发展的前景。

通信资源从根本上说是指传输信道可用带宽，但作为共享通信资源，可根据业务流量、性质和级别，将其从各种资源"域"进行均等或不均等分割，提供多个子信道。这种分割可在频域、时域、空（间）域，以及光传输波长，正交编码，甚至时—频、空—时等进行"域"分割。其中，正交编码、时—频复用基于扩频技术，属于携带信息的正交码序列而使信道同时提供全时、全频带的正交通信方式；空—时编码则并不等同于一般正交传输方式。由通信资源的正交分割，而提供大量子信道，可实现多用户通信，并包括复用与多址模式。

多个用户通过一定接入方式和基于通信资源的某种正交分割方式，同时共享该信道资源。简言之，多用户通信就是一个通信信道被多个用户同时使用。

4.5　通信系统的分类

通信系统有以下几种分类方法：

（1）按信道中所传信号的特征可分为模拟通信和数字通信。

（2）按传输媒质可分为有线通信和无线通信。

（3）按工作频段可分为中波通信、短波通信、超短波通信、微波通信和卫星通信等。

（4）按调制方式可以分为基带传输和频带传输。

（5）按业务的不同可以分为话务通信和非话务通信。

（6）按通信者是否运动可以分为移动通信和固定通信。

（7）按多址方式可以分为频分多址通信、时分多址通信和码分多址通信。

（8）按通信对象可以分为地面通信、对空通信、深空通信和水下通信。

（9）按用户类型可以分为公用通信、专用通信和军事通信。

（10）按通信的工作方式可以分为单工通信、半双工通信和全双工通信。

（11）按通信网络形成分为两点间直通方式、分支方式和交换方式。

4.5.1　业务方式

通信系统的传统业务是电话业务，最近 10 多年来，随着计算机的迅速发展和人们信息交往的日益频繁与多样化，对数据传输的需求也与日俱增。据估计，未来通信中的多媒体业务数据量将占总业务量的 70%～80%。

在第二代移动通信系统中，尽管主要业务是话音业务，但也可以提供更丰富的数据业务，如短消息、低速率的 Internet 接入等业务。

在第三代、第四代移动通信系统中，由于其传输速率的提高，人们可以享受高速的多媒体业务，包括话音、图像和数据等。

数据通信是通信技术和计算机技术相结合而产生的一种新的通信方式。要在两地间传输信息必须有传输信道，根据传输媒体的不同，有有线数据通信和无线数据通信之分。但它们都是通过传输信道将数据终端与计算机连接起来，而使不同地点的数据终端实现软、硬件和信息资源的共享。

多媒体通信是指在一次呼叫过程中能同时提供多种媒体信息如声音、图像、图形、数据、文本等的新型通信方式。

在数字通信网络中，无论话音、图像或数据，其信息形式都是二进制数字，但是，传输不同类型的业务通常有不同的要求。例如，话音业务对传输时延比较敏感，时延超过100ms，收听者就会有不舒服的感觉；而在数据网络中，虽然也不希望有时延，但一般时延是数据用户可以接受的。另外，每次通话过程所占用的时间较长，长度也比较均匀，因而几秒钟的通信建立时间对通话者来说，并没有明显的影响。

通信发展既受技术发展的驱动，也受市场需求的驱动。若干年来，移动通信基本上围绕着两种主干网在发展，这就是基于话音业务的通信网络和基于分组数据传输的通信网络。

4.5.2　多址方式

多址技术主要解决众多用户如何高效共享给定的频谱资源问题。

常规的多址方式有频分多址（FDMA）、时分多址（TDMA）、码分多址（CDMA）和空分多址（SDMA）。

1. 频分多址（FDMA）

频分多址是指将给定的频谱资源划分为若干个等间隔的频道（或称信道），供不同的用户使用。典型的 FDMA 频道划分方法如图 4-6 所示。

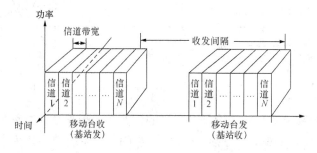

图 4-6　典型的 FDMA 频道划分方法

FDMA 是数字通信中的一种技术，即不同的用户分配在时隙相同而频率不同的信道上。按照这种技术，把在频分多址传输系统中集中控制的频段根据要求分配给用户。同固定分配系统相比，频分多址使通道容量可根据要求动态地进行交换。

在 FDMA 系统中，分配给用户一个信道，即一对频谱，一个频谱用作前向信道（基站向移动台方向的信道），另一个频谱则用作反向信道（移动台向基站方向的信道）。这种通信系统的基站必须同时发射和接收多个不同频率的信号，任意两个移动用户之间进行通信都必须经过基站的中转，因而必须同时占用 2 个信道（2 对频谱）才能实现双工通信。

移动通信的频谱资源十分紧缺，不可能为每一个移动台预留一个信道，只可能为每个基站配置好一组信道，供基站所覆盖的区域（称为小区）内的所有移动台共用。这就是多信道共用问题。

在多信道共用的情况下，一个基站若有 N 个信道同时为小区内的全部移动用户所共用，当其中 $K(K<N)$ 个信道被占用之后，其他要求通信的用户可以按照呼叫的先后次序占用 $(N-K)$ 个空闲信道中的任何一个来进行通信。但基站最多可以同时保障 N 个用户进行通信。

2. 时分多址（TDMA）

时分多址是指把时间分割成周期性的帧，每一帧再分割成若干个时隙（帧或时隙都是互不重叠的）。在频分双工（FDD）方式中，上行链路和下行链路的帧分别在不同的频率上。在时分双工（TDD）方式中，上、下行帧都在相同的频率上。TDMA 示意图如图 4-7 所示。各个移动台在上行帧内只能按指定的时隙向基站发送信号。为了保证在不同传播时延情况下，各移动台到达基站处的信号不会重叠，通常上行时隙内必须有保护间隔，在该间隔内不传送信号。基站按顺序安排在预定的时隙汇总向各移动台发送信息。

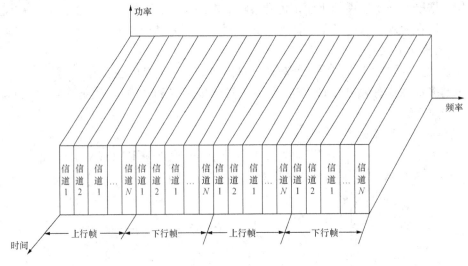

图 4-7　TDMA 示意图

不同通信系统的帧长度和帧结构是不一样的。典型的帧长在几毫秒到几十毫秒之间。例如：GSM 系统的帧长为 4.6ms（每帧 8 个时隙），DECT 系统的帧长为 10ms（每帧 24 个时隙），PACS 系统的帧长为 2.5ms（每帧 8 个时隙）。TDMA 系统既可以采用频分双工（FDD）方式，也可以采用时分双工（TDD）方式。在 FDD 方式中，上行链路和下行链路的帧结构既可以相同，也可以不同。在 TDD 方式中，通常将在某频率上一帧中一半的时隙用于移动台发，另一半的时隙用于移动台接收；收、发工作在相同频率上。

在 TDMA 系统中，每帧中的时隙结构（突发结构）的设计通常要考虑 3 个主要问题：①控制和信令信息的传输；②信道多径的影响；③系统的同步。

为了解决上述问题，可采取以下 4 方面的主要措施：①在每个时隙中，专门划出部分比特用于控制和信令信息的传输。②为了便于接收端利用均衡器来克服多径引起的码间干扰，在时隙中要插入自适应均衡器所需的训练序列。训练序列对接收端来说是确知的，接收端根据训练序列的解调结果，就可以估计出信道的冲击响应，根据该响应就可以预置均衡器的抽头系数，从而可消除码间干扰对整个时隙的影响。③在上行链路的每个时隙中要留出一定的保护间隔（即不传输任何信号），每个时隙中传输信号的时间要小于时隙长度。这样可以克服因移动台至基站距离的随机变化，而引起移动台发出的信号到达基站接收机时刻的随机变化，从而保证不同移动台发出的信号在基站处都能落到规定的时隙内，而不会出现互相重叠的现象。④为了便于接收端的同步，在每个时隙中还要传输同步序列。同步序列和训练序列可以分开传输，也可以合二为一。

3. 码分多址（CDMA）

码分多址是以扩频信号为基础，利用不同码型实现不同用户的信息传输。扩频信号是一种经过伪随机码序列调制的宽带信号，其带宽通常比原始信号带宽高几个量级。常用的扩频信号有两类：跳频信号和直接序列扩频信号（简称直扩信号），因而对应的多址方式为跳频码分多址（FH-CDMA）和直扩码分多址（DS-CDMA）。

（1）FH-CDMA。在 FH-CDMA 系统中，每个用户根据各自的伪随机码（PN）序列，动态改变其已调信号的中心频率。各用户的中心频率可在给定的系统带宽内随机改变，该系统带宽通常要比各用户已调信号（如 FM、FSK、BPSK 等）的带宽宽得多。FH-CDMA 类似于 FDMA，但使用的频道是动态变化的。FH-CDMA 中各用户使用的频率序列要求相互正交（或准正交），即在一个 PN 序列周期对应的时间区间内，各用户使用的频率在任一时刻都不相同（或相同的概率非常小），如图 4-8（a）所示。

（2）DS-CDMA。在 DS-CDMA 系统中，所有用户工作在相同的中心频率上，输入数据序列与 PN 序列相乘得到宽带信号。不同的用户（或信道）使用不同的 PN 序列。这些 PN 序列（或码字）相互正交，从而可像 FDMA 和 TDMA 系统中利用频率和时隙区分不同用户一样，利用 PN 序列（或码字）来区分不同的用户，如图 4-8（b）所示。

常用的正交序列为 Walsh 序列。例如，在码序列长度为 64 的情况下，可以有 64 个正交序列，用 W_0，W_1，$\cdots$，W_{63} 表示，这样就可以有 64 个逻辑信道。使用正交序列时，要求每个序列之间完全同步，因而它通常用于基站到移动台的下行链路，在下行链路的逻辑信道中，除了业务信道用于传输业务信息外，还有控制信道。控制信道包括导频信道、同步信道及寻呼信道。导频信道用于传送导频信息，由基站连续不断地发送一种直接序列扩频信号，供移动台从中获得前向信道的定时和提取相干载波以进行相干解调，并可通过对导频信号强度进行检测，以比较相邻基站的信号强度和决定什么时候需要进行越区切换。为了保证载波检测和提取的可靠性，导频信号的电平可以高于其他信号的电平。同步信道用于传送同步信息，在基站覆盖的通信范围内，各移动台可利用这种信息进行同步捕获。寻呼信道供基站在呼叫建立阶段传输控制信息。通常，移动台在建立同步后，就选择一个寻呼信道（或在基站指定的寻呼信道）监听由基站发来的信令，在收到基站分配业务信道的指令后，就转入指配的业务信道中进行信息传输。

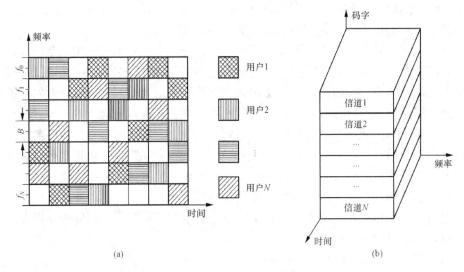

图 4 - 8　CDMA 示意图
(a) FH-CDMA；(b) DS-CDMA

接入信道与正向传输的寻呼信道相对应，其作用是在移动台没有占用业务信道之前，提供由移动台到基站的传输通路，供移动台发起呼叫，对基站的寻呼进行响应，以及向基站发送登记注册的信息等。接入信道使用一种随机接入协议，允许多个用户以竞争的方式占用。

DS-CDMA 系统有两个重要特点：①存在自身多址干扰；②必须采用功率控制方法克服远近效应。自身多址干扰的存在是因为所有用户都工作在相同的频率上，进入接收机的信号除了所希望的有用信号外，还叠加有其他用户的信息（这些信号即称为多址干扰）。多址干扰的大小取决于在该频率上工作的用户数及各用户的功率大小。

在基站覆盖区内，移动台是随机分布的。如果所有移动台都以相同的功率发射，则由于移动台到基站的距离不同，在基站接收到的各用户的信号电平会相差甚远，这就会导致强信号抑制弱信号的接收，即所谓的"远近效应"。为了克服这一现象，使系统的容量最大，就要通过功率控制的方法，调整各用户的发送功率，使得所有用户信号到达基站的电平都相等。该电平的大小只要刚好达到满足信号干扰比要求的门限电平即可。

4. 空分多址（SDMA）

空分多址通过空间的分割来区别不同的用户。在移动通信中，能实现空间分割的基本技术就是采用自适应阵列天线，在不同的用户方向上形成不同的波束，不同的波束可采用相同的频率和相同的多址方式，也可采用不同的频率和不同的多址方式。在极限情况下，自适应阵列天线具有极小的波束和无限快的跟踪速度，它可以实现最佳的 SDMA。此时，在每个小区内，每个波束可提供一个无其他用户干扰的唯一信道。采用窄波束天线可以有效地克服多径干扰和同道干扰。尽管上述理想情况是不可实现的，它需要无限多阵元，但采用适当数目的阵元，也可以获得较大的系统增益。

4.5.3　工作方式

无线通信的传输方式分为单向传输（广播式）和双向传输（应答式）。单向传输只用于无线电寻呼系统。双向传输有单工、双工和半双工三种工作方式。

1. 单工通信

单工通信是指消息只能单方向传输的工作方式，如图 4 - 9 所示。例如遥控、遥测，就是单工通信方式。单工通信信道是单向信道，发送端和接收端的身份是固定的，发送端只能发送信息，不能接收信息；接收端只能接收信息，不能发送信息，数据信号仅从一端传送到另一端，即信息流是单方向的。根据收发频率的异同，单工通信可分为同频单工通信和异频单工通信。单工通信属于点到点的通信。

同频单工通信是指通信双方（见图 4 - 9 中的电台甲和电台乙）使用相同的频率 f_1 工作，发送时不接收，接收时不发送。平常各接收机均处于守候状态，即把天线接至接收机等候被呼。当电台甲要发话时，它就按下其送受话器的按键开关（PTT），一方面关掉接收机，另一方面将天线接至发射机的输出端，接通发射机开始工作。当确知电台乙接收到载频为 f_1 的信号时，即可进行信息传输。同样，电台乙向电台甲传输信息也使用载频 f_1。同频单工通信方式的收发信机是轮流工作的，故收发天线可以共用，收发信机中的某些电路也可共用，因而电台设备简单、省电，且只占用一个频点。但是，这样的工作方式只允许一方发送时另一方进行接收，例如，在甲发送期间，乙方只能接收而无法应答，这时即使乙方启动其发射机也无法通知甲方使其停止发送。此外，任何一方发话完毕时，必须立即松开其按键开关，否则将收不到对方发来的信号。

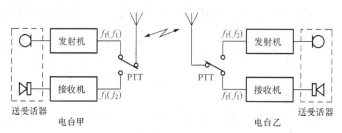

图 4 - 9　单工通信

异频单工通信是指收发信机使用两个不同的频率分别进行发送和接收。

2. 双工通信

双工通信是指通信双方可同时进行传输消息的工作方式，有时也称为全双工通信。图 4 - 10 中，基站的发射机和接收机分别使用一副天线，而移动台通过双工器共用一副天线。双工通信一般使用一对频道，以实施频分双工（FDD）工作方式。这种工作方式使用方便，同普通有线电话相似，接收和发射可同时进行。但是，在电台的运行过程中，不管是否发话，发射机总是工作的，故电源消耗较大，这一点对用电池作电源的移动台而言是不利的。

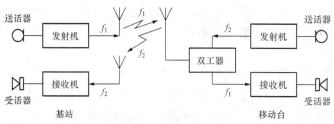

图 4 - 10　双工通信

为缓解这个问题和减少对系统频带的要求，可在通信设备中采用同步的半双工通信方式，即时分双工（TDD）。此时，时间轴被周期地分割成时间帧，每一帧分为两部分，前半部分用于电台甲（或移动台）发送，后半部分用于电台乙（或基站）发送，这样就可以实现电台甲和电台乙（移动台与基站）的双向通信。

3. 半双工通信

半双工通信的组成与图4-10相似，移动台采用单工的"按键"方式，即按下按键开关，发射机才工作，而接收机总是工作的。基站工作情况与双工通信完全相同。

4.6　常见通信系统简介

4.6.1　移动通信系统

随着社会经济的发展，人们的社会活动、信息交流日益频繁，人类社会已进入信息时代。在这样一个时代，人们一直有这样一种美好的愿望，即能实现任何人（Whoever）在任何时候（Whenever）、任何地方（Wherever）以任何方式（Whatever）与任何其他人（Whoever）进行通信，即通信的"5W"，这便是通信的最高目标。移动通信则是帮助人们实现这一愿望的有效途径。

顾名思义，移动通信是指通信双方至少有一方在移动中（或临时停留在某一非预定的位置上）进行信息传输和交换。它包括移动体（车辆、船舶、飞机或行人）和移动体之间的通信，移动体和固定点（固定无线用户或有线用户）之间的通信。

4.6.1.1　移动通信的主要特点

移动通信的主要特点如下：

（1）移动通信必须利用无线电波进行信息传输。这种传播媒介允许通信中的用户可以在一定范围内自由活动，其位置不受束缚，不过无线电波的传播特性一般都很差。首先，移动通信复杂的运行环境使无线电波发生弥散损耗，产生"阴影效应"，而且信号经过多点的反射，会从多路径到达接收地点，产生电平衰落和时延扩展；其次，移动体的快速运动不仅会产生多普勒频移，产生随机频偏，而且会使电波传播特性发生快速的随机起伏，严重影响通信质量。

（2）移动通信在复杂的干扰环境中进行。除去常见的外部干扰，如天电干扰、工业干扰和信道噪声外，系统本身和不同系统之间还会产生这样或那样的干扰，如邻道干扰、互调干扰、共道干扰、多址干扰，以及近地无用强信号压制远地有用弱信号的现象（称为远近效应）等。因此，在移动通信中，如何对抗和减弱这些有害信号的影响是至关重要的。

（3）移动通信可以利用的频谱资源非常有限，而移动通信业务量的需求却与日俱增。如何提高通信系统的通信容量，始终是移动通信发展中的焦点。为了解决这一矛盾，一方面要开辟和启用新的频段，另一方面要研究各种新技术和新措施，以压缩信号所占的频带宽度和提高频谱利用率。

（4）移动通信系统的网络结构多种多样，网络管理和控制必须有效。根据通信地区的不同需求，移动通信网络可以组成带状（如铁路公路沿线）、面状（如覆盖一城市或地区）或立体状（如地面通信设备与中、低轨道卫星通信网络的综合系统）等，可以单网运行，也可以多网并行实现互联互通。为此，移动通信网络必须具备很强的管理和控制功能，如用户的登记和定位，通信（呼叫）链路的建立和拆除，信道的分配和管理，通信的计费、鉴权、安全和保密管理以及用户过境切换和漫游的控制等。

（5）移动通信设备（主要是移动台）必须适于在移动环境中使用。对手机的要求是体积小、重量轻、省电、操作简单和携带方便。车载台和机载台除了要求操作简单和维修方便外，还应保证在振动、冲击、高低温变化等恶劣环境中正常工作。

4.6.1.2　移动通信的发展

1. 给信息插上翅膀——无线电技术的诞生

19 世纪，电话的普及确实极大地改变了人们的通信习惯。但是由于线路的限制，电话和电报不具备移动性。

1864 年，英国科学家麦克斯韦在总结前人研究电磁现象的基础上，建立了完整的电磁波理论。他断定存在电磁波，推导出电磁波与光具有同样的传播速度。1887 年，德国物理学家赫兹用实验证实了电磁波的存在。之后，人们又进行了许多实验，不仅证明光是一种电磁波，而且发现了更多形式的电磁波，它们的本质完全相同，只是波长和频率有很大差别。

1897 年 5 月 18 日，马可尼在布里斯托尔海峡进行无线电通信取得成功，把信息传播了12km。1898 年，英国举行了一次游艇赛，终点设在离岸 20 英里的海上。《都柏林快报》特聘马可尼为信息员。马可尼在英国建立了世界上第一家无线电器材公司——英国马可尼公司。从此，人类迎来了利用无线电波进行远距离通信的新时代。

1898 年，马可尼在英格兰切尔姆斯福德的霍尔街开办了世界上首家无线电工厂，雇佣了大约 50 人。

无线电经历了从电子管到晶体管再到集成电路，从短波到超短波再到微波，从模拟方式到数字方式，从固定使用到移动使用等发展阶段，无线电技术已成为现代信息社会的重要支柱。

2. 从无线电到第一台模拟移动通信技术（1G）

20 世纪 20 年代到 40 年代，这是移动通信的早期萌芽阶段。在此期间，初步进行了一些传播试验，在短波的几个频段上建立了一些专用的、简单的移动通信系统，如 1921 年开通的美国底特律警察移动通信系统。在这个时期，移动通信设备采用的是电子管，移动终端体积和重量都较大，基本以车载为主，系统为专用。

20 世纪 40 年代中期到 60 年代初期，这是移动通信的初期发展阶段。在此期间，在专用移动通信发展的基础上，开始向公用移动通信系统过渡，接续方式为人工，系统容量小，主要采用 150MHz VHF 频段，如 1946 年美国 Bell 在圣路易斯建立的称为"城市系统"的世界上第一个公用汽车电话系统。

20 世纪 60 年代中期到 70 年代中期，这是移动通信系统的改进和完善阶段。这一阶段的特点是公用移动电话规模逐步扩大，采用大区制组网，中等容量，使用了 450MHz 频段，频道间隔缩小到 25～30kHz，实现了信道自动选取和自动接续，并开始使用便携式移动终端。

20 世纪 70 年代中期到 80 年代中期，这是蜂窝移动通信诞生和蓬勃发展的阶段。随着移动通信业务的发展，用户数的增长与频率资源有限的矛盾越来越尖锐。为此，美国贝尔实验室于 70 年代初提出了蜂窝系统的概念和理论。据此理论，80 年代初 AMPS（先进的移动电话系统）首先在美国投入商用；随后英国也于 1983 年制定了 TACS（全地址通信系统）

标准，并被世界上很多国家所采用。至此，第一代蜂窝移动电话系统——模拟蜂窝移动电话系统诞生了，其工作频段为 800～900MHz。我国模拟蜂窝移动电话系统也采用了 TACS 标准。

3. 长江后浪推前浪——数字移动通信

虽然第一代模拟移动通信系统实现了人们无线通信的梦想，但是模拟移动通信系统存在很多固有的不足，比如制式繁多缺乏标准、业务单一、容量有限、不能长途漫游、安全保密性差，以及手机体积太笨重等，最主要的问题是其容量已不能满足日益增长的移动用户需求。在欧洲，由于国家多，每个国家国土面积小，它们迫切需要一个共同的标准，并能在各国之间自由通信。20 世纪 80 年代中期到 90 年代中期，随着数字信号处理技术的快速发展，人们想到用数字信号替代模拟信号作为移动通信中传输和处理的信号，来克服 1G 移动通信系统的固有缺陷，于是第二代数字移动通信系统（2G）应运而生。1991 年，GSM 数字蜂窝移动通信系统投入使用，后被世界众多国家所采用，现已成为世界上拥有移动用户数最多的移动通信系统。除了 GSM 系统外，还有美国的 IS-54、IS-95（窄带 CDMA），以及日本的 PDC 等数字蜂窝移动通信系统，这些统称为第二代蜂窝移动电话系统。

GSM 技术用的是窄带的 TDMA，允许在一个载波（即蜂窝）同时进行 8 组通话，它是根据欧洲标准而确定的频率范围在 900～1800MHz 之间的数字移动电话系统，频率为 1800MHz 的系统也被美国采纳。到 1997 年底，已经在 100 多个国家运营，成为全球事实上的标准。GSM 数字网具有较强的保密性和抗干扰性，音质清晰，通话稳定，并具备容量大、频率资源利用率高、接口开放、功能强大等优点。

GSM 的短板在于设计 GSM 时，仅仅考虑了语音通信，因此对传输速率没有很大的要求，仅为 9.6kbit/s。随着手机功能的丰富，数据业务，尤其是互联网相关业务的需求急剧增加，这就要求 GSM 提高其数据传输速率来适应不断增长的数据业务。

针对 GSM 通信的不足，2000 年又推出了通用无线分组业务（General Packet Radio Service，GPRS）。GPRS 在移动用户和数据网络之间提供一种连接，它能够使移动设备发送和接收电子邮件及图片信息。后来，通信运营商在 GPRS 的基础上又推出了增强型数据速率 GSM 演进技术（Enhanced Data Rate for GSM Evolution，EDGE），它有效提高了 GPRS 信道编码效率，允许高达 384kbit/s 的数据传输速率，基本上满足了用户的基础数据业务需求。现在中国移动的 2G 网络就是采用这种技术。

4. 诺基亚和爱立信——搭上 GSM 的顺风车

当摩托罗拉正醉心于自己独领风骚的模拟移动通信技术时，诺基亚悄然把握了第二代移动通信的机会。1992 年，当时诺基亚已由造纸、橡胶、电缆等传统型工业转变为一个经营计算机、电消费品和电信产品的高科技集团公司。但公司转型之初，经济上出现了亏损，新任总裁约玛·奥利拉响亮地提出："未来将属于通信时代，诺基亚要成为世界性电信公司。"这位首席执行官一上任就推出了以移动电话为中心的专业化发展新战略，将造纸、轮胎、电缆、家用电子等业务或压缩到最低限度，或出售，或独立出去，甚至忍痛砍掉了拥有欧洲最大电视机生产厂之一的电视生产业务，集中 90% 的资金和人力加强移动通信器材和多媒体技术的研究和开发。诺基亚的决策者以其对移动通信行业发展趋势的敏锐把握，抓住了这个绝佳时机。当别的公司还在加强模拟技术的研究时，诺基亚操作简便的数字移动电话已准备就绪。这些电话经过专门处理，能适用于全球范围内的不同频率和标准。恰在此时，正如诺基亚所预料的那样，世界移动电话的需求量进入了一个高速增长的时期，早已为此做好充分准备的诺基亚实现了飞跃。

在数字移动通信领域，诺基亚主营手机终端，爱立信主营基站通信设备，而这时的摩托罗拉，却在忙着搭建其全球卫星移动通信系统——"铱星计划"，没有全力转型应对新的技术趋势，让诺基亚、爱立信为代表的欧洲企业有了超越的机会。

5. 卧薪尝胆的对手——高通与 CDMA

欧洲的 GSM 系统在全世界范围取得了巨大的成功，作为老牌通信强国的美国自然不甘落后。高通这个对未来移动通信产业将会起到重要影响的公司登上了历史的舞台，而它主导的 CDMA 码分多址技术也奠定了第三代移动通信技术的基石。

6. CDMA 与鸡尾酒晚会模型

码分多址通信系统中，不同用户传输信息所用的信号不是依据频率不同或时隙不同来区分的，而是用各自不同的编码序列来区分的。高通团队想出了用鸡尾酒晚会模型来形象地描述三种技术的不同特点。

我们如果把各种移动通信技术比喻成在一个大厦中的聚会，那么 FDMA 就相当于每个一对一的通话都在独立的房间内举行。房间代表了给你分配的频段，你可以随心所欲的使用。没有别人会进入你的房间，直到谈话完成。但是如果大厦的房间有限，却有很多客人需要交谈，宴会就会变得拖沓冗长。于是聪明的宴会组织者想出了一个提高效率的办法，可以让几个客人共用一个房间，没对客人轮流进行一对一的会谈，这就是 TDMA 的原理。TDMA 方式确实扩大了宴会的容量，但也对客人的数量有所限制。如果每个房间有 10 对或 20 对客人，那么他们必须等待很长时间才能轮到谈话。

在 CDMA 宴会上，更多的人可以同时在一个地方交谈。每对客人采用不同的语言进行交流。交流通过每对客人的方言进行编码，他们可以听见对方的谈话，也可以听见其他人的谈话。但是和其他人因语言不通，所以其他人之间的谈话就像背景噪声一样。只要背景噪声不会太大，交谈就可以顺利进行下去。因此，CDMA 宴会上，一个很重要的问题就是要限制每个人谈话的音量（发射功率）。

7. 群雄逐鹿——第三代移动通信

21 世纪初，这是第三代移动通信系统的诞生期。随着多媒体通信的兴起，因特网、信息高速公路的普及，移动通信业务已不能只局限于话音通信和低速数据通信，为此国际电联（ITU）着手制定了新一代蜂窝移动通信标准。这个名为 IMT-2000 的第三代蜂窝移动通信标准已于 2000 年正式颁布，欧洲提出的与 GSM 兼容的 W-CDMA、美国提出的与 IS-95 兼容的 CDMA2000，以及我国提出的 TD-SCDMA 成为 3G 时代主流的三大技术。

8. WCDMA——GSM 继承基础上的创新

WCDMA 是欧洲提出的宽带 CDMA 技术。WCDMA 提出之初就考虑到了如何最大程度地继承现有的 GSM 网络的结构，来实现从 2G 到 3G 的平滑过渡。其目的是降低 3G 网络的建网成本，自然 CDMA2000 也有同样的考虑。

既然网络结构没有什么大的变动，那么 3G 网络到底如何在 2G 网络的基础上实现了容量提升、数据传输速率倍增的目标呢？

首先，WCDMA 在 GSM 的基础上，空中接口由 FDMA、TDMA 变成 CDMA。空中接口技术的演进，本质上来说体现了对空中接口资源分配和利用能力的不断改善。WCDMA

之所以被称为宽带 CDMA 技术，是因为其具有更大的带宽。ITU 给 WCDMA 分配了 15MHz 带宽。WCDMA 把这 15MHz 切成 3 份，每份 5MHz。如果我们能够找到很多扩频码，且能够控制相互之间的干扰，那么就可以提高单个子信道所能承载的用户数量了。

WCDMA 还引进了软切换的技术。在 GSM 时代用户在一个确定的位置上只和一个基站进行通信，相邻基站的频点也不相同。所以在由一个基站所辖的区域转移至相邻基站所辖的区域时，用户需要在基站之间进行切换，这种切换可能使用户掉话，影响通信质量；而在 WCDMA 系统中，相邻基站的工作频段可以相同，用户在确定位置上和周围所有基站进行通信，其中信号质量好的基站都向用户提供服务，且同时保持对信号质量不理想的基站的信号质量进行监听。这种软切换技术提高了通信的可靠性，降低了掉话的概率。

9. TD-SCDMA——移动通信的中国标准

时分同步码分多址（Time Division-Synchronous Code Division Multiple Access，TD-SCDMA）是集时分、码分于一体的新一代空中接口技术，它是我国提出的第三代移动通信标准（简称 3G），也是 ITU 批准的三个 3G 标准中的一个，是以我国知识产权为主的、被国际上广泛接受和认可的无线通信国际标准。TD-SCDMA 是我国电信史上重要的里程碑。

该标准将智能天线、同步 CDMA 和软件无线电（SDR）等技术融于其中。TD-SCDMA 由于采用时分双工，上行和下行信道特性基本一致，因此，基站根据接收信号估计上行和下行信道特性比较容易。此外，TD-SCDMA 使用智能天线技术有先天的优势，而智能天线技术的使用又引入了 SDMA 的优点，可以减少用户间干扰，从而提高频谱利用率。一般认为，TD-SCDMA 由于智能天线和同步 CDMA 技术的采用，可以大大简化系统的复杂性，适合采用软件无线电技术，因此，设备造价可望更低。但是，由于时分双工体制自身的缺点，TD-SCDMA 被认为在终端允许移动速度和小区覆盖半径等方面落后于频分双工体制。

在 3G 技术和系统蓬勃发展之际，不论是各个设备制造商、运营商，还是各个研究机构、政府、ITU，都已经开始对 3G 以后的技术发展方向展开研究。在 ITU 认定的几个技术发展方向中，包含了智能天线技术和 TDD 时分双工技术，认为这两种技术都是以后技术发展的趋势，而智能天线和 TDD 时分双工这两项技术，在目前的 TD-SCDMA 标准体系中已经得到了很好的体现和应用，从这一点中，也能够看到 TD-SCDMA 标准的技术有相当的发展前途。

另外，在 R4 之后的 3GPP 版本发布中，TD-SCDMA 标准也不同程度地引入了新的技术特性，用以进一步提高系统的性能，其中主要包括：通过空中接口实现基站之间的同步，作为基站同步的另一个备用方案，尤其适用于紧急情况下对于通信网可靠性的保证；终端定位功能，可以通过智能天线，利用信号到达校对终端用户位置定位，以便更好地提供基于位置的服务；高速下行分组接入，采用混合自动重传、自适应调制编码，实现高速率下行分组业务支持；多天线输入/输出技术（MIMO），采用基站和终端多天线技术和信号处理，提高无线系统性能；上行增强技术，采用自适应调制和编码、混合 ARQ 技术、对专用/共享资源的快速分配以及相应的物理层和高层信令支持的机制，增强上行信道和业务能力。

10. 智能手机——3G 需求的推动者

3G 相对于 2G，除了容量的提升，最大的进步就是数据传输速率的提升，但是在 3G 时代以前，手机还只是一个通信的工具。人们使用手机无非就是打电话、发短信、浏览网页，数据业务的增长势头虽说强劲，可是 2G 的 GPRS、CDMA1X 等技术完全可以满足人们并不丰富的数据业务需求。随着智能手机的普及，在线视频、音乐等多媒体应用，包含着各类应用软件和游戏的在线应用商店，移动社交网络，移动导航等新功能的引入使移动数据业务飙升。智能手机的出现一定程度上加快了运营商 3G 业务的全面上马，智能手机的普及所催生的爆炸性的数据业务增长是移动通信由 3G 向 4G 继续演进的原动力之一。

智能手机掀起的巨大浪潮席卷而来，整个手机终端产业链都受到不同程度的冲击，形成了 iPhone 和 Android 为代表的两大阵营。iPhone 只走高端精品路线，安卓凭借其开源的优势，完全覆盖了低、中、高端市场。随着智能手机在各消费层次的普及，智能手机对 3G 移动通信网络的推动作用开始凸显。因此无论是苹果的 iPhone 还是安卓阵营的智能手机，其功能和应用都依赖于对互联网的接入。

智能手机带来了全新的用户体验，无论是从外观还是操作上，智能手机都奉行极简主义，其易用性相比传统手机有很大提高。智能手机抛弃了复杂的层次结构，用手指一划解开锁屏，各种功能与应用就会以图标的形式排列在屏幕上。手指轻触图标，就可以启动所选应用；任何时刻，按下 Home 键就可以退出应用并回到首页，操作方式极为简单。除此之外，丰富的应用资源也让用户可以按照自己的需求定制个性化的服务。

在智能手机革命中，产业界发生了很大的变化，比如我们熟悉的摩托罗拉、诺基亚、西门子等。

11. 走进 4G

在 3G 如火如荼的发展中，4G 技术悄然而至。随着视频通信、视频点播、电视直播、网络游戏等高流量的移动业务发展，3G 已经不能满足人们的需求，各通信厂商也开始寻找新的技术方案。

4G LTE 是 TD-LTE 和 FDD-LTE 等 LTE 网络制式的统称。在我国 4G 网络还处于 TD-LTE 的特殊时期，4G LTE 一般特指 TD-LTE 制式网络。

4G LTE 最大的数据传输速率超过 100Mbit/s，这个速率是移动电话数据传输速率的 1 万倍，是 3G 移动电话速率的 50 倍。4G 手机可以提供高性能的汇流媒体内容，并通过 ID 应用程序成为个人身份鉴定设备。它也可以接收高分辨率的电影和电视节目，从而成为合并广播和通信的新基础设施中的一个纽带。

此外，4G LTE 的无线即时连接等某些服务费用会比 3G 便宜。还有，4G LTE 有望集成不同模式的无线通信——从无线局域网和蓝牙等室内网络、蜂窝信号、广播电视到卫星通信，移动用户可以自由地从一个标准漫游到另一个标准。

4G LTE 通信技术并没有脱离以前的通信技术，而是以传统通信技术为基础，并利用了一些新的通信技术来不断提高无线通信的网络效率和功能。如果说 3G 能为人们提供一个高速传输的无线通信环境的话，那么 4G LTE 通信会是一种超高速无线网络，一种不需要电缆的信息超级高速公路，这种新网络可使电话用户以无线及三维空间虚拟实境连线。

与传统的通信技术相比，4G LTE 通信技术最明显的优势在于通话质量及数据通信速率。然而，在通话品质方面，移动电话消费者还是能接受的。随着技术的发展与应用，现有移动电话网中手机的通话质量还在进一步提高。

工信部在 2013 年 12 月 4 日下午正式向三大运营商发布 4G 牌照，中国移动、中国电信和中国联通均获得 LTE 牌照。内地正式发放 4G 牌照，意味着在 3G 商用近五年之后，拿到了启动 4G 商用的资格，内地三大运营商将可以名正言顺地实现 4G 业务的正式商用，运营商部署 4G 相关工作的脚步也将因此而加快。

不过，对于广大消费者来说，4G 发牌商用并不等同于 4G 时代的真正到来。因为从发牌商用到大规模普及，还要经历一个成熟的过程，期间还有很多问题需要解决。比如，网络的深度覆盖、4G 终端的普及和成本下降、4G 资费的下调等。

12. 展望 5G

全球 4G 建设部署方兴未艾，5G 研究开发却悄然开启大幕。全球最大的电信设备商华为日前称，其目前已经在包括加拿大、英国等地为 5G 投入 200 多位研发人员，并将在未来 5 年内为此继续投资 6 亿美元。

什么是 5G？目前还没有人能给出一个明确的定义。有人说按照之前 3G、4G 的惯例，5G 代表了传输速率达到 10Gbit/s。我们来畅想下未来移动通信将会给我们的生活带来那些新变化。

公元前 3700 年，古埃及人制造出玻璃装饰品和玻璃器皿。五千年后的今天，玻璃已经遍布我们生活的各处。如果给这些玻璃都连接上互联网会是一个什么样的世界呢？

首先，当人们在室内的时候，可以享受高速的上网体验。室内是人们每天停留时间最长的地方，也是对传输速率要求最高的地方。同时，房屋也是玻璃被大规模应用的地方。在玻璃窗中嵌入透明天线可以充当运营商在密集城市街区部署的小型基站系统，为运营商面临的频谱紧缺、站址难选等困境带来一缕创意的曙光。同时，也让人们享受高速的传输速度。此外，家庭房屋上的玻璃一旦被连接入网将发展成一种家居智能，成为家庭中的中枢神经系统，控制调节家庭的运转，如智能窗帘、智能家电等。

在未来，城市居民将享受网络化城市的积极协作带来的好处。首先，移动互联网能让城市交通更加安全和便捷。通过高速的无线传输能力，基站可以向用户发送一定范围内的交通路面情况，便于用户避免交通拥挤路段。其次，当我们身边的玻璃窗都接入互联网，窗与窗之间，窗与人之间，窗与电气系统、温控系统、其他市政系统都有信息交互的时候，整座城市就像有了生命，成了一个有机互联的城市。

4.6.2　光纤通信系统

光通信就是以光波为载波的通信。与电通信相似，光通信也可以分成有线光通信和无线光通信两类，前者以大气作为信息传输的介质，后者以光纤作为信息传递的介质。随着信息时代的到来，光纤通信技术从光通信中脱颖而出，与卫星通信和微波接力一起，称为现代远距离干线通信的三大支柱，在现代电信网中起着举足轻重的作用。

光纤通信是人类通信史上的一次重大突破，现今的光纤通信已成为信息社会的神经系统，其主要优点是：

（1）光波频率很高，光纤传输频带很宽，故传输容量很大，理论上可通过上亿门话路或上万套电视，可进行图像、数据、传真、控制、打印等多种业务。

（2）损耗小，中继距离长。

（3）不受电磁干扰，保密性好，且不怕雷击，可利用高压电缆架空敷设，用于国防、铁路、防爆等。

（4）耐高温、高压，抗腐蚀，不受潮，工作十分可靠。

（5）光纤材料来源丰富，可节约大量有色金属（如铜、铝），且直径小、重量轻、可挠性好，便于安装和使用。

光纤通信技术的发展，大致可以分为三个阶段：

第一阶段（1970～1979 年）：光导纤维与半导体激光器的研制成功，使光纤通信进入实用化。1977 年美国亚特兰大的光纤市话局间中继系统称为世界上第一个光纤通信系统。

第二阶段（1979～1989 年）：光纤技术取得进一步突破，光纤损耗降至 0.5dBm/km 以下，由多模光纤转向单模光纤，由短波长向长波长转移。数字系统的速率不断提高，光纤连接技术与器件寿命问题都得到解决，光纤传输系统与光缆线路建设逐渐进入高速发展时期。

第三阶段（1989 年至今）：光纤数字系统由 PDH 向 SDH 过渡，传输速率进一步提高。1989 年掺铒光纤放大器（EDFA）的问世给光纤通信技术带来巨大变革。EDFA 的应用不仅解决了长途光纤传输损耗的放大问题，而且为光源的外调制、波分复用器件、色散补偿元件等提供能量补偿，这些网络元件的应用，又使得光传输系统的调制速率迅速提高，并促成了光波分复用技术的实用化。

随着我国国民经济建设的持续、快速发展，通信业务的种类越来越多，信息传送的需求量也越来越大，我国光通信的产业规模不断壮大，产品结构覆盖了光纤传输设备、光纤与光缆、光器件以及各类施工、测试仪表与专用工具。可以展望：光纤通信作为一高新技术产业，将以更快的速度发展，光纤通信技术将逐步普及，光纤通信的应用领域将更加广阔。

一个实用的光纤通信系统，要配置各种功能的电路、设备和辅助设施才能投入运行，如接口电路、复用设备、管理系统以及供电设施等。根据用户需求、要传送的业务种类和所采用传送体制的技术水平等来确定具体的系统结构。因此，光纤通信系统结构的形式是多种多样的，但其基本结构仍然是确定的。

光纤通信系统主要由三部分组成：光发射机、传输光纤和光接收机。其电/光和光/电变换的基本方式是直接强度调制和直接检波。实现过程如下：输入电信号既可以是模拟信号（如视频信号、电话语音信号），也可以是数字信号（如计算机数据、PCM 编码信号）；调制器将输入的电信号转换成适合驱动光源器件的电流信号并用来驱动光源器件，对光源器件进行直接强度调制，完成电/光变换的功能；光源输出的光信号直接耦合到传输光纤中，经一定长度的光纤传输后送达接收端；在接收端，光电检测器对输入的光信号进行直接检波，将光信号转换成相应的电信号，再经过放大恢复等电处理过程，以弥补线路传输过程中带来的信号损伤（如损耗、波形畸变），最后输出和原始输入信号相一致的电信号，从而完成整个传送过程。图 4-11 所示是光纤通信系统模型。

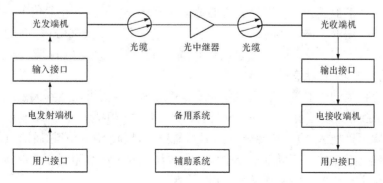

图 4-11　光纤通信系统模型

信息爆炸导致全球通信业务的急剧增长，通信网的传输和交换容量增长非常迅速，尤其是以 Internet 为主的数据通信流量出现了爆炸式的增长。通信流量的急剧增长给传送网带来了很大的压力，许多光纤网络容量的使用率达到了 70%～80%。贝尔实验室成功实现了在 300km 光纤上传输 32Tbit/s 的实验，展示了波分复用技术的巨大发展潜力。

通信的发展要求尽快展宽信道带宽。波分复用技术是利用单模光纤在低损耗区的巨大带宽，在发送端将多路处在不同光波长上的信道合波后送进统一芯光纤进行传输，在每个光波长传输一个 TDM 信号，只要个波长有足够的间隔，就不会相互干扰，在收端又将这些合在一起的波长分开。

光波分复用包括光频分复用和光波分复用。光频分复用技术和光波分复用技术无明显区别，因为光波是电磁波的一部分，光的频率与波长具有单一对应关系。通常也可以这样理解，光频分复用指光频率的细分，光信道非常密集。光波分复用指光频率的粗分，光信道相隔较远，甚至处于光纤不同窗口。

波分复用系统的主要特点如下：

（1）充分利用光纤的低损耗波段，增加光纤的传输容量，使一根光纤传送信息的物理限度增加一倍至数倍。目前我们只是利用了光纤低损耗谱（1310～1550nm）极少一部分，波分复用可以充分利用单模光纤的巨大带宽约 25THz，传输带宽充足。

（2）具有在同一根光纤中，传送两个或数个非同步信号的能力，有利于数字信号和模拟信号的兼容，与数据速率和调制方式无关，在线路中间可以灵活取出或加入信道。

（3）对已建光纤系统，尤其早期铺设的芯数不多的光缆，只要原系统有功率余量，可进一步增容，实现多个单向信号或双向信号的传送而不用对原系统作大改动，具有较强的灵活性。

（4）大量减少了光纤的使用量，大大降低了建设成本。由于光纤数量少，当出现故障时，恢复起来也迅速方便。

（5）有源光设备的共享性，对多个信号的传送或新业务的增加降低了成本。系统中有源设备得到大幅减少，这样就提高了系统的可靠性。

4.6.3　卫星通信系统

卫星通信是利用人造地球卫星作为中继站转发无线电波在两个或多个地球站之间进行的通信。图 4-12 所示是卫星通信系统示意图。

通信系统由通信卫星和经该卫星连通的地球站两部分组成。静止通信卫星是目前全球卫星通信系统中最常用的星体，是将通信卫星发射到赤道上空 35 860km 的高度上，使卫星运转方向与地球自转方向一致，并使卫星的运转周期正好等于地球的自转周期（24h），从而使卫星始终保持同步运行状态。

静止卫星也称为同步卫星。静止卫星天线波束最大覆盖面可以达到大于地球表面总面积的 1/3。因此，在静止轨道上，只要等间隔地放置三颗通信卫星，其天线波束就能基本上覆盖整个地球（除两极地区外），实现全球范围的通信。目前使用的国际通信卫星系统，就是按照上述原理建立起来的，三颗卫星分别位于大西洋、太平洋和印度洋上空。

与其他通信手段相比，卫星通信具有以下优点：

（1）电波覆盖面积大，通信距离远，可实现多址通信。在卫星波束覆盖区内的通信距离最远为 18 000km。覆盖区内的用户都可通过通信卫星实现多址连接，进行即时通信。

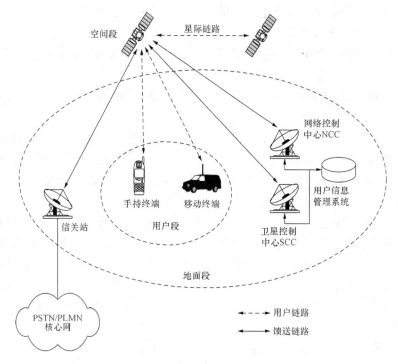

图 4-12　卫星通信系统示意图

（2）传输频带宽，通信容量大。卫星通信一般使用 $1\sim10$GHz 的微波波段，有很宽的频率范围，可在两点间提供几百、几千甚至上万条话路，提供每秒几十兆比特甚至每秒一百多兆比特的中高速数据通道，还可传输好几路电视。

（3）通信稳定性好、质量高。卫星链路大部分是在大气层以上的宇宙空间，属恒参信道，传输损耗小，电波传播稳定，不受通信两点间的各种自然环境和人为因素的影响，即便是在发生磁爆或核爆的情况下，也能维持正常通信。

（4）机动灵活，不受地理条件限制。卫星通信的地面站可以建立在边远山区、岛屿、汽车上、飞机上和舰艇上，既可以是永久站，也可以临时架设，建站迅速，组网快。

卫星传输的主要缺点是传输时延大。在打卫星电话时不能立刻听到对方回话，需要间隔一段时间才能听到。其主要原因是无线电波虽在自由空间的传播速度等于光速（每秒 30 万 km），但当它从地球站发往同步卫星，又从同步卫星发回接收地球站，这"一上一下"就需要走超过 8 万 km。打电话时，一问一答无线电波就要往返近 16 万 km，需传输 0.6s 的时间。也就是说，在发话人说完 0.6s 以后才能听到对方的回音，这种现象称为"延迟效应"。由于延迟效应现象的存在，使得打卫星电话往往不像打地面长途电话那样自如方便。

卫星通信是军事通信的重要组成部分。目前，一些发达国家和军事集团利用卫星通信系统完成的信息传递，约占其军事通信总量的 80%。

目前世界上已建有许多卫星通信系统，可从不同的角度，对卫星通信系统进行分类。

（1）按卫星运动轨道分：高轨道同步卫星通信系统和低轨道移动卫星通信系统。

（2）按通信覆盖区分：国际卫星通信系统、国内卫星通信系统和区域卫星通信系统。

（3）按用户性质分：公用卫星通信系统和专用卫星通信系统（气象、军用等）。

（4）按通信业务分：固定业务卫星通信系统、移动业务卫星通信系统、广播业务卫星通信系统和科学实验卫星通信系统。

（5）按多址方式分：频分多址卫星通信系统、时分多址卫星通信系统、空分多址卫星通信系统、码分多址卫星通信系统、混合多址卫星通信系统。

（6）按基带信号分：模拟卫星通信系统和数字卫星通信系统。

1. GPS 全球卫星定位系统

GPS 是全球定位系统（Global Positioning System）的英文简称。GPS 起始于 1958 年美国军方的一个项目，1964 年投入使用。20 世纪 70 年代，美国陆海空三军联合研制了新一代卫星定位系统 GPS。其主要目的是为陆海空三大领域提供实时、全天候和全球性的导航服务，并用于情报搜集、核爆监测和应急通信等一些军事目的，经过 20 余年的研究实验，耗资 300 亿美元，到 1994 年，全球覆盖率高达 98％的 24 颗 GPS 卫星星座已布设完成。GPS 的基本定位原理是：利用位于距地球两万多千米高的由 24 颗人造卫星组成的卫星网，向地球不间断地发射定位信号。用户接收到这些信息后，经过计算求出接收机的三维位置、三维方向以及运动速度和时间信息。因此地球上的任何一个 GPS 接收机，只要接收到 3 颗以上的卫星发出的信号，瞬间就可以测算出被测载体的运动状态，如经度、维度、高度、时间、速度、航向等。

全球卫星定位系统由三部分组成：

（1）地面控制部分，由主控站、地面天线、监测站和通信辅助系统组成。

（2）空间部分，由 24 颗卫星组成，分布在 6 个道平面上。

（3）用户装置部分，由 GPS 接收机和卫星天线组成。

GPS 全球定位系统的主要特点包括：

（1）全天候。

（2）全球覆盖。

（3）三维、定速、定时、高精度。

（4）快速、省时、高效。

（5）应用广泛，是迄今为止最好的导航定位系统。

随着 GPS 系统的不断改进，软件、硬件及配套设施不断完善，其应用领域正在不断扩宽。GPS 对民间开放以来，各种产品、应用层出不穷，GPS 已经深入国民生产、日常生活的方方面面。主要用途包括：

（1）测量。GPS 采用了先进的载波相位差分技术，与传统的手工测量手段相比，GPS 技术具有巨大的优势。比如，测量精度高，操作简便，仪器体积小，便于携带，全天候操作，信息自动接收、存储，减少繁琐的中间处理环节等。当前，GPS 技术已广泛应用于大地测量、资源勘查、地壳运动等领域。

（2）交通。GPS 在交通领域应用非常广泛。首先，GPS 在交通调度方面发挥了重要作用。出租车、物流配送等行业利用 GPS 技术对车辆进行跟踪、调度管理，可以合理地配置车辆，迅速响应用户的请求，降低能源消耗，节省运行成本。其次，GPS 在车辆导航方面扮演了重要的角色。通过在城市中建立 GPS 交通控制台，实时广播城市交通和路况信息，可以使车辆通过该信息进行精确定位，结合电子地图选择最优路径，甚至实现车辆的自主导航。在民航运输中，GPS 也大展神通，通过 GPS 接收设备可以使驾驶员着陆时能准确对准跑道，使飞机排列紧凑，提高机场利用率，并引导飞机安全离场。

（3）安全和救援。GPS 已经被广泛地应用于银行、公安和海运系统，通过它可以及时发现火灾、犯罪现场、交通事故、交通堵塞等紧急状况的突发地点，从而对火警、救护、警察进行应急调遣，提高对紧急事件的响应效率，将损失降到最低。

（4）农业。把 GPS 技术引入农业生产，可以准确地获取农田信息，比如产量监测、图样采集等。通过计算机系统的分析处理，可以控制带有 GPS 的终端农业设备精确地给农田施肥、喷药。这就是所谓的"精准农业耕作"。

经过 20 余年的实践证明，GPS 系统是一个高精度、全天候和全球性的无线电导航、定位和定时的多功能系统。GPS 技术已经发展成为多领域、多模式、多用途、多机型的国际性高新技术产业。

2. 北斗卫星导航系统

北斗卫星导航系统（BeiDou Navigation Satellite System，BDS）是我国正在实施的自主研发、独立运行的全球卫星导航系统，与美国的 GPS、俄罗斯的格洛纳斯、欧盟的伽利略系统兼容共用的全球卫星导航系统，并称全球四大卫星导航系统。北斗卫星导航系统于 2011 年 12 月 27 日起提供连续导航定位与授时服务。

北斗卫星导航系统由空间端、地面端和用户端三部分组成。空间端包括 5 颗静止轨道卫星和 30 颗非静止轨道卫星。该系统已成功应用于测绘、电信、水利、渔业、交通运输、森林防火、减灾救灾和公共安全等诸多领域，产生了显著的经济效益和社会效益。特别是在 2008 年北京奥运会、汶川抗震救灾中发挥了重要作用。

北斗卫星导航系统致力于向全球用户提供高质量的定位、导航和授时服务，包括开放服务和授权服务两种方式。开放服务是向全球免费提供定位、测速和授时服务，定位精度 20m，测速精度 0.2m/s，授时精度 10ns。授权服务是为有高精度、高可靠卫星导航需求的用户，提供定位、测速、授时和通信服务以及系统完好性信息。导航精度上不逊于欧美，之外北斗卫星导航系统解决了何人、何时、何地的问题，这就是北斗的特色服务，靠北斗一个终端你就可以走遍天下。

4.6.4 互联网

对于生活在现代社会的我们而言，没有互联网的生活是难以想象的。互联网的普及是科技史上的一个里程碑，如果说当下正处于信息时代，那么互联网就是连接个人、社会与海量信息的高速公路。互联网让人们之间的沟通超越了时空的局限，一个虚拟的世界以真实世界为依托在互联网上展开来，渐渐地反过来改变了现实世界中人们生活的方式。

1. 信息高速公路

当行驶在高速公路上时，最大的感受可能就是"快"。如果把各地的高速公路连接在一起，就形成了连接全国各省各地的高速公路网，为人们出行带来方便，同时也促进了社会经济的发展。

随着时代的发展，越来越多的人开始使用计算机，并通过互联网获得各种信息。互联网就像是一个庞大的信息库，人们经常通过互联网获得各种形式的信息，如文字、音频、视频等。

为适应越来越多的信息传输对高带宽的需要，美国最早提出了"信息高速公路"这个概念。1993 年 9 月，美国政府宣布实施一项新的高科技计划——国家信息基础设施（National

Information Infrastructure，NII），旨在以因特网为雏形，兴建信息时代的高速公路——信息高速公路，使所有美国人方便地共享海量的信息资源。

信息高速公路旨在建立一个能提供超量信息的、由通信网络、多媒体联机数据库以及网络计算机组成的一体化高速网络，向人们提供图、文、声、像信息的快速传输服务，并实现信息资源的高度共享。

信息高速公路的"路"由光缆、双绞线、无线电波等构成。计算机把信息数字化，然后由网络接口把这些数字化信息传递出去。一根细如头发丝的单股光纤，它所能传送的信息要比普通铜线高出 25 万倍；一根由 32 条光纤组成、直径不到 1.3cm 的光缆，可以同时传送 50 万路电话和 5000 个频道的电视节目。由此可知，通过以光纤为骨干的信息高速公路传输数据速度极快。

信息高速公路上行驶的"车"，则是巨量的多媒体信息，包括电话通信的语音信息、计算机通信的数据信息、高清晰度电视和电影等的图像、视频信息。如此大的信息量，只有宽带的信息高速公路才能承载得了，用传统的网络传输必定会出现"网络塞车"。

信息高速公路给人们展示了一幅诱人的画卷：可视电话、网络购物、无纸贸易、电视会议、居家办公、远程教育、远程医疗、视频点播、知识点播。

总之，信息高速公路的建成，彻底改变了人类的工作、学习和生活方式。

互联网又称网际网路，或音译因特网、因特网，是网络与网络之间所串连成的庞大网络，这些网络以一组通用的协议相连，形成逻辑上的单一巨大国际网络。这种将计算机网络互相连接在一起的方法称作网络互联，在这基础上发展出的覆盖全世界的全球性互联网络称为互联网，即是互相连接在一起的网络。互联网最主要的功能表现在两个方面：①实现资源共享（包括硬件资源和软件资源）；②在用户之间交换信息。

2. 互联网的兴起

计算机网络是现代计算机技术和通信技术密切结合的产物，是随着社会对信息的共享和社会信息化的要求发展起来的。

计算机网络的发展主要经历以下几个阶段：

第一阶段——联机系统。以单个计算机为中心的联机系统，又称为面向终端的计算机网络。它由一台主机和若干个终端组成。主机是网络的中心和控制者，分布在各处的本地或远程终端通过公共电话网及相应的通信设备与主机相连，登录到主机上，使用主机上的资源。在主机和每个终端之间都有一条专用的通信线路，当连接的终端较多时，这一互联方式存在主机的负荷较重，通信线路利用率低，可靠性低等缺点。

第二阶段——多主机互联的初期网路阶段。多主机互联的初期网络是计算机与计算机互联的计算机网络。这种系统已由第一阶段利用一台中心计算机为所有用户服务的模式发展到了由多台分散的主计算机共同提供服务的模式。它由通信线路及设备将若干个独立、有自主处理能力的计算机连接起来，如图 4-13 所示。通信子网承担全网的数据传输、转接、加工和变换等通信处理工作，实现主机之间的数据传送；计算机之间不存在主从关系，是真正意义上的计算机网络。通信子网是由通信线路及一些通信实体（又称网络节点）所组成的独立的数据通信系统。

第三阶段——标准化网络。网络互联的基本条件是标准化，因此第三代计算机网络是开放式并遵循国际标准化协议的标准化网络，又称为现代计算机网络。

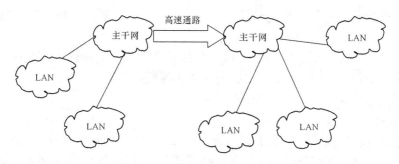

图 4 - 13　网络互联与高速网络的基本模型

国际标准化协议有两套模型最具代表性，一套是由国际标准化组织 ISO 制定的开放系统互联网基本参考模型，并在 1984 年颁布了它的正式文件，通常人们称它为 OSI 参考模型，并记为 OSI/RM；另一套是由非国际官方的美国国防部赞助研发的 TCP/IP 协议。

因特网是世界上最大、应用最广泛的国际互联网，它是在 ARPAnet 网的基础上采用 TCP/IP 协议逐渐发展而来的。

第四阶段——网络互联与高速网络。20 世纪 90 年代，计算机网络技术迅猛发展，特别是 1993 年美国宣布建立国家信息基础设施（NII）后，全世界许多国家纷纷制定和建立本国的 NII，从而极大地推动了计算机网络技术的发展，使计算机网络进入一个崭新的阶段，这就是计算机网络互联与高速网络阶段。

3. 互联网的特点及主要功能

互联网的特点主要有以下几个方面：

（1）即时性。即时性是网络新闻传播时效性强的形象表述。

（2）海量性。网络媒体新闻传播的海量性体现在具有强大的检索功能及易复制、易存储等特点。谷歌、百度等专业搜索引擎及一些网站自有的检索工具，使网上查找新闻变得十分便捷。读者可以通过复制、粘贴、下载、收藏、打印网页等方式存储所需资料。

（3）全球性。网络媒体的传播范围远远大于报纸、广播和电视，是全球性的。

（4）互动性。网络媒体新闻传播是媒体与受众之间的多向性、互动性传播。互动性又称交互性，包含"一对一、一对多、多对一、多对多"的传播方式，体现了大众传播和人际传播相结合的传播方式，是网络媒体的特性和优势。

（5）多媒体性。网络所拥有的一大特性是多媒体性，它使网络媒体有能力在技术上实现多媒体传播。

（6）新媒体特性。网络媒体既具有大众传播的优势，又兼具小（窄）众化、分众化传播的特点，通过强大的信息技术正把不同的媒体形态融合，体现了媒体变革最明显的特征。

互联网的主要功能有以下几种：

（1）文件传输（File Transfer Protocol，FTP）。FTP 是在互联网上传送文件的一个重要协议，主要用于两个主机之间的文件传输。

（2）远程登录（Telnet）。远程登录是本地计算机连到远方的一个远程计算机上，使本地计算机成为远程计算机的一个终端。

（3）电子邮件服务。电子邮件也称 E-mail，是用户或用户组之间通过计算机网络收发信息的服务。

（4）万维网服务。WWW 是一种基于超链接的超文本系统，是最为流行的信息检索服务程序。

（5）BBS。即"电子布告栏系统"，最初是为了通过电话线远程传送文件和信息，后来发展到讨论区、信件区、聊天区、文件共享区等多种服务领域。

（6）信息交流。QQ、MSN、SKYPE 等。

4. 计算机网络的分类

把网络中的计算机及其他设备隐去其具体的物理特性，抽象成一个个节点，设备间的连线抽象成线段，就构成了拓扑结构，它是网络节点在物理分布和互联网关系上的几何图形。

按照计算机网络的拓扑结构可将网络分为网形网、网孔网、星形网、复合型网、环形网、树形网和总线形网。如图 4-14。

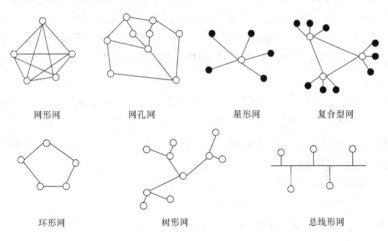

图 4-14   网络拓扑结构

网形网：网内任何两个节点之间均有直达线路连接。网内结点数越多，传输链路也越多。因此这种网络的冗余度较大，安全性较高，但线路利用率不高，经济性较差，适用于局间业务量较大或分局量较少的情况。

网孔网：是网形网的一种变形，也就是不完全网状网。大部分结点相互之间有线路直接相连，一小部分结点可能与其他结点之间没有连接。与网形网相比，可适当节省一些线路，线路利用率有所提高，经济性有所改善，但安全性会稍微有所降低。

星形网：也称为辐射网，它将一个结点作为辐射点，该辐射点与其他结点均有线路相连，但其他结点间却没有连接。星形网结构简单，便于管理，控制简单，连网建网都容易，但安全性较差。

复合型网：由网形网和星形网复合而成。复合性网具有星形网和网形网的优点，是通信网中常采用的一种网络结构，但网络设计应以交换设备和传输链路的总费用最小为原则。

环形网：由三个以上的结点用闭合环路形式组成，信息依次通过结点，每个结点是否接收环形线缆中传递的信息，取决于信息的目标地址。环网的特点是结构简单，容易实现。如果采用自愈环对网络进行保护，安全性能较高。环形网主要使用在大型网络中。

树形网：可以看成是星形网拓扑结构的扩展。在树形网中，结点按层次进行连接，信息交换主要在上、下结点之间进行。这种分层结构，使它使用于分级控制的系统，如用户接入网或用户线路网，数字同步网中主从结构的同步时钟分配网。

总线形网：用一条通信线缆（总线）把各结点（即计算机）串联起来，其中没有其他的连接设备，从而形成一条共享信道。其网络结构简单灵活，结点的插入、删除都方便，因此易于网络的扩展。

网络中计算机设备之间的距离可近可远，即网络覆盖地域面积可大可小。按照地理范围的大小，可以把计算机网络分为局域网、城域网、广域网 3 种类型。

根据使用的网络协议不同，可将网络分为使用 IEEE803.2 标准协议的以太网，使用 IEEE802.5 标准协议的令牌环网，另外还有 FDDI 网、ATM 网、X.25 网、TCP/IP 协议网。

按照传输介质分为有线网和无线网。

根据所使用的传输技术，可以将网络分为广播式网络和点到点网络。

按网络操作系统分为 Novell Netware 网、UNIX 网、Linux 网、Window NT 网、3＋网。

5. OSI 参考模型

OSI（Open System Interconnection），开放式系统互联参考模型，它把网络协议从逻辑上分为七层，如图 4 - 15 所示。OSI 模型是一种框架性的设计方法，其最主要的功能就是帮助不同类型的主机实现数据传输。

建立七层模型的主要目的是为解决异种网络互联时所遇到的兼容性问题。它的最大优点是将服务、接口和协议这三个概念明确地区分开来：服务说明某一层为上一层提供一些什么功能，接口说明上一层如何使用下层的服务，而协议涉及如何实现本层的服务。这样各层之间具有很强的独立性，互联网络中各实体采用什么样的协议是没有限制的，只要向上提供相同的服务并且不改变相邻层的接口就可以了。网络七层的划分也是为了使网络的不同功能模块（不同层次）分担起不同的职责，从而带来如下好处：

图 4 - 15　OSI 参考模型

（1）减轻问题的复杂程度，一旦网络发生故障，可迅速定位故障所处层次，便于查找和纠错。

（2）在各层分别定义标准接口，使具备相同对等层的不同网络设备能实现互操作，各层之间相对独立，一种高层协议可在多种低层协议上运行。

（3）能有效刺激网络技术革新，因为每次更新都可以在小范围内进行，不需对整个网络动大手术。

（1）物理层（Physical Layer），OSI 参考模型的最底层或第一层。该层包括物理连网媒介，如电缆连线连接器。物理层的协议产生并检测电压以便发送和接收携带数据的信号。在PC 上插入网络接口卡，就建立了计算机联网的基础。尽管物理层不提供纠错服务，但它能够设定数据传输速率并监测数据出错率。网络物理问题，如电线断开，将影响物理层。

（2）数据链路层（Datalink Layer），OSI 参考模型的第二层。它控制网络层与物理层之间的通信。其主要功能是如何在不可靠的物理线路上进行数据的可靠传递。为了保证传输，从网络层接收到的数据被分割成特定的可被物理层传输的帧。帧是用来移动数据的结构包，它不仅包括原始数据，还包括发送方和接收方的物理地址以及检错和控制信息。其中的地址确定了帧将发送到何处，而纠错和控制信息则确保帧无差错到达。如果在传送数据时，接收点检测到所传数据中有差错，就要通知发送方重发这一帧。

数据链路层在不可靠的物理介质上提供可靠的传输。该层的作用包括物理地址寻址、数据的成帧、流量控制、数据的检错、重发等。

数据链路层协议的代表包括 SDLC、HDLC、PPP、STP、帧中继等。

（3）网络层（Network Layer），OSI 参考模型的第三层。其主要功能是将网络地址翻译成对应的物理地址，并决定如何将数据从发送方路由到接收方。

网络层通过综合考虑发送优先权、网络拥塞程度、服务质量以及可选路由的花费来决定从一个网络中节点 A 到另一个网络中节点 B 的最佳路径。由于网络层处理并智能指导数据传送，路由器连接网络各段，因此路由器属于网络层。在网络中，路由是基于编址方案、使用模式以及可达性来指引数据的发送。

网络层负责在源机器和目标机器之间建立它们所使用的路由。这一层本身没有任何错误检测和修正机制，因此，网络层必须依赖于端端之间的由 DLL 提供的可靠传输服务。

（4）传输层（Transport Layer），OSI 参考模型的第四层。传输协议同时进行流量控制或是基于接收方可接收数据的快慢程度规定适当的发送速率。除此之外，传输层按照网络能处理的最大尺寸将较长的数据包进行强制分割。例如，以太网无法接收大于 1500 字节（Byte）的数据包。发送方节点的传输层将数据分割成较小的数据片，同时对每一数据片安排一序列号，以便数据到达接收方节点的传输层时，能以正确的顺序重组。该过程称为排序。

工作在传输层的一种服务是 TCP/IP 协议集中的 TCP（传输控制协议），另一项传输层服务是 IPX/SPX 协议集的 SPX（序列包交换）。

（5）会话层（Session Layer），OSI 参考模型的第五层。会话层负责在网络中的两节点之间建立、维持和终止通信。会话层的功能包括建立通信链接，保持会话过程通信链接的畅通，同步两个节点之间的对话，决定通信是否被中断以及通信中断时决定从何处重新发送。

你可能常常听到有人把会话层称作网络通信的"交通警察"。当通过拨号向你的 ISP（因特网服务提供商）请求连接到因特网时，ISP 服务器上的会话层向你和你的 PC 客户机上的会话层进行协商连接。若你的电话线偶然从墙上插孔脱落，终端机上的会话层将检测到连接中断并重新发起连接。会话层通过决定节点通信的优先级和通信时间的长短来设置通信期限。

（6）表示层（Presentation Layer），OSI 参考模型的第六层。表示层是应用程序和网络之间的"翻译官"，数据按照网络能理解的方案进行格式化。这种格式化也因所使用网络的类型不同而不同。

表示层管理数据的解密与加密，如系统口令的处理。例如，在 Internet 上查询你银行账户，使用的即是一种安全连接。你的账户数据在发送前被加密，在网络的另一端，表示层将对接收到的数据解密。除此之外，表示层协议还对图片和文件格式信息进行解码和编码。

（7）应用层（Application Layer），OSI 参考模型的最高层，即第七层。应用层也称为应用实体（AE），它由若干个特定应用服务元素（SASE）和一个或多个公共应用服务元素（CASE）组成。每个 SASE 提供特定的应用服务，例如文件运输访问和管理（FTAM）、电子文件处理（MHS）、虚拟终端协议（VAP）等。CASE 提供一组公共的应用服务，例如联系控制服务元素（ACSE）、可靠运输服务元素（RTSE）和远程操作服务元素（ROSE）等。应用层主要负责对软件提供接口以使程序能使用网络服务。术语"应用层"并不是指运行在网络上的某个特别应用程序。应用层提供的服务包括文件传输、文件管理以及电子邮件的信息处理。

6. IP 地址

住房子总要有个门牌号，这样邮递员才能把信准确地送到您家里。在互联网上有成千上万的主机，我们如何来分辨每一台主机呢？因特网上的主机也通过具有唯一的网络地址来标记自己，这就是 IP 地址。在 IPv4 中，用 32 位来表示；在 IPv6 中，用 128 位来表示。

IP 地址分为网络地址和主机地址两部分。其中，网络地址用来标记一个物理网络，主机地址用来标记这个网络中的一台主机。

IP 地址按节点划分为 A、B、C、D、E 五类，其中 A、B、C 是基本类，D、E 类作为多播和保留使用。

A 类地址：分配给规模特别大的网络。A 类网络用第一组数字表示网络本身的地址（编号），后面三组数字作为连接在网络上的主机地址。

B 类地址：分配给一般的大型网络。B 类网络用第一、二组数字表示网络的地址，后面两组数字表示网络上的主机地址。

C 类地址：分配给小型网络，如大量的局域网和校园网。C 类网络用前三组数字表示网络的地址，最后一组数字作为网络上的主机地址。

IP 地址中的网络地址是由因特网网络信息中心（NIC）来统一分配的，它负责分配最高级的 IP 地址，并授权给下一级的申请者成为因特网网点的网络管理中心。每个网点组成一个自制系统。主机地址则由申请的组织自己来分配和管理，自治域系统负责自己内部网络的拓扑结构、地址建立及刷新等。这种分层管理的方法能够有效地防止 IP 地址的冲突。

7. 云计算

云计算（Cloud Computing）是基于互联网的相关服务的增加、使用和交付模式，通常涉及通过互联网来提供动态易扩展且经常是虚拟化的资源。

云计算是继 20 世纪 80 年代大型计算机到客户端—服务器的大转变之后的又一种巨变。它是分布式计算（Distributed Computing）、并行计算（Parallel Computing）、效用计算（Utility Computing）、网络存储（Network Storage Technologies）、虚拟化（Virtualization）、负载均衡（Load Balance）、热备份冗余（High Available）等传统计算机和网络技术发展融合的产物。

云计算是通过使计算分布在大量的分布式计算机上，而非本地计算机或远程服务器中，企业数据中心的运行将与互联网更相似。这使得企业能够将资源切换到需要的应用上，根据需求访问计算机和存储系统。

好比是从古老的单台发电机模式转向了电厂集中供电的模式。它意味着计算能力也可以作为一种商品进行流通，就像煤气、水电一样，取用方便，费用低廉。最大的不同在于，它是通过互联网进行传输的。

云计算的特点如下：

（1）超大规模。"云"具有相当的规模，Google 云计算已经拥有 100 多万台服务器，Amazon、IBM、微软、Yahoo 等的"云"均拥有几十万台服务器。企业私有云一般拥有数百上千台服务器。"云"能赋予用户前所未有的计算能力。

（2）虚拟化。云计算支持用户在任意位置使用各种终端获取应用服务。所请求的资源来自"云"，而不是固定的有形的实体。应用在"云"中某处运行，但实际上用户无需了解也不用担心应用运行的具体位置。只需要一台笔记本或者一部手机，就可以通过网络服务来实现我们需要的一切，甚至包括超级计算这样的任务。

（3）高可靠性。"云"使用了数据多副本容错、计算节点同构可互换等措施来保障服务的高可靠性，使用云计算比使用本地计算机可靠。

（4）通用性。云计算不针对特定的应用，在"云"的支撑下可以构造出千变万化的应用，同一个"云"可以同时支撑不同的应用运行。

（5）高可扩展性。"云"的规模可以动态伸缩，满足应用和用户规模增长的需要。

（6）按需服务。"云"是一个庞大的资源池，可按需购买；云可以像自来水、电、煤气那样计费。

（7）极其廉价。由于"云"的特殊容错措施可以采用极其廉价的节点来构成云，"云"的自动化集中式管理使大量企业无需负担日益高昂的数据中心管理成本，"云"的通用性使资源的利用率较传统系统大幅提升，因此用户可以充分享受"云"的低成本优势，经常只要花费几百美元、几天时间就能完成以前需要数万美元、数月时间才能完成的任务。

云计算可以彻底改变人们未来的生活，但同时也要重视环境问题，这样才能真正为人类进步做贡献，而不是简单的技术提升。

（8）潜在的危险性。云计算服务除了提供计算服务外，还必然提供了存储服务。但是云计算服务当前垄断在私人机构（企业）手中，而他们仅仅能够提供商业信用。对于政府机构、商业机构（特别像银行这样持有敏感数据的商业机构）对于选择云计算服务应保持足够的警惕。一旦商业用户大规模使用私人机构提供的云计算服务，无论其技术优势有多强，都不可避免地让这些私人机构以"数据（信息）"的重要性挟制整个社会。对于信息社会而言，"信息"是至关重要的。另外，云计算中的数据对于数据所有者以外的其他用户是保密的，但是对于提供云计算的商业机构而言确实毫无秘密可言。所有这些潜在的危险，是商业机构和政府机构选择云计算服务，特别是国外机构提供的云计算服务时，不得不考虑的一个重要的前提。

4.6.5　物联网

1. 物联网概念

物联网这个概念，我国在 1999 年就提出来了，当时叫传感网。其定义是：通过射频识别（RFID）、红外感应器、全球定位系统、激光扫描器等信息传感设备，按约定的协议，把任何物品与互联网相连接，进行信息交换和通信，以实现智能化识别、定位、跟踪、监控和管理。物联网概念是在互联网概念的基础上，将其用户端延伸和扩展到任何物品与物品之间，进行信息交换和通信的一种网络概念。

2005 年 11 月 27 日，在突尼斯举行的信息社会峰会上，国际电信联盟（ITU）发布了《ITU 互联网报告 2005：物联网》，正式提出了物联网的概念。

物联网是在计算机互联网的基础上，利用 RFID、无线数据通信等技术，构造一个覆盖世界上万事万物的"Internet of Things"。在这个网络中，物品（商品）能够彼此进行"交流"，而无需人的干预。其实质是利用射频自动识别（RFID）技术，通过计算机互联网实现物品（商品）的自动识别和信息的互联与共享。

物联网概念的问世，打破了之前的传统思维。过去的思路一直是将物理基础设施和 IT 基础设施分开，一方面是机场、公路、建筑物，另一方面是数据中心、个人电脑、宽带等；而在物联网时代，钢筋混凝土、电缆将与芯片、宽带整合为统一的基础设施，在此意义上，基础设施更像是一块新的地球。故也有业内人士认为物联网与智能电网均是智慧地球的有机构成部分。

不过，也有观点认为，物联网迅速普及的可能性有多大，尚难以轻言判定。毕竟 RFID 早已为市场所熟知，但新大陆等拥有 RFID 业务的相关上市公司定期报告显示出业绩的高成长性尚未显现出来，所以，对物联网的普及速度存在着较大的分歧。但可以肯定的是，在国家大力推动工业化与信息化两化融合的大背景下，物联网会是工业乃至更多行业信息化过程中，一个比较现实的突破口。RFID 技术在多个领域多个行业所进行的一些闭环应用，在这些先行的成功案例中，物品的信息已经被自动采集并上网，管理效率大幅提升，有些物联网的梦想已经部分实现了。因此，物联网的雏形就像互联网早期的形态局域网一样，虽然发挥的作用有限，但昭示着的远大前景已经不容置疑。

这几年推行的智能家居其实就是把家中的电器通过网络控制起来。可以想见，物联网发展到一定阶段，家中的电器可以和外网连接起来，通过传感器传达电器的信号。厂家在厂里就可以知道你家中电器的使用情况，也许在你之前就知道你家电器的故障。某一天突然有维修工上门告诉你家中空调有问题，你还惊异地不相信。

2. 物联网对我们生活的影响

在信息网络世界中，由于互联网、移动通信等网络无处不在，可以突破时空的限制，非常方便地实现信息共享，并借助强大的计算能力（云计算、大数据）对这些信息进行处理，也即物联网具备大范围、实时动态地监测、管理和控制网络内感兴趣对象的能力，能够主动参与网络中的活动，可以理解为"智能网"，并通过网络连接起来构成一个整体，实现人与人、人与物、物与物之间的沟通对话。它可以帮助人类社会与物理世界和谐共处，提升人们认识世界和处理复杂问题的能力，给人们的生活带来巨大的变化。

轻触一下电脑或者手机的按钮，即使千里之外，你也能了解到某件物品的状况、某个人的活动情况；发一个短信，你就能打开风扇；如果有人非法入侵你的住宅，你还会收到自动电话报警。如此智能的场景，已不是好莱坞科幻大片中才有的情形了，物联网正在步步逼近我们的生活。

实现这一切是因为物联网里有一个存储物体信息的关键技术，叫射频识别（RFID）。比如在手机里嵌入 RFID-SIM 卡，手机内的信息传感设备就能与移动网络相连，这种手机，不仅可以确认使用者的身份，还能进行费用支付、预约参观、实现查询及缴纳手机话费、水电燃气费缴纳、彩票投注、航空订票等多种支付服务。

可见，物联网在个人健康、智能电网、公共交通等方面的应用范围极其广泛。只要将特定物体嵌入射频标签、传感器等设备，与互联网相连后，就能形成一个庞大的联网系统，在这个网上，即使远在千里之外，人们也能轻松获知和掌控物体的信息。

有专家预测 10 年内物联网就可能大规模普及，发展成为上万亿规模的高科技市场。届时，在个人健康、交通控制、环境保护、公共安全、平安家居、智能消防、工业监测、老人护理等几乎所有领域，物联网都将发挥作用。有专家表示，只需 3～5 年时间，物联网就会全面进入人们的生活，改变人们的生活方式。

3. 物联网的关键技术和应用案例

根据电子标准化研究院张晖博士的观点，物联网由三个部分组成：感知部分，即以二维码、RFID、传感器为主，实现对"物"的识别；传输网络，即通过现有的互联网、广电网络、通信网络等实现数据的传输；智能处理，即利用云计算、数据挖掘、中间件等技术实现对物品的自动控制与智能管理等。

在物联网体系架构中，三层的关系可以这样理解：感知层相当于人体的皮肤和五官；网络层相当于人体的神经中枢和大脑；应用层相当于人的社会分工，具体描述如下：

感知层是物联网的皮肤和五官——识别物体，采集信息。感知层包括二维码标签和识读器、RFID标签和读写器、摄像头、GPS等，其主要作用是识别物体，采集信息，与人体结构中皮肤和五官的作用相似。

网络层是物联网的神经中枢和大脑——信息传递和处理。网络层包括通信与互联网的融合网络、网络管理中心和信息处理中心等。网络层将感知层获取的信息进行传递和处理，类似于人体结构中的神经中枢和大脑。

应用层是物联网的"社会分工"——与行业需求结合，实现广泛智能化。应用层是物联网与行业专业技术的深度融合，这类似于人的社会分工，最终构成人类社会。

在各层之间，信息不是单向传递的，也有交互、控制等，所传递的信息多种多样，其中关键是物品的信息，包括在特定应用系统范围内能唯一标识物品的识别码和物品的静态与动态信息。

物联网的应用其实不仅仅是一个概念而已，它已经在很多领域有运用，只是并没有形成大规模运用。常见的运用案例有以下几种：

（1）物联网传感器产品已率先在上海浦东国际机场防入侵系统中得到应用。机场防入侵系统铺设了3万多个传感节点，覆盖了地面、栅栏和低空探测，可以防止人员的翻越、偷渡、恐怖袭击等攻击性入侵。而就在不久之前，上海世博会也与无锡传感网中心签下订单，购买防入侵微纳传感网1500万元产品。

（2）ZigBee路灯控制系统点亮济南园博园。ZigBee无线路灯照明节能环保技术的应用是此次园博园中的一大亮点。园区所有的功能性照明都由采用了ZigBee无线技术搭成的无线路灯控制。

（3）智能交通系统（ITS）是利用现代信息技术为核心，利用先进的通信、计算机、自动控制、传感器技术，实现对交通的实时控制与指挥管理。交通信息采集被认为是ITS的关键子系统，是发展ITS的基础，成为交通智能化的前提。无论是交通控制还是交通违章管理系统，都涉及交通动态信息的采集。交通动态信息采集也就成为交通智能化的首要任务。

4.6.6　智能网技术

1. 智能网概述

智能网（IN）是在通信网上快速、经济、方便、有效地生成和提供智能业务的网络体系结构。它是在原有通信网络的基础上为用户提供新业务而设置的附加网络结构，其最大特点是将网络的交换功能与控制功能分开。由于在原有通信网络中采用智能网技术可向用户提供业务特性强、功能全面、灵活多变的移动新业务，具有很大市场需求，因此，智能网已逐步成为现代通信提供新业务的首选解决方案。智能网的目标是为所有通信网络提供满足用户需要的新业务，包括 PSTN、ISDN、PLMN、Internet 等，智能化是通信网络的发展方向。

2. 智能网的总体结构

智能网由业务交换点（SSP）、业务控制点（SCP）、信令转接点（STP）、智能外设（IP）、业务管理系统（SMS）和业务生成环境（SCE）等组成。智能网的总体结构如图 4 - 16 所示。

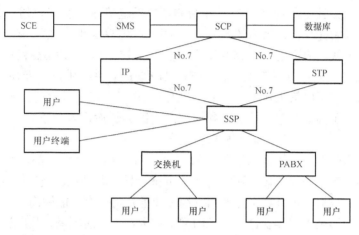

图 4 - 16　智能网的总体结构

业务交换点（SSP）具有呼叫处理功能和业务交换功能。呼叫处理功能接收用户呼叫；业务交换功能接收、识别智能业务呼叫，并向 SCP 报告，接收 SCP 发来的控制命令。SSP 一般以原有的数字程控交换机为基础，升级软件，增加必要的硬件以及 No.7 信令网的接口。目前我国智能网采用的 SSP 一般内置 IP，SSP 通常包括业务交换功能（SSF）和呼叫控制功能（CCF），还可以含有一些可选功能，如专用资源功能（SRF）、业务控制功能（SCF）、业务数据功能（SDF）等。

业务控制点（SCP）是智能网的核心。它存储用户数据和业务逻辑，其主要功能是接收 SSP 送来的查询信息，并查询数据库，进行各种译码。它根据 SSP 送来的呼叫事件启动不同的业务逻辑，根据业务逻辑向相应的 SSP 发出呼叫控制指令，从而实现各种各样的智能呼叫。SCP 一般由大、中型计算机和大型实时高速数据库构成，要求具有高度的可靠性，双备份配置。若数据库作为独立节点设置，则称为业务数据点（SDP）。目前我国智能网采用的 SCP 一般内置 SDP，一个 SCP 含有业务控制功能（SCF）和业务数据功能（SDF）。

信令转接点（STP）实际上是 No.7 信令网的组成部分。在智能网中，STP 双备份配置，用于沟通 SSP 与 SCP 之间的信令联系，其功能是转接 No.7 信令。

智能外设（IP）是协助完成智能业务的特殊资源，通常具有各种语音功能，如语音合成、播放录音通知、进行语音识别等。IP 可以是一个独立的物理设备，也可以是 SSP 的一部分。它接受 SCP 的控制，执行 SCP 业务逻辑所指定的操作。IP 含有专用资源功能（SRF）。

业务管理系统（SMS）是一种计算机系统，具有业务逻辑管理、业务数据管理、用户数据管理、业务监测和业务量管理等功能。在 SCE 上创建的新业务逻辑由业务提供者输入到

SMS 中，SMS 再将其装入 SCP，就可在通信网上提供该项新业务。一个智能网一般仅配置一个 SMS。

业务生成环境（SCE）的功能是根据客户需求生成新的业务逻辑。

4.6.7 下一代通信网络

现有的电路交换网络对于话音的服务，安全且有很好的质量保证，技术和应用也很成熟，缺点是不能满足数据通信的需要。互联网是数据通信的很好的网络平台，但是其安全和质量均缺乏保证，并且是从免费的午餐开始的，缺乏电信业务所需要的质量指标、计费模式，效益很低。随着光纤传输技术的发展，如 DWDM（密集波分复用技术）的应用，使得信息的传输速度加快，通道增加，成本降低，但是与此同时，固话运营商的利润大大下降。

IP 网络电话将对固定电话产生新的冲击，虽然 IP 电话的质量不能使人满意，但是 IP 网络的巨大能力，使得电信工作者和广大用户对于 IP 网络寄予极大的希望。目前，IP 网络电话已经开始分流了固话业务，特别是利润较高的国际长途，影响很大。电子邮件的发展，形成了免费的午餐，对于电话的话务量打击很大。

移动通信技术的发展，使得固话网络的用户 ARPU 值呈下降趋势，有较多的分流，但是目前的因特网缺乏在不同的接入网络业务的可携带性，移动的 IP 能力尚不足。下一代通信网络是集话音、数据、传真和图像通信（视频业务）为一身，能够满足人们各种需求的多功能通信网络。能够完成和实现这一需求的网络技术，从目前看来，是以软交换为核心的下一代网络（NGN）技术。这是由于：在 IP 技术比较好地解决了各种不同特性的信号在网络上以共性进行传输的技术问题后，IP 技术作为今后通信技术的核心，已经被业内的专业技术人员公认，并为实践所证明。

因此，全球通信业务和数据联网协议正在快速地向 IP 汇聚，在整个电信行业，基于 IP 技术的电信业务在整个电信业务中所占的比重在逐步上升，并且最终将取代电路交换技术成为通信技术的主流。

在这种形势下，底层的传输技术必将向最佳支持 IP 技术的方向融合，这是通信技术发展的一个必然的趋势。

在光纤上直接传输 IP 数据包的方法，按照目前的传统方式，仍然是采用将 IP 数据包分成若干帧结构的方法。这需要确定相应的帧结构。现在已经采用的帧结构有两种：SDH 帧结构（IP/SDH/WDM）和以太网帧结构（IP/Ethernet/WDM），这也是当前宽带网网络接入的两种重要形式。为了实现 IP 分组 SDH 上的传输，实现宽带交换，在 SDH 上又叠加了完成交换功能的 ATM 层。

尽管目前电信行业力推的宽带网接入是 ADSL 这样一种在传统的双绞线上进行改造的技术，但是建立在主干网络上的、与网络的发展方向趋同的 SDH 和以太网这样两种在光纤上直接传输 IP 数据包的方法，无疑是最具发展前途的。尤其是采用以太网帧结构的技术，由于网络的主干传输和接入技术在许多方面是相同的，这就使得其分组所需要的网络状态信息比较少，对于落地或者再生的分组通常不必使用再生设备，成本相对较低，加上使用的是异步协议，对于分组的延时和抖动不太敏感，是有很大前途的。从长远看，用于交换的 ATM 层和用于传输的 SDH 层将会消失，其功能将逐渐并入 IP 层和 WDM/OTN 层。

从水平的视点来看，下一代电信网络的初步结构考虑：网络将是以数据特别是 IP 业务为中心的数据传输网络，电话网络则通过电信级网关与网络相连。整个网络可以分为边缘层和核心层。边缘层面向用户，负责提供各种中低速接口，汇集业务，提供服务，增加效益。核心层面向边缘层，为边缘层产生的业务流量提供高效可用的信号复用、传送、交换和选路，使网络的结构简单，成本降低，提高效率，但是核心层对于业务是透明的。核心层的骨干业务接点目前多采用 ATM 交叉连接设备，或太比特路由器，并且将逐步向以路由器为主过渡。太比特路由器成为网络的骨干接点，从而使网络的结构变得简单。网络的结构将变为由太比特路由器和太比特传输链路组成的"双 T 网络"。ATM 交换机将从核心网转移至边缘网，以网络的形式来支撑 IP 网。

由于 IP 业务成为网络的主要业务和应用协议，ATM 和 SDH 的作用将逐步削弱，更高效率的 IP over WDM 将逐步成为网络的主导形式，在核心网络中取代 ATM 交换机甚至路由器。可以预见，电路交换、ATM 交换和 IP 路由技术将共存，适应当前网络环境的多样化，支持各种业务。演化的条件是能够支持基于 ATM/IP 分组网和电路交换网间的无缝连接，保证各自的用户的应用/业务的互操作性。

支持 IP 传输的技术，目前主要有以下三种：

（1）IP over ATM。IP 负责承载信息，以 ATM 为宽带交换网络平台进行传输，最适于各种需要交换的业务通信网络。

（2）IP over SDH。省去 ATM 层的 IP 传输网络，IP 分组通过点到点的 PPP 协议或 LAPS 协议，直接映射到 SDH 的帧，省去了中间的 ATM 层，其好处是提高了效率，保留了网络的无连接特性，简化了网络的体系结构。特别是在容量大的时候，其性价比明显高于 IP over ATM，但缺点是不适合目前的多业务平台。在 IP over SDH 中，SDH 以链路方式来支持 IP 网络，不参与 IP 网络的寻址，这种 IP 网络本质上是一个以路由器提供地址的网络，当前路由器技术已经可以达到吉比特以太网时代，已经具有比较大的优越性。

（3）IP over WDM。IP 直接在光路上传播，是最简单直接的体系结构。它可以简化层次和设备，减少功能的重叠，减轻网管和网络配置的复杂性。由于额外的开销最低，因此传输的效率也最高。不过，需要开发一个新的适配层来代替 SDH 层，目的是提供一个帧结构，以便进行必要的在线传输性能的检测和监视，并且可以保证传输质量。

这一个新的适配层，目前在短距离应用时，GbE 以太网的帧可以作为这个新的适配层，在长距离应用时，因为 GbE 的帧结构的功能过于简单，难以保证，目前正在开发之中。例如 IEEE 在开发 10GbE（万兆以太网）长距离的应用标准时，采用了类似 SDH 的帧结构，只是不提供某些开销的功能。此外，IP over WDM 进一步的发展，与 IP 的不对称业务量相匹配，可以进一步采用不同的波长承载不同的协议与业务，取代 ATM 的业务汇集平台。加上采用波分复用技术可以节省大量的 ATM 交换机和 SDH 传输设备，简化网管，节省光纤和再生器，总成本可以比传统的电路交换网络降低一、二个数量级，其最大的好处是 IP over WDM 可以在 IP 网络上实现电联网，也可以在 WDM 的光传送网络上实现光转换，提供完全电信级网络的可靠性和灵活性。

4.6.8 通信网络中的交换技术

在通信网中，交换功能是由交换节点即交换设备来完成的。不同的通信网络由于所支持业务的特性不同，其交换设备所采用的交换方式也各不相同。下面简要介绍在通信网中所采用的或曾出现的主要交换方式。

1. 电路交换

电路交换是通信网中最早出现的一种交换方式，也是应用最普通的一种交换方式，主要应用于电话通信网中，完成电话交换，已有100多年的历史。电话通信网是覆盖范围最广、用户数量最多、应用最广泛的一种通信网络，电话交换采用适时、恒定速率业务的电路交换方式。电话通信要求为用户提供双向连接以便进行对话式通信，它对时延和时延抖动敏感，而对差错不敏感。

电话通信的过程：首先摘机，听到拨号音后拨号，交换机找寻被叫，向被叫振铃同时向主叫送回铃音，此时表明在电话网的主被叫之间已经建立起双向的话音传送通路；当被叫摘机应答，即可进入通话阶段；在通话过程中，任何一方挂机，交换机会拆除已建立的通话通路，并向另一方送忙音提示挂机，从而结束通话。从电话通信过程的简单描述不难看出，电话通信分为三个阶段：呼叫建立、通话、呼叫拆除。电话通信的过程也就是电路交换的过程，因此电路交换的基本过程可分为连接建立、信息传送和连接拆除三个阶段，如图4-17所示。

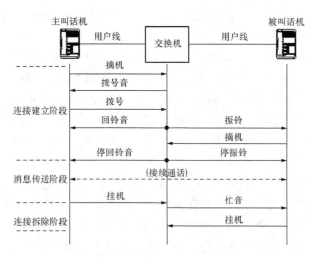

图 4-17　电路交换过程中的三个阶段及相应的信令关系

当用户需要通信时，交换机就在收、发终端之间建立一条临时的电路连接，该连接在通信期间始终保持接通，直至通信结束才被释放。通信中交换机不需要对信息进行差错检验和纠正，但要求交换机处理时延要小。交换机所要做的就是将入线和指定出线的开关闭合或断开。交换机在通信期间提供一条专用电路而不做差错检验和纠正。

2. 分组交换

分组交换技术是适应计算机通信的要求而发展起来的一种先进的通信技术，是重要的数据通信手段之一，具有信息传输质量高、网络可靠性高、线路利用率高、利于不同类型终端间的相互通信等优点，可以提供高质量的灵活的数据通信业务。

分组交换将用户要传送的信息分割为若干个分组，每个分组中有一个分组头，含有可供选路的信息和其他控制信息。分组交换的本质就是存储转发，它将所接收的分组暂时存储下来，在目的方向路由上排队，当它可以发送信息时，再将信息发送到相应的路由上，完成转发。其存储转发的过程就是分组交换的过程，图4-18所示为分组交换的基本过程。

分组交换的思想来源于报文交换，报文交换也称为存储转发交换，它们交换过程的本质

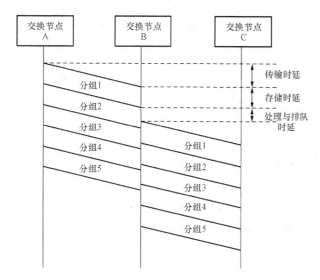

图 4-18　分组交换的基本过程

都是存储转发，所不同的是分组交换的最小信息单位是分组，而报文交换则是一个个报文。由于以较小的分组为单位进行传输和交换，因此分组交换比报文交换快。报文交换主要应用于公用电报网中。

分组具有统一格式并且长度比报文短得多，便于在交换机中存储及处理。分组在交换机的主存储器中停留很短时间，一旦确定了新的路由，就很快被转发到下一个节点机。

3. 软交换

NGN（Next Generation Network）即下一代网络，实现了传统的以电路交换为主的电话交换网络向以分组交换为主的 IP 电信网络的演变，从而使在 IP 网络上发展语音、视频、数据等多媒体综合业务成为可能。它的出现标志着新一代电信网络的到来。

软交换是下一代网络的控制功能实体，它独立于传送网络，主要完成呼叫控制、资源分配、协议处理、路由、认证、计费等主要功能，同时可以向用户提供现有电路交换机所能提供的所有业务，并向第三方提供可编程能力，它是下一代网络呼叫与控制的核心。软交换最核心的思想就是业务/控制与传送/接入相分离，其特点具体体现在如下几个方面：

（1）应用层与控制层与核心网络完全分开，以利于快速方便地引入新业务。

（2）传统交换机的功能模块被分离为独立的网络部件，各部件功能可独立发展。

（3）部件间的协议接口标准化，使自由组合各部分的功能产品组建网络成为可能，使异构网络的互通更为方便。

（4）具有标准的全开放应用平台，可为客户定制各种新业务和综合业务，最大限度地满足用户需求。

4. 光交换

通信网的干线传输越来越广泛地使用光纤，光纤目前已成为主要的传输介质。网络中大量传送的是光信号，而在交换节点信息还是以电信号的形式进行交换，那么当光信号进入交换机时，就必须将光信号转变为电信号（见图 4-19），才能在交换机中交换。

经过交换后的电信号从交换机出来后，需要转变成光信号才能在光的传输网上进行传

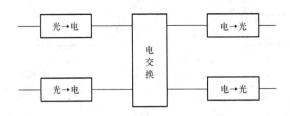

图 4 - 19　光信号的电交换

输。这样的转换过程不仅效率低，而且由于涉及电信号的处理，会受到电子器件速率瓶颈的制约。

　　光交换是基于光信号的交换，在整个过程中，信号始终以光的形式存在，在进出交换机时不需要进行光/电转换或者电/光转换，从而大大提高了网络信息的传送和处理能力，如图 4 - 20 所示。

图 4 - 20　光交换

第 5 章　大学教学形式与专业课程体系

本章的主要目的是帮助读者熟悉高等学校基本的教学组织形式和教育方法、教育手段，了解信息类专业特点和人才培养目标，了解信息类专业的课程体系和培养计划，熟悉本专业学科的专业特色、社会定位、课程设置等。通过对专业课程的介绍，能够使学生对大学阶段的课程有基本了解，从而引导学生充分认识自己的专业特点和社会对本专业人才的需求，并且帮助学生稳定专业思想，树立专业学习信心，激发学习动力，以积极的心态投入学习。

5.1　高　等　教　育

5.1.1　高等教育的特点

大学教育属于高等教育，它是一种社会现象，对一个国家和社会的发展和强大起着重要作用。如果说科学技术是第一生产力的话，那么高等教育则是第一生产力的动力源，是科学技术再生产的重要途径和手段。

高等教育是在完成中等教育的基础上进行的专业教育，是培养高级专门人才的社会活动，在三级教育体系中处于最高层次。高等教育的目的可以表述为"贯彻国家的教育方针，为社会主义现代化建设服务，与生产劳动相结合，使受教育者成为德、智、体全面发展的社会主义事业的建设者和接班人"。所以说，高等教育是以培养高级专门人才为宗旨的专业教育，这有别于以大众教育为目的的基础教育和以职业技能训练为目的的职业教育。

高等教育受国家社会政治、经济、文化发展的制约，同时对社会政治、经济、文化的发展有一定影响。其中高等教育最大的作用是有利于经济发展。美国著名经济学家丹尼森研究发现，1929～1957 年美国国民收入的年增长率为 293%，其中因教育作用而增加的收入的年增长率达到 0.67%，在全部国民收入增长率中占 23%。21 世纪的主要特点是经济全球化。发展经济的两大支柱是人力资源和科技创新，而人力资源又是科技创新的必要条件，没有人力资源根本就谈不上技术创新，二者都与高等教育密切相关。所以，世界各国为了加强本国的综合竞争能力，加速经济发展，均大力发展高等教育，提高国民综合素质。

5.1.2　新时期高等学校的历史使命

高等学校作为高等教育的承担者，要充分适应社会发展对人才需求的转变，培养新人才，创造新知识，服务新社会。随着近些年大学的扩招，高等教育由精英教育向大众教育进行转变，大学又承担了促进国民素质、提高社会文明的新责任，因此对学校而言要更加紧跟社会的总体需求。社会需求又分为维持需要和进步需要两种，前者是社会维持现有政治、经济运转所必须满足的需要，而后者则是实现社会发展所产生的需求，属于高级层次。一个国家要发展，也就要求高校的育人观也要与时俱进，要通过新型人才的培养和高新知识的创造来引领中国梦的实现。

现阶段，在市场经济的影响下，高等学校的发展与社会的前进完全融合，高校在推动社会发展中的作用越来越凸显，高校的学科设置越来越与时俱进；同时，市场在很大程度上掌握了高校人才培养的方向。当今社会对人才提出了复合型、宽口径的要求，因此高校也打破了原专业之间的壁垒，采用大类招生的方法，重基础、宽口径，紧跟学科前沿，紧跟用人市场的风向标，"订单式"地培养专业人才。

5.1.3 工程教育与工科专业

工程教育是高等教育的主要组成部分。所谓的工程是将自然科学的理论应用到具体工农业生产部门中形成的各学科的总称，它并不是科学的一个分支，也不仅是科学的具体应用，而是一种集综合性与实践性于一身的"有创造力的专门职业"，例如工程师则属于此类人员。因此，工程实践必有相应的专业背景作支撑。

工科学生是工程教育的参与者，拥有相应的专业背景。随着科学技术的不断前进，工程项目的规模也日益壮大，复杂程度与日俱增。这意味着，"系统观念"将在工程实践中发挥重要作用。此外，在工程专业知识转换成生产力的过程中会出现大量更便捷、更高效、更新颖的产品，同时也给我们带来一些新的问题。这些产品的完善和问题的解决均需要由工程实践来解决。

当前，工程教育作为工程实践的前提，在我国的社会认可度上有待提高。这是由工程与公共政策的对话不畅造成的，公众不了解工程教育所能提供的大量就业机会，也不理解工程教育对工程领域人才培养的意义。因此，必须寻找切实有效的途径博取社会认可，提升工程教育地位，保障其快速健康的发展态势，从而更好地服务于未来工程实践。

5.2 教学活动的组织

高等学校教学活动的组织形式，是实现教学活动的组织结构。大学生应尽快了解高等学校的教学制度和教学组织形式，熟悉现代教学活动的主要环节，了解和掌握现代大学的教学方法、教育技术和管理制度，以便更好地适应大学生活，达到事半功倍的效果。

5.2.1 学分制

学分制是现行高等教育模式的一种，是以选课为核心，教师指导为辅助，通过绩点和学分，衡量学生学习质和量的综合教学管理制度。它一般是将学生毕业时应掌握的知识、能力的总体分解成"小单元"，并分别确定为必修和选修两大类，其与班建制、导师制合称三大教育模式。19世纪末，学分制首创于美国哈佛大学。1918年北京大学在国内率先实行"选课制"，1978年国内一些有条件的大学开始试行学分制，现在学分制改革已在国内高校全面推开。"学分"是用来计算学生学习分量的一种单位，能充分贯彻因材施教的教学原则，有利于人才的全面发展和个性发展，最大限度地发挥学生的潜能，也有利于高等学校主动适应市场经济的发展要求，及时增加新的课程。

学分制的主要特点是：允许学生在一定范围内根据自己的基础、特长、兴趣选修一些课程，甚至允许学生跨专业、跨院系、跨校区、跨学校选课。让学生选择自己的发展和主攻方向。高等学校为学生开设的课程将大幅度增加，按学分收费的制度将是最基本的方式。因此，在学分制的教学管理方式下，学生学习的主动性、灵活性得到了极大增加。可以预见，以学分制为代表的教学体制改革将会进一步完善。近年来，为适应学生综合素质的提高，使教学管理制度更加适应市场经济的发展，一些高等学校还在尝试主辅修制、双主修制、双学位制等教学管理制度，更加方便学习。

5.2.2　学位制度

我国学位分 3 级：学士、硕士和博士。在完成相应阶段课程学习，且成绩合格后，将授予相应的学位证书。其中，学士学位的要求规定："高等学校本科毕业生，成绩优良，能较好地掌握本学科的基础理论、专业知识和基本技能；具有从事科学研究或担负专门技术工作的初步能力。"信息类本科专业的修业年限一般为 4 年，授予的学位为工学学士学位。

很多同学甚至在大学毕业时还不了解学位证书的重要性。学位证书是标志被授予者的受教育程度和学术水平达到规定标准的学术称号，而毕业证只是用来证明一个学生的学习经历，成绩合格。专业技术人员拥有何种学位，表明他具有何种学术水平或专业知识学习资历，象征着一定的身份。在待遇丰厚的工作、研究生入学、大城市积分落户等很多关乎学生未来的问题上拥有学位证的优势越来越明显，因此从某种意义上而言，学位的价值要超过学历。

一般而言，获得毕业证是拿到学位的基础。学生在大学学习期间若要取得学位证，在学制内必须通过所有课程考试和毕业设计环节，同时其不及格学分不能超过额定值，因此学生必须通过不懈努力才能获得学位。值得注意的是，学位证的取得不仅和学生的课程学习成绩有关，还要考查学生的道德，每年都有不少同学由于违反校规受到处分而与学位证失之交臂。同时不少学校将学位与英语四、六级考试等国家考试是否合格挂钩，英语四级考试成绩达不到一定标准的同学有可能不能获得学士学位。

5.2.3　教学活动的主要形式

高等学校的教学活动主要由课堂教学与实践教学等环节组成。其中，课堂教学是理论教学环节，实践教学环节包括计算机应用、实验课、社会实践、科研、课程设计、实习和毕业设计（论文）等，信息类专业一般安排 40 周左右的实践教学。

1. 理论课

理论课是以课堂教学为中心，教师在规定的时间内，遵循教学的基本原则，根据教学任务，通过有效的教学手段，使学生逐步掌握教学大纲所规定的知识和技能，并获得思维能力和判断能力。理论课是最基本的教学方式，一般而言，公共基础课和专业平台课一般为理论课。很多大学生认为理论课形式比较枯燥，内容比较深奥，且不实用。实际上这种想法是非常错误的，因为大学生正处于思维生长的第二个高峰期，是理论逻辑思维迅速发展时期。这个时候通过理论课的学习既能训练理性思维，又能为专业实践能力打下基础，这是符合大学生的成长规律的。因此，作为学生，要学会跟随教师的讲课思路，做到"眼到""耳到""心到"，及时整理教学内容，勤于思考，善于提出疑问，同时要多练习，勤记忆，并注重课后总结。

2. 实践环节

实践环节主要包括实验课、社会实践、课程设计、毕业设计等形式。实践环节具有课堂讲授无法比拟的优势，直观性、操作性、主动性、参与性、探索性和创造性是工科实践课程的特点。规范的、大量的、有效的实践教学环节可以培养学生的科学素养、实验能力，也可以培养学生的科学研究方法和协作精神，同时可以促进知识的转化和知识的拓展，有利于增强社会意识和社会技能，有利于发展创造才能和组织才能，有利于提高修养、完善个人品质。

3. 课程考察

考试是大学教学活动的重要环节。在大学期间，从考试的级别来说，有国家统一举行的考试，如全国大学生英语四、六级考试，全国计算机等级考试，各种资格认证考试，也有省级竞赛、校际联考、培训考试、结课考试等；从考试的性质区分，有选拔性的考试，如公务员考试，也有检验性的考试，如学校举行的各课程的期末考试；从考试的形式区分，有闭卷考试、开卷考试；从考试的种类分，有考试和考查两类；从考试的媒介区分，有无纸机试和纸质的试卷考试；从考试方式分，有笔试考试和动手操作考试。

大学期间的课程考试，只是检验教师教学效果和学生学习效果的一种测试方式，考试不是目的，而是手段。因此，适应大学考试也是大学生必须具备的一项基本技能。大学某门课程考试往往紧随该课程教学环节结束而进行，考试方式也比较灵活，如以大作业的形式，以综合性的论文形式，以设计形式作为考试成绩。作为课程考试，通过计算作业成绩、实验成绩、考勤成绩，作为平时成绩与卷面成绩相加，成绩之和才是这门课的最终成绩。大学生要正确对待考试，在考试过程中不要畏惧，不要铤而走险挑战校规，更不能对考试持无所谓态度而造成重修或补考。

4. 课外科技活动

课堂教学是以理论为主的知识传授平台，而课外科技活动是培养学生创新精神、锻炼提高学生的科研实践能力的有效途径。其体现了理论和实践相结合，是创新思想转化为科技成果的重要平台。通过这个平台，学生内在的学习动力、学习兴趣、学习激情都得到了提高。因此课外科技活动是学生运用所学的书本知识探索解决科技问题的重要途径，也是培养学生探索精神和科学思维的重要平台。通过科技活动，学生能够勤于思考科技和学术问题。通过探讨科技活动的难点和热点问题，以及开设科技讲座等，可以为学生学习营造一个宽松、自由的氛围，从而使其创造性思维得以发展。因此，课外科技活动对学生形成良好的学习风范和创新精神有非常重要的作用。

5.2.4　课堂教学形式

大学的教学方法基本上可以分为三类：第一类是教师运用语言向学生传授知识和技能，如讲授法、问答法、讨论法等；第二类是教师指导学生通过直观感知获取知识和技能，如实验实习法、演示法、参观法等；第三类是教师指导独立获取知识和技能，如自学指导法、练习法等。在目前的教学组织中，第一种方法占主导地位。

1. 讲授法

讲授法是最普遍的教学方法，是指通过教师的口头语言表述、讲解、讲演等形式系统地向学生传授知识的方法，通常也称为课堂讲授法。讲授法能完成一系列的教学任务，能够在较短的时间内，有计划、有目的地借助各种教学手段，传授给学生较多的有关各种现象和过程的知识和信息，教学的效率相对比较高。讲授法适宜于那些抽象程度比较高、内容比较复杂的课程。讲授法通常还借助于其他手段，如直观教具、示范实验或投影等。研究表明，需要给予更多指导的学生往往喜欢讲授，相反，灵活的学生进行独立学习的成绩会更好一些。因此，对刚步入大学生活的一年级学生来说，大多数学生喜欢教师讲授，而高年级学生则更适合于采用自学、讨论教学等方法。值得注意和必须纠正的是，不少学生把讲授法与灌输式、填鸭式教学联系在一起，以为教师教学呆板、照本宣科，内容枯燥。其实，这不是讲授法本身的缺点，而是教学方法本身没有与教师、学生、教学内容及教学环境相协调。对那些思路清晰、有语言技巧、通俗易懂、妙趣横生、充满自信的教师，讲授法依然有不可替代的魅力。信息类专业的很多公共基础课，如高等数学、英语、物理、机械制图等都适合采用讲授教学方法。

2. 讨论法

讨论式教学源于国外，是近些年在高校流行的一种新的教学模式。讨论式教学是指把学生组织起来，激发思维、各抒己见，以加深对所学知识的理解、明辨是非或获得新的结论为目的的教学方法。由于需要给每个学生充分的时间去表达自己的观点，因此一般在高年级小班教学课程中运用。讨论法与讲授法教学最大的不同是，讨论法是双向的、互动的、开放的、民主的，它可以激发学生对要讨论的问题进行积极思考，提高学生的思维能力和智力。经常的讨论还可以培养、锻炼学生的语言表达能力和反应的灵活性。实践证明，在"问题解决式"的讨论式教学中，由于体现了师生平等、气氛活跃等特点，能提高学生的学习兴趣，在学习中变被动为主动，提高了教学效果，对解决较复杂问题的能力培养有很大帮助。讨论式教学方法主要有两种形式：一种是在教学过程中由教师提出问题，学生回答，使学生在问与答的过程中进一步认清有关的原理和知识；另一种是组织学生就所学内容进行专门的讨论，以学生发言为主，主要讨论对所学知识的认识、收获和存在的问题，对于学生最终没有解决的问题，由教师进行解答。与传统的教学法相比，小组讨论式教学法运用中，学生的注意力更为集中，笔记量明显减少，对课程更感兴趣，更易于营造活跃和谐的课堂气氛，课堂枯燥程度大大降低，学生课程参与度明显增加，使其对于课堂内容更易于理解，同时课堂提供的信息量更大，对于知识的印象更真实，课堂提供的知识外延也更多，更易于调动学生的学习积极性，课堂交流明显加强。如此一来，讨论式教学在高校被广泛地采用和推广。

但是，讨论式教学方法也有一些不足之处，如教学计划的执行度较差，在课时内教学任务常常难以完整地实现。因此，讨论式教学更适合于知识应用和讲述解决问题的技能的课程内容，也适合于旨在改变学生学习态度的德育教学内容。另外，讨论式教学对不同类型的学生效果可能不同，如对那些集体归属感强的班级、高年级学生，采用讨论式教学的效果更佳。

5.2.5　教学手段

在大学以前的教育活动中，往往采用黑板板书、教具演示、课本阅读等形式作为主要的教学手段。随着信息技术应用的普及，多媒体技术、电化教学、远程视频、网络教学等新的教学手段相继出现，越来越多地应用于教学活动当中。作为一名大学生，有必要了解各种先进的教学手段和教育技术的优点和特点，以便更好地服务于学习，提高获取知识的效率。

1. 计算机辅助教学（CAI）

计算机辅助教学就是教师将计算机作为媒体，为学生创造一个良好的学习环境，学生通过与计算机的交互作用进行学习的一种教学形式。随着虚拟现实技术、人工智能技术、软件工程的发展，这种教学手段的应用变得越来越普及。当把具有教学功能的软件配置到计算机系统中后，计算机就像教师一样，与学生构成教学系统，完成一定的教学任务。这种手段的最大特点是可以主动地通过系统检索知识，学习的选择性、目的性更凸显，能够发挥学生的学习积极性，所以该教学方式在培养学生自主学习方面有独特的优势。计算机辅助教学的基本形式如图 5-1 所示。

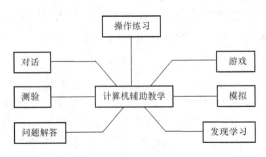

图 5-1　计算机辅助教学的基本形式

2. 多媒体教学

多媒体教学是以计算机技术为基础，融合通信技术和信息技术，以交互式处理、传输和管理文本、图像、动画、图片、声音等信息的教学方法。多媒体教学能根据教学目标和教学对象的特点，通过教学设计，以多媒体信息作用于学生，形成合理的教学过程与结构，在课堂呈现教学内容和案例，具有生动形象的特点，能有效地促进学生的理解和思考，使学生在最佳的学习条件下进行学习。多媒体教学的好处是能大大提高单位时间的教学信息量，通过生动活泼的表述形式提高学生的学习效率和学习兴趣，能进行重复教学和交互教学；但存在的缺点是：在上多媒体的课程时，有些学生不容易跟上教师的进度，也不容易做笔记，不太容易记忆和推导复杂的公式，其基本形式如图 5-2 所示。

3. 网络教学法

网络教学法是利用已经普及的电脑和宽带网络等硬件环境，依托专业的网络现场教学平台，实现异地、同时、实时、互动教学和学习的新的教学模式，是"实地现场教学"模式的强有力的补充，是教育信息化和网络化的总体趋势和目标。教师可以将多媒体教学课件、电子讲义、计算机辅助教学软件等教学资源放在网络上供学生下载学习，包括建立某些课程的专题网站，提供参考文献书目、国内外相关网站的链接、专家报告等；还可以用 BBS、电子邮件等网络环境进

图 5-2　多媒体教学的基本形式

行师生沟通和交流，对问题进行讨论，教师进行答疑或提出建议，实现资源共享。同时，学生在网络背景下的这种自主性和探究性学习使他们的学习具有了传统学习无可比拟的优点：①当学生面对计算机时，他所产生的第一感觉就是：我将要用它来学习了，我必须自己干了。这实际上是促使学生确立自己在学习过程中的主体地位。②网络背景下的学习体现了真正的因材施教。③可以避免传统教学模式下时间和空间的限制。④网络环境对学生来说是时空的解放，宽松的学习氛围更可以使学生发挥他们的聪明才智，他们可以在学习活动中相互启发、协作交流，学会交流与合作。⑤网络背景下学生学习有较强的独立思维能力，不迷信教师，能批判性地学习。⑥网络背景下的学习是一种多向的信息交流活动，学生在获取不同的学习资源时可进行比较，集思广益，取长补短，深入理解和消化所学的知识。因此，网络教学法能开阔学生的视野，有助于学生自学、思考和探究，促进了学生的学习。当然，要清楚地认识到由于学生在认知水平、辨析能力等方面都不成熟，以及网上资源存在的价值多元性造成网络教学法还存在一些缺陷，这需要在运用时教师对学生加以引导。

尽管新的教育技术给高校教学带来了生机和活力，也给学生提供了新的学习资源，并不意味着选用教学形式越先进，教学质量就越高，学生的学习效果就越好。各种教育方法，包

括传统的教育方法，它们各有其优势和特点。因此，学生在选课的时候，没有必要"一窝蜂"地选择用多媒体上课或计算机辅助教学上课的课程。

5.3 信息类专业的现状

5.3.1 专业定位

信息类专业是面向电子与信息产业而设立的一个本科专业，是综合电子、信息处理和计算机技术的新型专业。该类专业基于市场对电子信息工程人才的需求和发展趋势并结合高校的办学资源的特点，将通信系统设计与智能系统开发作为专业人才培养的主要方向，能够培养具备电子信息设备设计、开发、测试和嵌入式系统软硬件、测试的系统理论知识和技能，能在 IT 企业、机械电子设计企业、工业自动化设备制造企业从事电子系统设计、研制、开发及运行维护等工作的高级工程技术人才。

5.3.2 专业设置

信息产业是工程领域一项新兴的高科技产业，被称为朝阳产业。根据工业与信息化部分析，当前时期是我国电子信息产业发展的关键时期，预计电子信息产业仍将以高于经济增速两倍左右的速度快速发展，产业前景十分广阔。

信息类专业作为信息产业的工程教育支撑，是一门应用计算机等现代化技术进行电子信息控制和信息处理的学科，包括电子信息工程、通信工程、信息对抗技术、信息工程、信息与计算科学等相关学科。当前，我国信息类专业人才培养体系从低到高已经形成了系列的衔接，涵盖了职业教育培训、普通成人教育（函授、夜大）、普通高等教育、工程硕士、工学硕士、工学博士等全系列的教育。

信息类专业的人才培养体系，以社会对信息工程专业人才的需求为导向，主要研究信息的获取与处理，电子设备与信息系统的设计、开发、应用和集成。随着信息社会的形成，信息技术已经涵盖了生活中的诸多方面，如电话交换局里怎么处理各种电话信号，手机是怎样传递我们的声音甚至图像，我们周围的网络怎样传递数据，甚至信息化时代军队的信息传递中如何保密等都要涉及电子信息工程的应用技术。我们可以通过一些基础知识的学习认识这些东西，并能够应用更先进的技术进行新产品的研究和开发。

5.3.3 培养目标

未来社会是一个财富和发展越来越依赖知识和技能的社会，是一个以脑力和创造力为标志的社会，科技创新、服务创新、管理创新将充斥世界每个角落，知识和技术将越来越向社会的每个环节渗透。因此，只有那些具有扎实的、宽厚的基础知识和基本技能，具有合理的知识相能力的人才才能适应世界、创造未来、发展社会、造福人类。这种人才应该持有三本教育"护照"，一本是学术性的，一本是职业性的，第三本是证明人的事业心、进取心、创造力和协调能力的。

全国电子信息类专业教学指导委员会 2010 年 8 月提出的"高等学校电子信息科学与工程类本科指导性专业规范"指出，此类专业的培养目标是培养适应我国社会主义现代化建设需要，德、智、体、美全面发展，基础扎实、知识面宽、素质高、能力强、有创新意识的电子信息类专业高级技术人才，毕业生能够掌握坚实的信息工程及相关学科理论，具有较强的工程实践能力，能从事电子通信系统和设备的研发及系统维护的工作。具体而言，信息类专业本科毕业生应该达到以下基本要求：

（1）品德和政治思想要求。具有一定的人文社会科学基础，掌握马克思列宁主义、毛泽东思想、邓小平理论及"三个代表"的基本原理；了解我国国情、民族文化特点和社会主义市场经济；了解国际发展的形势，能理论联系实际，初步树立科学的世界观和为人民服务的人生观。具有良好的思想品德、文化修养、心理素质；具有良好的社会道德和行为习惯；具有较强的工作适应能力及协作精神。

（2）主要知识和能力要求。具有良好的人文社会科学理论知识和素养。较扎实地掌握自然科学基础理论知识，掌握高等数学、普通物理及普通化学知识，了解现代科学技术发展的一些主要方面和应用前景。系统地掌握本专业领域必需的基础理论，主要包括电路、模拟电子技术、数字电子技术、通信原理、检测技术、信号系统、信号处理、计算机原理等课程。扎实掌握专业基础知识和基本理论，具有电子通信系统、数据检测系统的设计、安装、调试、运行的能力，具有制定工业信息化系统方案的能力，了解有关工程与设备的主要规范与标准。具有应用各种手段咨询资料、获取信息的能力，具有运用语言、文字、图形等进行工程技术表达和交流的能力，掌握一门外语及具备计算机应用的基本能力。经过一定环节的训练，具有应用研究和开发的初步能力。

（3）身体素质要求。学生应了解体育和军事的基本知识，接受必要的军事训练，养成科学锻炼身体的良好习惯。同时，要保持健康的体魄，达到国家规定的大学生体育锻炼标准，能承担社会主义建设和保卫祖国的光荣任务。

5.3.4　学科关系

在信息融合时代，任何学科都不可能是孤立存在的。在进行专业设置、专业学习时，首要任务是理清本专业与相近专业之间的关系。我国现行的教育体制中，教育部批准的一级学科中信息学科有光学工程、仪器科学与技术、电气工程、电子科学与技术、信息与通信工程、控制科学与工程、计算机科学与技术、生物医学工程。其中光学工程和生物医学工程不设二级学科；仪器科学与技术含有精密仪器及机械、测试计量技术及仪器 2 个二级学科；电气工程含有电机与电器、电力系统及其自动化、高电压与绝缘技术、电力电子与电力传动、电工理论与新技术 5 个二级学科；电子科学与技术含有物理电子学、电路与系统、微电子学与固态电子学、电磁场与微波技术 4 个二级学科；信息与通信工程含有通信与信息系统、信号与信息处理 2 个二级学科；控制科学与工程含有控制理论与控制工程、检测技术与自动化装置、系统工程、模式识别与智能系统及导航、制导与控制 5 个二级学科；计算机科学与技术含有计算机系统结构、计算机软件与理论、计算机应用技术 3 个二级学科。我国高等院校和科研院所招收博士、硕士研究生均以一级学科或二级学科设置博士点和硕士点。

本书以信息与通信工程专业一级学科学生为读者对象，因此下面对本科专业的介绍以与信息与通信工程一级学科相关的专业为主要内容。

信息与通信工程学科一般包括电子信息工程、通信工程、信息对抗技术、电子工程、信息安全、物联网等专业；同时计算机科学与技术、光学工程、自动化技术、微电子技术也是与信息与通信工程学科紧密联系的专业，下面对这些专业根据其与信息与通信工程学科的关联程度给予适当的介绍。

1. 电子信息工程

教育部 1998 年颁布的专业目录表明，现在的电子信息工程专业是早期的电子工程、应用电子技术、信息工程、电子信息工程、无线电技术、电子与信息技术等十多个专业经过重新调整后开设的宽口径专业。其主干学科为信息科学、电子科学和计算机科学。

电子信息工程是一门应用计算机等现代化技术进行电子信息控制和信息处理的学科，主要研究信息的获取与处理，电子设备与信息系统的设计、开发、应用和集成。

毕业生应获得以下几个方面的知识和能力：

（1）能够较系统地掌握本专业领域宽广的技术基础理论知识，适应电子和信息工程方面广泛的工作范围。

（2）掌握电子电路的基本理论和实验技术，具备分析和设计电子设备的基本能力。

（3）掌握信息获取、处理的基本理论和应用的一般方法，具有设计、集成、应用及计算机模拟信息系统的基本能力。

（4）了解信息产业的基本方针、政策和法规，了解企业管理的基本知识。

（5）了解电子设备和信息系统的理论前沿，具有研究、开发新系统、新技术的初步能力。

（6）掌握文献检索、资料查询的基本方法，具有一定的科学研究和实际工作能力。

主要课程：高等数学、线性代数、概率与统计、大学物理、信号与系统、大学英语、专业英语、电路分析、电子技术基础、C 语言、高频电子技术、电子测量技术、通信技术、自动检测技术、网络与办公自动化技术、多媒体技术、单片机技术、电子系统设计工艺、电子设计自动化（EDA）技术、数字信号处理（DSP）技术、模拟电路、数字电路、微机原理、单片机原理及应用、ARM 嵌入式系统、自动控制、传感器原理与应用、电子电工实习以及电子工艺训练等实验课程。

就业方向：相对来讲本科和研究生差别比较大，本科做研发的少，做技术支持和售前市场或者售后支持的多，研究生做研发的多。从行业来讲，更是广泛，有去运营商的，如移动、网通；有去外企的，如西门子、朗讯；有去国企的，如国家无线电测量中心、航天五院；有去大公司的，如华为、联想、中兴；有去小公司做研发的；还有做公务员的。总的来讲，这个专业就业不错，就是创业的很少。

2. 通信工程

通信工程专业是信息科学技术发展迅速并极具活力的一个领域，尤其是数字移动通信、光纤通信、Internet 网络通信使人们在传递信息和获得信息方面达到了前所未有的便捷程度。通信工程具有极广阔的发展前景，也是人才严重短缺的专业之一。

本专业学习通信技术、通信系统和通信网等方面的知识，能在通信领域中从事研究、设计、制造、运营及在国民经济各部门和国防工业中从事开发、应用通信技术与设备。

3. 信息对抗技术

信息技术的迅速发展，使信息对抗技术从一门单纯的军事学学科，开始向政治、经济、科技、文化等各个领域渗透。信息对抗技术专业在未来的重要地位，早已为世人所公认，而且此专业与国家安全也有很大关系。

信息对抗技术专业主要培养具备信息战争与防御技术及民用信息安全防护等方面的基础理论和技术的高级工程技术人才。同学们不仅要有扎实的数学基础、良好的外语和计算机软件素养，还必须了解现代战争中信息对抗技术的发展和应用前景，掌握信息干扰、信息防护和信息对抗的基本理论和专业知识，具备从事信息科学研究、信息应用软件开发等的初步能力，比如黑客防范体系、信息分析与监控、应急响应系统、计算机病毒、人工免疫系统在反病毒和抗入侵系统中的应用等。

除此之外，信息对抗技术还涉及雷达对抗、通信对抗、光电对抗、水声对抗等内容。网络对抗技术仅是信息对抗技术的一个分支，并且网络对抗技术与信息安全专业有一定交叉。

主干课程：信息对抗新技术、雷达原理、雷达对抗原理、网络对抗原理、通信原理、通信对抗原理、雷达对抗实验、网络对抗实验、数字信号处理、随机信号处理、信息战导论、雷达系统、信息论与编码理论、扩频通信、网络安全与保密、DSP 系统设计。

4. 计算机科学与技术

本专业培养和造就适应现代化建设需要，德智体全面发展、基础扎实、知识面宽、能力强、素质高，具有创新精神，系统掌握计算机硬件、软件的基本理论与应用基本技能，具有较强的实践能力，能在企事业单位、政府机关、行政管理部门从事计算机技术研究和应用，硬件、软件和网络技术的开发，计算机管理和维护的应用型专门技术人才。

本专业学生主要学习计算机科学与技术方面的基本理论和基本知识，接受从事研究与应用计算机的基本训练，具有研究和开发计算机系统的基本能力。

主要课程：程序设计基础、面向对象程序设计、数字逻辑电路、电路电子技术、数据结构与算法、WEB 程序设计、计算机组成与结构、操作系统、数据库系统原理、编译原理、计算机网络、网络工程、软件工程、数据库应用微型计算机技术、单片机技术、嵌入式系统、嵌入式操作系统、嵌入式设计与应用、移动设备应用软件开发等。

就业方向：

（1）网络工程方向专业培养的人才具有扎实的网络工程专业基础、较好的综合素质；能系统地掌握计算机网络和通信网络技术领域的基本理论、基本知识；能掌握各类网络系统的组网、规划、设计、评价的理论、方法与技术；获得计算机网络设计、开发及应用方面良好的工程实践训练，特别是获得大型网络工程开发的初步训练。

（2）软件产业作为信息产业的核心，是国民经济信息化的基础，它已经涉足工业、农业、商业、金融、科教卫生、国防和百姓生活等各个领域。本专业方向就是学习如何采用先进的工程化方法进行软件开发和软件生产。

（3）计算机软件主流开发技术、软件工程、软件项目过程管理等基本知识与技能，熟练掌握先进的软件开发工具、环境和软件工程管理方法，培养学生系统的软件设计与项目实施能力，胜任软件开发、管理和维护等相关工作的专业性软件工程高级应用型人才。

（4）信息工程通信方向以通信技术、电子技术和计算机技术为基础，以现代通信系统的基本理论和技术及信号与信息的获取、传输、存储、处理为学习和研究对象。要求学生系统地学习通信系统和信息科学的基本理论和基本知识，使学生受到严格的科学试验训练和科学研究初步训练，具有从事通信工程和电子工程的综合设计、开发、集成应用及维护等能力的高级应用型技术人才。主要的研究领域包括现代通信系统与程控交换、计算机网络与移动通信、信号与信息处理新方法、数字图像处理及压缩技术、单片机原理及应用、DSP 原理及应用和通信领域新技术新业务的研发等。

（5）信息工程网络与信息安全方向是以信息安全技术和网络技术为基础，以信息安全和网络协议、网络产品的研究、开发、运行、管理和维护为学习和研究对象，掌握网络中实现信息安全的相关技术。要求学生系统地学习信息科学和通信系统的基本理论和基本知识，使学生受到严格的科学试验训练和科学研究初步训练，具有从事信息安全和网络工程综合设计、开发、维护及应用等基本能力的高级应用型技术人才。

计算机科学与技术专业是一门应用极为广泛的学科，在它应用的每一个学科都已经诞生并继续诞生着新的学科专业，有着良好的发展趋势和前景。

5. 微电子技术

微电子技术是建立在以集成电路（IC）为核心的各种半导体器件基础上的高新电子技术，是现代电子信息技术的直接基础，被誉为现代电子工业的心脏和高科技的原动力。

本专业以培养学生具有扎实的半导体 IC 制造工艺、测试、设计、质量管理等专业理论知识为主，并根据 IC 行业自动化的特点加强学生电子技术、计算机、设备维护等专业基础知识，使学生有较强的工作适应能力和较大的专业扩展空间。

主要课程：计算机基础、电子技术、微电子概论、半导体物理、半导体器件物理、集成电路工艺原理、集成电路 CAD、电子测量技术、电子技术实验、集成电路工艺实训、电子测量技术实训、集成电路 CAD 实训等，以及各校的主要特色课程和实践环节。

在世界经济从工业化进入信息化的发展阶段，微电子技术是高科技和信息产业的核心技术，集成电路产业是当前经济时代的基础产业。

6. 电子技术

电子工程专业包含电子学、电子技术与电子工程领域三个方面。电子学主要在物理实现上探求新器件、新方法、新原理等器件理论，使器件性能不断提高，主要研究半导体元器件、无线电学、电磁学、光学；电子技术研究基于半导体元器件、电磁元件、光学元件的工作原理及其应用系统的构架理论与方法；电子工程以研究半导体元器件、无线电学、电磁学、光电子学等领域的新产品研究、开发、设计为目标，主要研究集成电路芯片、光器件、电磁元件的设计、生产与应用等技术。

电子技术发展至今的典型代表产品有计算机、各类仪器仪表、工业自动控制系统、现代通信系统等。其中人类技术发展史最为自豪的产品就是电子计算机，它改变了人类的生活方式，把人类从大量的劳动中解放出来；人类构建的最大电子系统就是通信系统，它使人类几乎实现了在任何时间、任何地点、任何人之间的信息交流。电子器件的快速发展推动了信息处理平台的发展。

主要课程：电子电路与系统、模拟电子技术基础数字电子技术基础、Protel 电子制作、CPLD 实用技术、微机原理微机接口、EWB 电路设计 VHDL 编程、传感器原理单片机原理、信息与信号处理、信息论、信号与系统、数字信号处理 DSP 编程、随机信号处理数字图像处理、语言信号处理信号检测、自动控制原理可编程控制器、通信与信息工程、通信原理、高频电路、锁相技术、微波技术、程控交换、光纤通信、计算机网络、计算机通信等。

7. 自动化科学技术

自动化专业是一门综合性技术，它和控制论、信息论、系统工程、计算机技术、电子学、自动控制等都有着十分密切的关系，其中控制论和计算机技术对自动化技术的影响最大。

自动化专业主要研究的是自动控制的基本原理和方法、自动化单元技术、集成技术及其在各类控制系统中的应用。它以自动控制理论为基础，以信息电子技术、电力电子技术、传感器与自动检测技术、计算机技术、网络与通信技术为主要工具，面向工业生产过程自动控制及各行业、各部门的自动化。它具有"控（制）管（理）结合，强（电）弱（电）并重，软（件）硬（件）兼施"鲜明的特点，是理、工、文、管多学科交叉的宽口径工科专业。

机电一体化是未来机械设备发展的趋势。一个完整的机电一体化系统，一般包括微型计算机、传感器、动力源、传动系统、执行机构等部分，它摒弃了常规机械设备中的繁琐和不合理部分，而将机械、微型计算机、微电子、传感器等多种学科的先进技术融为一体，给机械设计、制造和控制等方面带来了深刻的变化，从根本上改变了机械技术的现状，使机械设备向结构设计标准化、模具化方向发展，使新产品开发可在短时间内完成。

主要课程：电路、信号与系统、模拟电子技术、数字电子技术、自动控制原理、现代控制理论、微机原理及应用、软件技术基础、电机与拖动、电力电子技术、计算机控制技术、系统仿真、计算机网络、运动控制、过程控制、单片机与嵌入式系统原理、计算机辅助设计、专业英语等。

8. 光学工程

光学工程是一门历史悠久而又年轻的学科。它的发展表征着人类文明的进程。它的理论基础——光学，作为物理学的主干学科经历了漫长而曲折的发展道路，铸造了几何光学、波动光学、量子光学及非线性光学，揭示了光的产生和传播的规律和与物质相互作用的关系。

在早期，主要是基于几何光学和波动光学拓宽人的视觉能力，建立了以望远镜、显微镜、照相机、光谱仪和干涉仪等为典型产品的光学仪器工业。这些技术和工业至今仍然发挥着重要作用。20 世纪中叶，产生了全息术和以傅里叶光学为基础的光学信息处理的理论和技术。特别是 20 世纪 60 年代初第一台激光器的问世，使光子不仅成为了信息的相干载体，而且成为了能量的有效载体，随着激光技术和光电子技术的崛起，光学工程已发展为以光学为主，并与信息科学、能源科学、材料科学、生命科学、空间科学、精密机械与制造、计算机科学及微电子技术等学科紧密交叉和相互渗透的学科。它包含了许多重要的新兴学科分支，如激光技术、光通信、光存储与记录、光学信息处理、光电显示、全息和三维成像薄膜和集成光学、光电子和光子技术、激光材料处理和加工、弱光与红外热成像技术、光电测量、光纤光学、现代光学和光电子仪器及器件、光学遥感技术以及综合光学工程技术等。这些分支不仅使光学工程产生了质上的跃变，而且推动建立了一个规模迅速扩大的前所未有的现代光学产业和光电子产业。

近些年来，在一些重要的领域，信息载体正在由电磁波段扩展到光波段，从而使现代光学产业的主体集中在光信息获取、传输、处理、记录、存储、显示和传感等的光电信息产业上。这些产业一般具有数字化、集成化和微结构化等技术特征。在传统的光学系统经不断地智能化和自动化，从而仍然能够发挥重要作用的同时，对集传感、处理和执行功能于一体的微光学系统的研究和开拓光子在信息科学中作用的研究，将成为今后光学工程学科的重要发展方向。

平板显示是采用平板显示器件辅以逻辑电路来实现显示的。由于其电压低、重量轻、体积小、显示质量优异，无论在民用领域还是在军用领域都将获得广泛应用。该方向主要从事发光与信息显示前沿科学问题，既包括发光显示材料（有机材料、无机材料及其相关复合等材料），又包括诸多（场发射、等离子体、发光二极管、液晶及电致发光等）显示器件等方面的研究。

全光信号处理及网络应用技术主要研究光通信网络、光纤传感及生物医学光子学领域的前沿课题——光分组交换全光网的网络技术及支撑光分组交换的全光信号处理技术，如光弹性分组环光纤通信网、全光缓存技术、光开关、光逻辑、光信头识别、分布式光纤传感系统、光纤性能在线检测、光纤技术在生物医学光子学中的应用等。

光电检测技术主要研究先进制造技术、轨道交通等工程领域内各种几何及物理量的光电检测机理、方法、技术与实现途径，并采用各种信息与信号处理方法与技术来获得各种评价参数，最终实现对重要零部件与设备关键参数及缺陷的实时检测与故障诊断，确保其运行安全。

生物分子光探测技术采用先进光电子学技术，以蛋白质（朊）病毒、HIV 等重要病毒为模型，开展病毒与细胞的相互作用机制、免疫保护机制研究，开展生物大分子的探测、分子相互作用识别等先进技术研究，发展快速检测技术，开展新型病毒载体、真核表达载体技术的研究，开发新型疫苗和药物。

光电子材料与器件以太阳能电池技术为主，主要研究先进的晶硅太阳电池工艺，以及单晶硅/非晶硅异质结（HIT）太阳电池技术、非晶硅薄膜太阳电池技术、有机薄膜太阳电池技术、染料敏化太阳电池技术、宽带吸收增强太阳电池技术等。同时研究稀土发光、半导体发光、白光 LED 照明、无汞荧光灯、光学薄膜基本设计、光存储、光电探测等材料及光电器件，研究这些材料和器件的新技术和新工艺以及它们的应用。

主要课程：光学设计，激光原理和技术，导波光学，薄膜光学，光学材料与工艺，辐射度学和色度学，傅里叶光学，光学信息处理，非线性光学，量子光学，光通讯原理，计量、检测和传感技术，光学计量与测试。

9. 信息安全

信息安全学科可分为狭义安全与广义安全两个层次，狭义的安全是建立在以密码论为基础的计算机安全领域，早期国内信息安全专业通常以此为基准，辅以计算机技术、通信网络技术与编程等方面的内容；广义的安全是一门综合性学科，从传统的计算机安全到信息安全，不但是名称的变更，也是对安全发展的延伸，安全不再是单纯的技术问题，而是将管理、技术、法律等问题相结合的产物。

信息安全是指信息系统（包括硬件、软件、数据、人、物理环境及其基础设施）受到保护，不受偶然的或者恶意的原因而遭到破坏、更改、泄露，系统连续可靠正常地运行，信息服务不中断，最终实现业务连续性。信息安全主要包括五方面的内容，即需保证信息的保密性、真实性、完整性、未授权复制和所寄生系统的安全性。其根本目的就是使内部信息不受内部、外部、自然等因素的威胁。为保障信息安全，要求有信息源认证、访问控制，不能有非法软件驻留，不能有未授权的操作等行为。

信息作为一种资源，它的普遍性、共享性、增值性、可处理性和多效用性，使其对于人类具有特别重要的意义。信息安全的实质就是要保护信息系统或信息网络中的信息资源免受各种类型的威胁、干扰和破坏，即保证信息的安全性。根据国际标准化组织的定义，信息安全性的含义主要是指信息的完整性、可用性、保密性和可靠性。信息安全是任何国家、政府、部门、行业都必须十分重视的问题，是一个不容忽视的国家安全战略。但是，对于不同的部门和行业来说，其对信息安全的要求和重点却是有区别的。

我国的改革开放带来了各方面信息量的急剧增加，并要求大容量、高效率地传输这些信息。为了适应这一形势，通信技术发生了前所未有的爆炸性发展。除有线通信外，短波、超短波、微波、卫星等无线电通信也正在越来越广泛地应用。与此同时，国外敌对势力为了窃取我国的政治、军事、经济、科学技术等方面的秘密信息，运用侦察台、侦察船、侦察机、卫星等手段，形成固定与移动、远距离与近距离、空中与地面相结合的立体侦察网，截取我国通信传输中的信息。

本专业是计算机、通信、数学、物理、法律、管理等学科的交叉学科，主要研究确保信息安全的科学与技术，培养能够从事计算机、通信、电子商务、电子政务、电子金融等领域工作的信息安全高级专门人才。

在校期间，不仅强调学生对基础知识的掌握，更强调对其专业素质和能力的培养。学生除学习理工专业公共基础课外，学习的专业基础和专业课主要有高等数学、线性代数、计算方法、概率论与数理统计、计算机与算法初步、C++语言程序设计、数据结构与算法、计算机原理与汇编语言、数据库原理、操作系统、大学物理、集合与图论、代数与逻辑、密码学原理、编码理论、信息论基础、信息安全体系结构、软件工程、数字逻辑、计算机网络等。

除上述专业课外还开设了大量专业选修课，主要有数据通信原理、信息安全概论、计算机网络安全管理、数字鉴别及认证系统、网络安全检测与防范技术、防火墙技术、病毒机制与防护技术、网络安全协议与标准等。学生除要完成信息安全体系不同层次上的各种实验和课程设计外，还将在毕业设计中接受严格训练。

随着互联网的快速发展和信息化程度的不断提高，互联网深刻影响着政治、经济、文化等各个方面，保障信息安全的重要性日益凸显，加强对互联网上各类信息的管理应引起高度重视。在系统安全方面，以提高防御、应急处置能力为主的传统安全管理已经不能适应以新计算、新网络、新应用和新数据为特征的信息安全产业发展的需要。对此，需要针对形势发展，通过采取多种措施发展和壮大我国信息安全产业。

10. 物联网专业

物联网是新一代信息技术的重要组成部分，其英文名称是"The Internet of things"。顾名思义，物联网就是"物物相连的互联网"。

这有两层意思：①物联网的核心和基础仍然是互联网，是在互联网基础上的延伸和扩展的网络；②其用户端延伸和扩展到了任何物品与物品之间，进行信息交换和通信。因此，物联网的定义是通过射频识别（RFID）、红外感应器、全球定位系统、激光扫描器等信息传感设备，按约定的协议，把任何物品与互联网相连接，进行信息交换和通信，以实现对物品的智能化识别、定位、跟踪、监控和管理的一种网络。

物联网知识体系如图 5-3 所示。

物联网应用中有 3 项关键技术：

（1）传感器技术。这也是计算机应用中的关键技术。大家都知道，到目前为止绝大部分计算机处理的都是数字信号。自从有计算机以来就需要传感器把模拟信号转换成数字信号计算机才能处理。

（2）RFID 标签。这也是一种传感器技术。RFID 技术是融合了无线射频技术和嵌入式技术为一体的综合技术，在自动识别、物品物流管理有着广阔的应用前景。

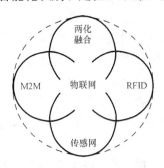

图 5-3　物联网知识体系

（3）嵌入式系统技术。它是集计算机软硬件、传感器技术、集成电路技术、电子应用技术为一体的复杂技术。经过几十年的演变，以嵌入式系统为特征的智能终端产品随处可见，小到人们身边的 MP3，大到航天航空的卫星系统。嵌入式系统正在改变着人们的生活，推动着工业生产以及国防工业的发展。如果把物联网用人体做一个简单比喻，传感器则相当于人的眼睛、鼻子、皮肤等感官，网络就是神经系统用来传递信息，嵌入式系统则是人的大脑，在接收到信息后要进行分类处理。这个例子很形象地描述了传感器、嵌入式系统在物联网中的位置与作用。

物联网将是下一个推动世界高速发展的"重要生产力"，是继通信网之后的另一个万亿级市场。物联网一方面可以提高经济效益，大大节约成本；另一方面可以为全球经济的复苏提供技术动力。美国、欧盟等都在投入巨资深入研究探索物联网。我国也正在高度关注、重视物联网的研究，工业和信息化部会同有关部门，在新一代信息技术方面正在开展研究，以形成支持新一代信息技术发展的政策措施。

5.4　信息类专业人才培养体系

当今社会工程实践机遇与挑战并存，于是如何健全工科教育培养体系结构便显得尤为重要。这当中，培养什么样的工程人才与怎样培养这样的人才是我国高等教育教学改革的两个根本性的问题，也就是人才培养模式改革的问题。

培养方案是人才培养目标与培养规格的具体化、实践化形式，是实现专业培养目标和培养规格的中心环节，是人才培养的实施蓝图。人才培养方案不是简单的教学计划，而是工程人才培养的总体设计，是组织工科教育、教学活动的工作蓝图和总体规划。全国高等学校电子信息类专业指导委员会（以下简称"专指委"）制定了本专业本科（四年制）培养方案，确定了本专业教育的基本模式相教学总体框架为：本专业以"电子技术、通信原理"为学科基础，既体现本学科的特点，又体现了本学科与其他学科的界限。"专指委"鼓励各高校在体现学科共性的同时，根据各院校的实际情况制订培养计划并组织实施，创造鲜明的院校特色。

构建一个完整的科学、合理的人才培养方案，应具备 3 个基本要素：①要选择构建培养方案的主线；②要根据不同的学科专业，选择课程体系的结构模式；③选择适当的技术路线对教学计划进行具体修订。

1. 培养方案主线的选择

培养方案主线也是制定专业课程体系的主线，恰当地确定这条主线是科学地、规范地构建一个整体优化的人才培养方案的第一个环节。培养方案主线是指让学生形成合理的知识、能力、素质结构设计的一种发展线路或者路径。选择以什么样的主线设计培养方案会导致不同的人才培养结果。

2. 培养方案结构模式的选择

培养方案的结构模式，既指专业课程体系的结构模式，也指教学计划的结构模式，即指按照什么样的纵向关系及横向联系排列组合成各类课程，是构建培养方案的重要问题。

目前各高校均在实施"按学科大类招生、宽口径分疏培养"，选择以"融传授知识、培养能力与提高素质为一体"的课程体系结构模式。这种将普通教育课程、专业教育课程、学科和跨学科教育课程整合在一起的结构模式，称为"一体化"课程结构模式。该模式具有以下特点：

（1）具有系统综合的知识结构。理论教学基本上是"平台—模块式结构"。其中的"平台"是公共基础课平台、学科基础课平台，"模块"是专业知识体系的内容分解，并按其结构与功能组合成各种课程群。这种设置体现了"拓宽基础面，夯实基础层"原则。

（2）理论联系实际。每一个课程模块大都有与之相应的实践教学环节，包括实验见习、实习、课程设计，而实践教学环节贯穿整个培养过程，直至毕业实习与毕业设计（论文）。

（3）普通教育平台。设置人文社会科学基础与自然科学基础模块。加强思想政治素质、科学文化素质与身体心理素质的教育与培养，特别是在实践教学中更要重视专业素质、职业技能教育与培养。

（4）专业方向平台构建了专业方向和专业选修课两个模块群。既能够让学生根据自己的兴趣、爱好、个性选择专业方向，又能在分方向时根据经济和社会发展需要灵活选择相关课程；既体现了专业选择的灵活性和适应性，又体现了个性培养的优势，不失为最佳的结构模式。

人才培养方案改革，在选择好构建培养方案的主线后根据不同的专业方向选择课程。完成体系的结构模式后，下一步就是选择适当的技术路线，把具体地构建专业课程体系作为实施方案的教学计划。

3.培养方案的技术路线选择

科学技术经过近两百年的发展，已经建立了一个比较完整的体系。从人类现有知识的总体出发，一个科学的专业体系大致可以分为以下四个层级，如图 5-4 所示。

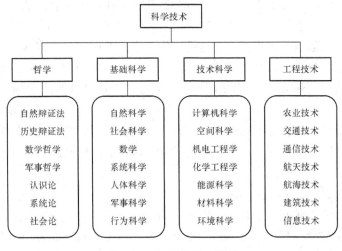

图 5-4　课程体系结构图

（1）哲学。哲学是人与世界关系的总体性的理论反映。马克思主义哲学是关于自然、社会和思维发展一般规律的科学，是唯物论和辩证法的统一、唯物论自然观和历史观的统一。哲学包括自然辩证法、历史辩证法、认识论、数学哲学、系统论、军事哲学、马克思美学、社会论等，对各种科学具有世界观和方法论的指导意义。

（2）基础科学。基础科学是以自然现象和物质运动形式为研究对象，探索自然界发展规律的科学，包括自然科学、社会科学、思维科学、数学、系统科学、人体科学、军事科学、外语、行为科学。基础科学研究的是物质运动的本质规律，与其他科学相比，抽象性、概括性最强，是由概念、定理、定律组成的严密的理论体系。基础科学的研究成果是整个科学技术的理论基础，并指导技术科学和工程技术不断开辟新的领域，取得新的发展。

（3）技术科学。技术科学（或称为工程科学）是以基础科学为指导，着重应用技术的理论研究，是架设在基础科学和工程技术之间的桥梁。它包括农业科学、计算机科学、工程力学、空间科学等。

（4）工程技术。工程技术（或称为生产技术）是在工业生产中实际应用的技术。它将技术科学知识或技术发展成果应用于工业生产过程，以达到生产的预定目的。随着人类改造自然所采用的手段和方法以及所达到的目的不同，工程技术形成了各种形态，涉及工业、农业、交通、通信、航天、航海各行各业。如研究矿床开采工具设备和方法的采矿工程，研究金属冶炼设备和工艺的冶金工程，研究电厂和电力网设备及运行的电力工程，研究材料组成、结构、功能的材料工程等。

4. 专业方向

截至 2012 年，全国约 140 所高校开设了相关信息类专业，这些高校分布在国内不同的地区，办学层次、行业背景各有不同。因此，为了体现自己的办学特色，各高校开设了不同的专业方向，每个方向均具有自己特色的培养方案。目前，绝大多数高校已经开始按照专业模块开展招生和培养。一般来说，信息类专业最主要的专业方向包括通信工程与电子信息工程，但是相当数量的高校在其他专业方向上进行了有益的尝试。随着网络应用的普及出现的网络工程专业，它培养从事网络开发、维护等工作的 IT 人才，同学们毕业后可从事计算机网络的理论研究、技术研究和应用开发等工作，比如为某个企业搭建简单的网络业务平台等。除了网络公司外，金融机构、外资企业等也离不开网络工程专业人才。此外，作为信息狂潮的冲浪者——光电信息工程专业也步入了人们的视野。光电信息工程是近年来新兴的交叉专业，集光电子技术、图像分析技术、通信技术、信息融合技术、计算机科学及控制技术于一身。简单来说，光电信息工程专业是把光学、机械学、电子学和计算机科学四门科学合而为一。光电信息工程技术广泛应用于国防、通信、航空、医疗等工程领域，如卫星发射、卫星遥感、气象观测、人工智能与机器人研究等。广播电视系统的图像传输、光通信、医学诊断等也与光电信息技术密切相关。同学们毕业后若想在专业领域发展，光电仪器、精密仪器的设计、制造，光学零件的加工、镀膜等都可列入从业范畴。光电信息技术是当前发展较为迅速的技术领域，国内已形成潜力巨大的光电信息产业，不少企业都需要相关专业人才。

5.5　通信工程专业人才培养方案

通信工程横跨电子、计算机专业，所修课程兼具两者特点，需要同学们具备扎实的数学、物理基础及较强的动手能力。通信工程专业所研究的内容涵盖了当今发展最迅猛的领域，通过系统专业培养，使学生掌握通信技术、通信系统和通信网络等方面的基本理论、系统组成和设计方法，通过通信工程实践专门的基本训练，使学生具备从事现代通信系统和网络的设计、规划、开发、调测和工程应用的基本能力。

本专业培养的学生应具备一定的创新能力和综合运用所学知识解决实际工程问题的能

力，在通信系统分析、研究、设计、开发方面受到较系统训练，在信息产业等国民经济部门及国防部门具有广泛的适应性。同时应具备以下专业素质：

（1）较系统地掌握本专业领域的基础理论知识、基本技术，适应通信工程领域较广泛工作范围的要求。

（2）掌握通信系统的基本理论和设计思想，具备分析和初步设计、应用通信设备的能力。

（3）掌握信息获取、处理的基本理论和应用的基本思想、方法，具备设计、集成、应用及计算机仿真较复杂信息传输系统的能力。

（4）了解信息产业的基本方针、政策与法规，了解企业管理的基础知识，具备初步的信息工程相关企业的管理能力。

（5）了解通信技术的理论前沿和发展方向，具备研究、开发新系统、学习新技术的初步能力。

（6）掌握文献检索、资料查询的基本方法，具有一定的科学研究和实际工作能力。

5.5.1　课程体系

1. 电路分析

《电路》课程理论严密、逻辑性强，有广阔的工程背景，是电类专业本科生必修的一门重要的技术基础课，对培养学生的科学思维能力，提高学生分析问题和解决问题的能力，都有重要的作用。通过本课程的学习，应使学生掌握近代电路理论的基础知识，电路分析的基本定理、基本分析方法，以便为学习后续课程奠定必要的基础。它的内容包括电路的定律、定理、各种电路的分析方法。

2. 模拟电子技术

模拟电子电路是指含有晶体管、场效应管等电子器件，并且能实现某种特定电功能的电路，广泛应用于各种电子设备中。《模拟电子技术》是一门主要讲述电子线路的线性特性方面的课程，是包括通信工程专业在内的信息类学科的基础课程，它的内容包括晶体二极管、晶体三极管、场效应管、放大器基础、放大器中的负反馈、集成运算放大器及其应用。

3. 数字电路

该课程是信息类学科的一门重要的基础课。通过本课程的学习，使学生熟悉数字电路的基础理论知识，理解基本数字逻辑电路的工作原理，掌握数字逻辑电路的基本分析和设计方法，具有应用数字逻辑电路，初步解决数字逻辑问题的能力，为以后学习有关专业课程及进行电子电路设计打下坚实的基础。

4. 信号与系统

学习本课程的目的是使学生牢固掌握信号与系统的基本原理和基本分析方法，掌握信号与系统的时域、变换域分析方法，理解各种变换（傅里叶变换、拉普拉斯变换、Z 变换）的基本内容、性质与应用。特别要建立信号与系统的频域分析的概念以及系统函数的概念，为学生进一步学习后续课程打下坚实的基础。在国内，此课程多年来已成为通信与信息系统、信号与信息处理、电路与系统等学科硕士研究生的入学必考课程。

5. 电磁场与电磁波

在现代电子技术中，不论是通信、广播、电视、导航、雷达、定位、遥感、测控以及电子对抗系统，还是家用电器、工业自动化、地质勘探、电力设施、交通运输、医疗卫生等领域，都直接或间接地涉及电磁场与电磁波的有关内容。因此，对于通信工程专业而言，本课程具有十分重要的意义。本课程的最大特点就是数学推导与分析较多，理论性较强，内容抽象，涉及了大量繁琐的计算和证明，对数学基础有较高的要求。

6. 通信原理

该课程是一门综合性较强的专业基础课，是低频电路、高频电路、信号系统、工程数学等在通信中的综合运用，是学习通信必不可少的一门重要基础课。本课程的目的是使学生掌握模拟通信和数字通信系统的信息传输的基本原理和分析方法，并把重点放在数字通信原理上，为今后从事通信领域的工作和研究打下必要的基础；懂得通信系统的基本构成；了解有关通信系统中的技术指标及改善系统性能的一些基本技术措施；培养学生的辩证思维能力，对今后进一步学习更为专业的通信技术起到辐射的作用。

7. 通信基本电路

该课程是通信、电子信息工程等专业本科生的必修课。该课程内容包括绪论、非谐振功放、谐振功放、正弦振荡、模拟相乘器、电流模电路与电流模相乘器、混频器、振幅调制与检波、角度调制与解调、锁相环路与频率合成等。这门课程涉及的基本理论、基本知识和基本方法对本科生的培养起着重要作用，是不可缺少的。

8. 信息论与编码

该课程着重介绍信息论应用概率论、随机过程和现代数理统计方法，研究信息提取、传输和处理的一般规律，提高信息系统的有效性和可靠性，实现信息系统的最优化。课程主要内容包括信息的定义和测度、各类离散信源和信息熵、剩余度、信道和互信息、平均互信息和信道容量、数据处理和信息测量理论、信息率失真函数和数据压缩原理、离散信源无失真和限失真信源编码理论和编码方法、离散有噪信道编码理论和编码原则。通过该课程的学习，使学生掌握香农信息论的三个基本概念及与之相应的三个编码定理，信源编码、信道编码和信息保密编码的基本理论和主要方法，培养学生能够适应数字通信、信息处理、信息安全、计算机信息管理等编码工作的要求。

9. 数字信号处理

数字信号处理（DSP，Digital Signal Processing）是从 20 世纪 60 年代以来随着信息学科和计算机学科的高速发展而迅速发展的一门新兴学科，它在理论上所涉及的范围极其广泛，同时它在数字通信、信号/图像处理、自动控制和智能仪器等领域有非常广泛的应用。本课程主要介绍了数字信号处理的基本理论、基本知识和基本方法，主要包括时域中的离散时间信号与系统、变换域中的离散时间信号和系统、LTI 系统的频域表示、连续时间信号的数字处理、数字滤波器的结构及数字滤波器的设计方法等。学生通过本课程的学习，将获得信号处理的基本理论、基本知识和基本技能，了解数字信号处理技术在设计和应用手段方面不断更新的发展过程，并学会掌握一些必要的计算软件。

10. 路由与交换技术

该课程的开设旨在让学生了解常用网络设备的概念，工作原理及工作方式、技术指标和参数，所遵循的网络标准，在网络层中所使用的协议。其主要任务是通过学习能够使学生在已有的计算机网络知识的基础上，对当前计算机网络设备的主要种类和常用的网络协议有较清晰的概念，掌握如何使用配置网卡、网线、集线器、交换机、路由器和防火墙。学会计算机网络操作和日常管理和维护的最基本方法。尽快熟悉并掌握交换机和路由器的配置与管理技术。

11. 移动通信

本课程讲述移动通信的一般原理与组网技术，是一门理论性和实用性很强的课程。设置本课程的目的是使学生学习了本课程之后，对移动通信的基本概念、基本原理和组网技术有较全面的了解和领会，应能应用移动通信的原理与技术分析阐释常见移动通信方式中信息传输的发送与接收原理，应能分析设计一些简单移动通信系统，为移动通信系统的管理维护、研究和开发打下必要的理论基础和技能。

12. 光纤通信

光纤通信是现代通信网的重要组成部分，内容主要包括光波导和光纤的基本理论和性质，光发射机和光接收机的基本理论和性质，光纤通信系统的构成、设计方式以及光纤通信中的各种新技术、新发展。学生通过学习本课程，应该掌握光纤通信系统构成及特点，光纤通信的窗口波长，光纤分类及指标，光发射机的组成及对光源的要求，对光电检测器的要求；掌握光纤通信关键器件的原理及技术要求；熟悉光传输、中继放大技术，重点掌握传输系统的光功率及色散管理；了解光纤通信中的新技术：光波分复用、光时分复用、光放大器及全光系统；初步掌握光通信网络的构成及组网技术。

13. 单片机

本课程是一门理论性、实践性和实用性都很强的课程，主要讲解单片机的组成及其各个部分所起到的作用、单片机语言以及编程方法、计数器/定时器的工作原理及其典型应用、A/D 和 D/A 转换器的原理及其典型应用、单片机中断控制系统的工作原理及其应用。通过本课程的学习使学生能对单片机的组织结构、原理和应用有一个全面而系统的了解，牢固地掌握单片机的工作原理和一般应用开发方法，为今后设计实际的微处理器应用系统打下牢固的理论基础。

专业课程范围较宽，除上述课程之外还包括数据结构、操作系统、数据库、语音信号处理、数字图像处理、电子设计与自动化技术、多媒体通信、综合业务数字业务、扩频通信、数据通信、通信软件等选修课程。学习专业知识需要同学们有较强的逻辑思维能力，做到课堂上勤动脑，课堂下勤动手，晚上勤回想；同时应具有前瞻意识，紧贴专业前沿，不局限于书本，做到理论与实践相结合。

5.5.2 通信专业培养计划

诺贝尔奖获得者丁肇中教授说过："任何科学研究，最重要的是要看对自己从事的工作有没有兴趣。"一份完善的教学计划能够吸引学生的注意力，树立对专业的兴趣，可帮助学生热爱本专业，自觉克服学习过程中枯燥的心理。

为了培养掌握更多学科知识的复合型人才，专业培养计划必须实行"宽基础"，课程设置必须紧随科学技术的发展不断更新，使学生具有较宽的知识面，有较强的自主学习能力和开发创新能力。只有如此才能适应现阶段就业环境对学生能力的要求，并具有可持续发展的能力。

我校通信专业的教学计划要求学生在 3～6 年内完成 199.5 学分的学习任务，采用了平台模块构建专业方向的形式，见表 5-1～表 5-3。

表 5 - 1　　　　　　　　　　　　　课程平台及学分比例表

课程平台	课程模块	课程类别	修读学分要求	占总学分比例（%）	备注
通识教育平台	必修课程模块	必修	85.5	42.8	
	选修课程模块	选修	14	7.5	含公选课 5 学分
专业基础平台	专业基础课程模块	必修	17	8.4	
专业教育平台	必修课程模块	必修	32	15.9	
	选修课程模块	选修	13	5.6	
小计			160	80.8	
实践教学平台	集中实践环节	必修	33	16.7	
	独立设置的实验课程模块	必修	2		《物理实验》2 学分已计入通识教育平台，不要重复计入总学分
	课内试验	—	160 学时		
素质拓展平台	素质拓展课程模块	必修	5	2.5	
合计			199.5		

表 5 - 2　　　　　通信工程专业指导性教学进程表

建议修读时间	课程编号	课程名称	课程性质	学分	学时	学时分配			课程类别	备注
						授课	实验	课外		
第一学期	120000111	形势与政策 1 Situation and Policy 1	必修	0	16	4	0	12	通识教育	
	120000010	思想道德修养与法律基础 Morals and Ethics and Fundamentals of Law		3	48	48	0	0	通识教育	
	150000070	体育与健康 1 PE and Health 1		1.5	34	34	0	0	通识教育	
	140000230	大学英语 b-1 College English b-1		3.5	56	56	0	0	通识教育	
	520000020	军事理论 Military Theory		2	32	20	0	12	通识教育	
	500000080	大学计算机基础 b Foundation of College Computer b		3.5	56	40	16	0	通识教育	
	110000430	高等数学 a-1 Higher Mathematics a-1		6.5	104	104	0	0	通识教育	
	180000020	大学语文 b College Chinese b		2	32	32	0	0	通识教育	
	090021221	通信工程专业导论 Introduction to Communication Engineering Specialty		1	16	16	0	0	专业教育	
	520000011	军事技能训练（军训） Military Training		2	0	0	0	0	实践教学	2 周
合计				25	394	354	16	24		

续表

建议修读时间	课程编号	课程名称	课程性质	学分	学时	学时分配			课程类别	备注
						授课	实验	课外		
第二学期	120000171	形势与政策 1 Situation and Policy 1	必修	1	16	10	0	6	通识教育	
	150000080	体育与健康 2 PE and Health 2		1.5	36	36	0	0	通识教育	
	140000240	大学英语 b-2 College English b-2		4	64	64	0	0	通识教育	
	090010020	C 语言程序设计 C language Programming		4.5	72	50	22	0	通识教育	
	130000440	大学物理 c-1 College Physics c-1		3	48	48	0	0	通识教育	
	130000421	物理实验 b-1 General Physics Experimentation b-1		1	24	0	24	0	通识教育	
	110000440	高等数学 a-2 Higher Mathematics a-2		7	112	112	0	0	通识教育	
	110000380	线性代数 a Linear Algebra a		3	48	48	0	0	通识教育	
	040000390	画法几何与工程制图 b Descriptive Geometry and Engineering Drawing b		3.5	56	46	10	0	通识教育	
	040000011	画法几何与工程制图课程设计 Course Design for Descriptive Geometry and Engineering Drawing		1	0	0	0	0	实践教学	1 周
	090021631	C 语言课程设计 Course Design of C Language		1	0	0	0	0	实践教学	1 周
	510000020	大学生职业生涯与发展规划 Career Planning for College Students	选修	1	24	24	0	0	通识教育	至少选 1 学分
	120000050	当代世界经济与政治 Contemporary World Economy and Politics		2	32	32	0	0	通识教育	
		合计（必修）		32.5	476	414	56	6		

续表

建议修读时间	课程编号	课程名称	课程性质	学分	学时	学时分配			课程类别	备注
						授课	实验	课外		
第三学期	120000121	形势与政策 2 Situation and Policy 2	必修	0	16	4	0	12	通识教育	
	120000030	马克思主义基本原理 Marxist Basic Tenets		3	48	48	0	0	通识教育	
	150000090	体育与健康 3 PE and Health 3		1.5	34	34	0	0	通识教育	
	140000250	大学英语 b-3 College English b-3		4	64	64	0	0	通识教育	
	130000450	大学物理 c-2 College Physics c-2		3	48	48	0	0	通识教育	
	130000431	物理实验 b-2 General Physics Experimentation b-2		1	24	0	24	0	通识教育	
	110000340	复变函数与积分变换 Complex Analysis and Integral Transform		3.5	56	56	0	0	通识教育	
	110000540	概率论与数理统计 a Probability and Mathematics Statistic a		4.5	72	72	0	0	通识教育	
	090021000	电路分析基础 Circuit Fundamental Analysis		4	72	64	8	0	专业基础	
	090021210	MATLAB 基础及其应用 MATLAB Foundation and Application		2	32	24	8	0	专业基础	
合计				26	466	426	40	0		

续表

建议修读时间	课程编号	课程名称	课程性质	学分	学时	学时分配			课程类别	备注
						授课	实验	课外		
第四学期	120000131	形势与政策 3 Situation and Policy 3	必修	0	16	4	0	12	通识教育	
	120000020	中国近代史纲要 Outline of China's Modern History		2	32	32	0	0	通识教育	
	150000100	体育与健康 4 PE and Health 4		1.5	36	36	0	0	通识教育	
	140000260	大学英语 b-4 College English b-4		4	64	64	0	0	通识教育	
	090021010	模拟电子技术 Analogue Electronics		3.5	56	46	10	0	专业基础	
	090021060	数字电路 Digital Circuit		4	64	46	18	0	专业基础	
	090021500	电磁场与电磁波 Electromagnetic Fields & Magnetic Wave		2.5	40	40	0	0	专业教育	
	090020060	信号与系统 Signal and System		4	64	56	8	0	专业基础	
	120000011	思想政治理论课实践教学 Practice of Ideology Political Theory Course		2	2周	0	0	0	实践教学	大二暑假
	171000011	艺术导论 Introduction to Art	选修	2	32	32	0	0	通识教育	至少选2学分
	181000020	大学生心理健康教育 Psychological Health Education for College Students		2	32	32	0	0	通识教育	
合计				25.5	372	336	18	0		

续表

建议修读时间	课程编号	课程名称	课程性质	学分	学时	授课	实验	课外	课程类别	备注
第五学期	120000141	形势与政策4 Situation and Policy 4	必修	0	16	4	0	12	通识教育	
	120000210	毛泽东思想和中国特色社会主义理论体系概论 Introduction to Mao Zedong Thought and Socialism Theoretical System with Chinese Characteristics		4	64	64	0	0	通识教育	
	090021040	通信原理 Communication Principle		4.5	72	60	12	0	专业教育	
	090021070	数字信号处理 Digital Signal Processing		3.5	56	44	12	0	专业教育	
	090021510	通信基本电路 Circuit of Communication		3.5	56	48	8	0	专业教育	
	530000181	电工电子技术训练a Electrical and Electronic Technology Training a		1	0	0	0	0	实践教学	1周（安排在学期初）
	090021151	电路系统综合设计 Comprehensive Design of Circuit System		2	0	0	0	0	实践教学	2周（安排在学期末）
	091021090	随机信号分析 Random Signal Analysis	选修	2	32	32	0	0	专业教育	至少选5学分
	091021100	微波与天线 Microwave and Antenna		3	48	42	6	0	专业教育	
	091021520	Java语言程序设计 Java Programming Language		3	48	36	12	0	专业教育	
	021000010	采煤概论a Overview of Coal a		1	16	16	0	0	通识教育	至少选2学分
	531000010	创新学 Innovational Knowledge		2	32	32	0	0	通识教育	
合计（必修20）				25.5	344	306	38	0		

建议修读时间	课程编号	课程名称	课程性质	学分	学时	学时分配			课程类别	备注
						授课	实验	课外		
第六学期	120000151	形势与政策 5 Situation and Policy 5	必修	0	16	4	0	12	通识教育	
	510000020	创业基础与就业指导 Entrepreneurship and Employment Guidance		2	32	24	0	8	通识教育	
	090021130	计算机通信网 Computer Network		3.5	56	48	8	0	专业教育	
	090021160	路由与交换技术 Principles of Switching		3.5	56	48	8	0	专业教育	
	090021050	信息论与编码 Information and Coding Theory		2.5	40	40	0	0	专业教育	
	090021161	微处理器系统综合设计 Comprehensive Design of Microprocessor System		2	0	0	0	0	实践教学	2 周 (安排在学期末)
	090021221	专业认识实习 Professional Cognition Practice		2	0	0	0	0	实践教学	2 周 (安排在学期初)
	091020340	嵌入式系统 Embedded System	选修	3	48	40	8	0	专业教育	至少选6学分
	091020270	DSP 原理与应用 Principle and Application of DSP		3	48	36	12	0	专业教育	
	090021230	单片机原理与应用 Principle and Application of MCU		3	48	32	16	0	专业教育	
	091021220	VHDL 语言和 FPGA 编程 VHDL Language and FPGA Programming		3	48	32	16	0	专业教育	
	140000450	大学英语提高 Improve the College English		2	32	32	0	0	通识教育	至少选4学分
	110000621	高等数学提高 Improve the Higher Mathematics		4	64	64	0	0	通识教育	
		合计		23.5	344	292	44	8		

建议修读时间	课程编号	课程名称	课程性质	学分	学时	学时分配			课程类别	备注
						授课	实验	课外		
第七学期	120000181	形势与政策 2 Situation and Policy 2	必修	1	16	16	0	0	通识教育	
	091020330	光纤通信与设计 Optical Fiber Communication		3	48	38	10	0	专业教育	
	091017382	矿山信息化概论 Overview of Mine Informatization		1	16	16	0	0	专业教育	
	091020220	移动通信 Mobile Communication		3	48	38	10	0	专业教育	
	090000111	综合实习 1 Comprehensive Practice 1		2	0	0	0	0	实践教学	2 周
	091021170	数字图像处理 Digital Image Processing	选修	3	48	40	8	0	专业教育	至少选 2 学分
	091021210	无线传感器网络 Fundamental Transducer		2	32	32	0	0	专业教育	
		合计		12	208	180	28	0		
第八学期	090000121	综合实习 2 Comprehensive Practice 2	必修	3	0	0	0	0	实践教学	4 周
	090020471	毕业设计 Graduation Project		15	0	0	0	0	实践教学	15 周
		合计		18						

续表

建议修读时间	课程编号	课程名称	课程性质	学分	学时	学时分配			课程类别	备注
						授课	实验	课外		
公选课		人文社科类 Humanities and Social Sciences Category				至少 1 学分				通识教育平台课程，建议开课时间 12 ～ 41，合计 5 学分 80 学时
		自然科学类 Science Category				至少 1 学分				
		工程技术类 Engineering Technology Category				至少 1 学分				
		公共艺术类 Public Art Category				至少 2 学分				
		参看《全校公共选修课一览表》，其中公共艺术类要求在《艺术导论》《音乐鉴赏》《美术鉴赏》《舞蹈鉴赏》《影视鉴赏》《书法鉴赏》《戏剧鉴赏》和《戏曲鉴赏》等艺术限定性选修课程中至少修读 2 个学分								
素质拓展		要求学生在毕业前至少取得 5 个素质拓展创新学分								计入总学分

说明：

总学分：199.5。

理论课程（含授课、实验学时、不含课外学时）总学时：2592。

理论课程（不含实验学时）总学分：142，占总学分比例：71.2%。

实践课程（含实验学时）总学分：57.5，占总学分比例：28.8%。

必修课程总学分：167.5，占总学分比例：83.9%。

选修课程（累计限选和公选）总学分：32，占总学分比例：16.1%。

表 5 - 3　　　　　　　　通信工程专业集中实践教学环节安排表

建议修读时间	课程编号	课程名称	课程性质	学分	周数	课程类别	备注
11	520000011	军事技能训练（军训） Military Training	必修	2	2	实践教学	
12	040000011	画法几何与工程制图课程设计 Course Design for Descriptive Geometry and Engineering Drawing	必修	1	1	实践教学	

续表

建议修读时间	课程编号	课程名称	课程性质	学分	周数	课程类别	备注
12	090021631	C 语言课程设计 Course Design of C Language	必修	1	1	实践教学	
22	120000011	思想政治理论课实践教学 Practice of Ideology Political Theory Course	必修	2	2	实践教学	大二暑假
31	090021331	电工电子技术训练 Electrical and Electronic Technology Training	必修	1	1	实践教学	1 周 (安排在学期初)
31	090021151	电路系统综合设计 Comprehensive Design of Circuit System	必修	2	2	实践教学	2 周 (安排在学期末)
32	090021341	专业认识实习 Specialized Internship	必修	2	2	实践教学	
32	090021161	微处理器系统综合设计 Comprehensive Design of Microprocessor System	必修	2	2	实践教学	2 周 (安排在学期末)
41	090000111	综合实习 1 Comprehensive Practice 1	必修	2	4	实践教学	
42	090000121	综合实习 2 Comprehensive Practice 2	必修	3	3	实践教学	
42	090020471	毕业设计 Graduation Project	必修	15	15	实践教学	
合计				33			

说明：不含独立设置的实验课程

第 6 章　信息与通信工程专业必备技能

6.1　软件开发工具

6.1.1　C 语言

C 语言是介于汇编语言和高级语言之间的语言，属于高级语言，也称为中级语言，是集汇编和高级语言优点于一身的程序设计语言。1972 年 C 语言在美国贝尔实验室里问世。早期的 C 语言主要用于 UNIX 系统。由于 C 语言的强大功能和各方面的优点逐渐为人们认识，到了 20 世纪 90 年代，C 语言开始进入其他操作系统，并很快在各类大、中、小和微型计算机上得到广泛的应用，成为当代最优秀的程序设计语言之一。

1. C 语言的重要性及作用

C 语言是一门面向过程的计算机语言，由于它比其他高级语言高效，运行效率又比较接近低级语言，所以至今仍得到广泛应用。C 语言尤其对程序设计人员而言更为重要，如果不懂 C 语言，很难编出优秀高效的程序。

C 语言是一个程序语言，设计目标是提供一种能以简易的方式编译、处理低级存储器、产生少量的机器码以及不需要任何运行环境支持便能运行的编程语言。C 语言也很适合搭配汇编语言来使用。尽管 C 语言提供了许多低级处理的功能，但仍然保持着良好跨平台的特性，以一个标准规格写出的 C 语言程序可在许多电脑平台上进行编译，甚至包含一些嵌入式处理器（单片机或称 MCU）以及超级电脑等作业平台。

（1）C 语言是一种结构化语言，层次清晰，便于按模块化方式组织程序，易于调试和维护。

（2）C 语言的表现能力和处理能力极强，不仅具有丰富的运算符和数据类型，便于实现各类复杂的数据结构，还可以直接访问内存的物理地址，进行位级别的操作。

（3）由于 C 语言实现对硬件的编程操作，因此既可用于系统软件的开发，也适合于应用软件的开发。C 语言还具有效率高、可移植性强等特点。C 语言被广泛地移植到了各类计算机上，从而形成了多种版本的 C 语言。

（4）由于 C 语言允许直接对位、字节和地址进行操作，故能实现汇编语言的大部分功能。

（5）标代码质量高，程序执行效率高。

C 语言作为一门面向过程的计算机语言，应用广泛，无论是 Windows 还是 Linux，你所看到的底层都是用 C 语言写的。大部分的网络协议也都是用 C 语言实现的。你看到的最漂亮的游戏画面也是用 C 语言实现的，工业控制程序也是用 C 语言实现的。不过 C 语言不是万能，只是某些方面它适用而已。

2. C 语言特点

C 语言的特点如下：

（1）简洁紧凑、灵活方便。C 语言一共只有 32 个关键字，9 种控制语句，程序书写形式自由，区分大小写。它把高级语言的基本结构和语句与低级语言的实用性结合起来。

（2）运算符丰富。C语言的运算符包含的范围很广泛，共有34种运算符。C语言把括号、赋值、强制类型转换等都作为运算符处理，从而使C语言的运算类型极其丰富，表达式类型多样化。灵活使用各种运算符可以实现在其他高级语言中难以实现的运算。

（3）数据类型丰富。C语言的数据类型有整型、实型、字符型、数组类型、指针类型、结构体类型、共用体类型等。C语言能用来实现各种复杂的数据结构的运算，并引入了指针概念，使程序效率更高。

（4）表达方式灵活实用。C语言提供多种运算符和表达式值的方法，对问题的表达可通过多种途径获得，其程序设计更主动、灵活。它语法限制不太严格，程序设计自由度大，如对整型与字符型数据及逻辑型数据可以通用等。

（5）允许直接访问物理地址，对硬件进行操作。由于C语言允许直接访问物理地址，可以直接对硬件进行操作，因此它既具有高级语言的功能，又具有低级语言的许多功能，能够像汇编语言一样对位、字节和地址进行操作，而这三者是计算机最基本的工作单元，可用来写系统软件。

（6）生成目标代码质量高，程序执行效率高。C语言描述问题比汇编语言迅速，工作量小、可读性好，易于调试、修改和移植，而代码质量与汇编语言相当。C语言一般只比汇编程序生成的目标代码效率低10%～20%。

（7）可移植性好。C语言在不同机器上的编译程序，86%的代码是公共的，所以C语言的编译程序便于移植。在一个环境上用C语言编写的程序，不改动或稍加改动，就可移植到另一个完全不同的环境中运行。

（8）表达力强。C语言有丰富的数据结构和运算符，包含了各种数据结构，如整型、数组类型、指针类型和联合类型等，用来实现各种数据结构的运算。C语言的运算符有34种，范围很宽，灵活使用各种运算符可以实现难度极大的运算。

3. 学习C语言方法

C语言的内容很丰富，有的部分涉及的细节很多，如硬件知识和数据结构知识等，学习时不可能面面俱到，否则必然会顾此失彼，反而抓不住主要矛盾。对初学C语言的考生，开始不必在每一个细节上过于死抠，而应当把主要精力放在最基本、最常用的那些部分，待有一定的基础后再深入到一些非主要的细节，有一些细节需要通过较长期的实践才能熟练掌握。初学C语言时，可能会遇到有些问题会理解不透，请不要气馁，鼓足勇气向后面的内容学习，待学完后面的章节知识，前面的问题也就迎刃而解了。学习C语言始终要记住"曙光在前头"和"千金难买回头看"，"千金难买回头看"是学习知识的重要方法，就是说，学习后面的知识，不要忘了回头弄清遗留下的问题和加深理解前面的知识，这是学习的人最不易做到的，然而却又是最重要的。

在阅读C语言的相关内容，初步掌握相关知识的要点的基础上，按下述方法学习，可以达到理解、巩固、提高C语言知识和提高程序调式能力的目的。

（1）验证性练习。在这一步要求按照教材上的程序实例进行原样输入，运行一下程序是否正确。在这一步基本掌握C语言编程软件的使用方法（包括新建、打开、保存、关闭C程序，熟练地输入、编辑C程序；初步记忆新学章节的知识点，养成良好的C语言编程风格）。

（2）照葫芦画瓢。在第（1）步输入的 C 程序的基础上进行试验性的修改，运行一下程序看一看程序结果发生了什么变化，分析结果变化的原因，加深新学知识点的理解。事实上这和第（1）步是同步进行的，实现"输入"加深知识的记忆，"修改"加深对知识的理解。记忆和理解是相辅相成的，相互促进。

（3）不看教材看是否能将前两步的程序进行正确地输入并运行。在这一步要求不看教材，即使程序不能运行，看能否将其改正，使其能正确运行。目的是对前两步的记忆、理解进一步强化。

（4）增强程序的调试能力。在教材中每章都有 C 语言初学者易犯的错误，按照易出错的类型，将教材中的正确程序改成错误的程序，运行一下程序，看出现的错误信息提示，并记下错误信息，再将程序改成正确的，运行一下程序。这样反复修改，就能够提高发现错误和修改错误的能力。

（5）研究典型的 C 语言程序，提高程序设计能力。C 语言初学者遇到最多的困惑是：上课也能听懂，书上的例题也能看明白，可是到自己动手做编程时，却不知道如何下手。发生这种现象的原因是：所谓的看懂听明白，只是很肤浅的语法知识，而没有深刻地理解 C 语言的语句的执行过程（或流程）。

计算机是按照人的指令（编写的程序）去执行的，如果不知道这些 C 语句在计算机中是如何执行的，你怎么会灵活运用这些知识去解决实际问题呢？

解决问题的方法是要先理解 C 语言各种语句的流程（即计算机执行这些语句的过程），然后研读现成典型 C 语言程序，看懂别人是如何解决问题的，以提高自己的程序设计能力。

6.1.2　MATLAB

1. MATLAB 概述

在科学研究和工程应用等领域中会涉及大量的科学计算问题，自从计算机出现以来，人们就一直在使用计算机这个有力的工具帮助解决科学计算问题，并由此发明了许多用于科学计算的程序语言，如 BASIC、FORTRAN、C 等。随着时代的变化、计算机的普及和快速发展，计算机程序语言在不断地变化发展、推陈出新。在当今时代，什么程序语言是最流行的科学计算语言呢？答案是 MATLAB 语言。MATLAB 之所以能够成为最好的和最流行的科学计算语言，是因为它具有强大的科学计算及数据处理能力和出色的图形处理功能。

（1）MATLAB 具有强大的科学计算及数据处理能力。MATLAB 拥有 600 多个工程中要用到的数学运算函数，可以方便地实现用户所需的各种计算功能。函数中所使用的算法都是科研和工程计算中的最新研究成果，而且经过了各种优化及容错处理，因此使用起来稳定性和可靠性非常高，在通常情况下，可以用它来代替底层编程语言，如 C 和 C++ 等。在计算要求相同的情况下，使用 MATLAB 的编程工作量会大大减少。MATLAB 函数所能解决的问题包括矩阵运算、多维数组操作（阵列运算）、复数的各种运算、三角函数和其他初等数学函数运算、非线性方程求根、线性方程组的求解、微分方程及偏微分方程组的求解、符号运算、傅里叶变换和数据的统计分析、工程中的优化问题、稀疏矩阵运算、建模和动态仿真等。

（2）MATLAB 具有出色的图形处理功能。在科学计算中，往往需要用各种图形把数值计算的结果形象地表现出来，以帮助人们更好地理解、认识和发现其中的科学规律。MAT-LAB 不仅提供数值计算功能和符号运算功能，而且自诞生之日起就具有方便的数据可视化功能，使计算结果的可视化要求得到充分满足。MATLAB 在二维曲线和三维曲面的绘制和处理等方面的功能比一般数据可视化软件更加完善，在一些其他软件所没有的功能（例如图形的光照处理、色度处理以及四维数据的表现等）方面也表现得非常出色。在 MATLAB 6.x 中有一个对图形对象属性进行设置的图形属性编辑界面，该界面比 MATLAB 5.x 中的界面功能更为全面，操作也更为方便。MATLAB 6.x 对图形的输出也做了适当的改进，提供了更为丰富的属性设置，以提高图形输出的效果。对一些特殊的可视化要求，如图形动画等，MATLAB 也有相应的功能函数，保证了用户不同层次的要求。另外，新版本的 MAT-LAB 还着重在图形用户界面（GUI）的制作上做了很大的改善，对这方面有特殊要求的用户也可以得到满足。

MATLAB 将数值计算功能、符号运算功能和图形处理功能高度地集成在一起，在数值计算、符号运算和图形处理上做到了无缝衔接，极大地方便了用户，这是它在科学计算中能得到广泛应用的重要原因之一。

（3）MATLAB 程序语言简单易用。早期用于科学计算的计算机语言，由于计算机内存容量和运算速度的限制等原因，常常要定义常量、变量、向量和矩阵等的不同的数据类型，结果导致编程过于复杂化。和这些语言不一样，MATLAB 语言对它们进行了高度抽象，实现了数据类型的高度统一，即常量、变量、向量和矩阵等都具有相同的数据类型。MAT-LAB 语言认为所有的数据都是一个对象类，都具有相同的属性。因此，用户不需要事先分别定义常量、变量、向量和矩阵等的数据类型就可以直接使用它们（当然 MATLAB 的这种设计思想是以高性能计算机的出现和普及作为前提条件的），编程得到了很大简化。例如，在 MATLAB 中，基本的计算单元用复双精度矩阵来表示，其大小是 n 行 m 列，矩阵各数据元素存放在两个双精度向量中，一个存放实部数据（指针 pr 指向它），另一个存放虚部数据（指针 pi 指向它）。如果是实数，则复双精度矩阵中 pi 为空。复数或实数则可以理解为 1×1 的矩阵。

MATLAB 语言是一种"数学形式的语言"，它的操作和功能函数指令就是用平时计算机和数学书上的英文单词和符号来表达的，比 BASIC、FORTRAN 和 C 等语言更接近于人们书写的数学计算公式，更接近于人们进行科学计算的思维方式，用 MATLAB 语言编写程序犹如在演算纸上排列公式与求解问题，故有人称 MATLAB 编程语言为"演算纸"式科学算法语言。因此，MATLAB 语言简单自然，学习和使用更容易。

MATLAB 程序文件是一个纯文本文件，扩展名为 m，用任何字处理软件都可以对它进行编辑。MATLAB 本身就像一个解释系统，对其中的函数程序的执行以一种解释执行的方式进行，程序不必经过编译就可以直接运行，而且能够及时报告出现的错误，进行出错原因分析。因此，程序调试容易，编程效率高。

MATLAB 的用户界面精致，接近 Windows 的标准界面，人机交互性强，操作简单。新版本的 MATLAB 提供了完整的联机查询、帮助系统，极大地方便了用户的使用。例如，在开发环境中，MATLAB 6.x 提供了强大的帮助功能，几乎所有的帮助都能以在线帮助的形式出现，同时也提供了一种全新的帮助浏览器，更加方便用户获得所需要的信息。与 MATLAB 5.x 相比，MATLAB 6.x 改进了原有的系统结构，将各种对 MATLAB 应用提供支持的系统集成为全新的 MATLAB 开发环境，其中最为明显的就是，集各种对 MATLAB 文件、数据变量进行操作的工具以及 MATLAB 自身的辅助工具为一体的 MATLAB 桌面系统。该桌面系统就是用户对 MATLAB 操作的面板。从开始应用 MATLAB 到退出 MAT-LAB，几乎所有具体的操作都将在桌面系统内完成。

（4）MATLAB 功能强大。MATLAB 为许多专业领域开发了功能强大的模块集或工具箱（一般都是由这些领域的专家们开发的），用户可以直接使用这些工具箱而不需要自己编写代码。目前，MATLAB 已经把工具箱延伸到了科学研究和工程应用的诸多领域，如概率统计、NAG 和偏微分方程求解、样条拟合、优化算法、模糊逻辑、工程规划、模型预测、模型处理、神经网络、数据采集、交流通信、DSP 与通信、数字信号处理、小波分析、光谱分析、图像处理、系统辨识、控制系统设计、非线性控制设计、鲁棒控制、QFT 控制设计、LMI 控制、实时工作、数据库接口、金融分析、金融管理、地图工具、嵌入式系统开发、实时快速原型及半物理仿真、定点仿真、电力系统仿真等。

在模型化和系统级仿真方面，MATLAB 开发了分支产品 Simulink，主要用来实现对工程问题的模型化和动态仿真。Simulink 体现了模块化设计和系统级仿真的具体思想，使得建模仿真如同搭积木一样简单。Simulink 对仿真的实现可以应用于动力系统、信号控制、通信设计、金融财会及生物医学等各个领域的研究中。

MATLAB 留有与其他实用的程序接口。MATLAB 可以方便地与 FORTRAN、C 等语言接口，以充分利用各种资源。用户只需将已有的 EXE 文件转换成 MEX 文件，就可以方便地调用有关程序和子程序。新版本的 MATLAB 可以利用 MATLAB 编译器和 C/C++数学库和图形库，将自己的 MATLAB 程序自动转换为独立于 MATLAB 运行的 C 和 C++代码。MATLAB 还和符号运算最为强大的工具软件 Maple 有很好的接口，这也大大扩充了MATLAB 的符号运算功能。此外，在 MATLAB 6.x 中增加了与 Java 的接口，并为实现两者的数据交换提供了相应的函数库。

（5）MATLAB 开放性强。MATLAB 强大的功能与其开放性设计思想是分不开的，正是这种开放性设计思想，增强了 MATLAB 强大的生命力。

MATLAB 对函数程序的执行是以一种解释的方式进行的，MATLAB 完全成了一个开放的系统，用户可以方便地看到函数的源程序，也可以方便地开发自己的程序，甚至创建自己的"库"。

在工具箱方面，该公司本身就推出了 30 多个应用工具箱，而世界上超过 200 家公司开发出与 MATLAB 兼容的第三方产品，这些产品向用户提供更多的工具箱、模块集、与其他商业产品的接口等。

MATLAB 是一个开放的环境。全世界各地，特别是许多大学都建立了 MATLAB 学习研究小组，他们也通过互联网交流学习心得和经验，MathWorks 公司特别鼓励这种交流，以丰富和扩展 MATLAB 的使用范围。目前，MATLAB 7.0 版本已经面世，其功能和使用便捷程度又有了很大提高。MATLAB 的相关书籍超过涉及 19 种不同文字 600 种。

由于 MATLAB 具有以上其他计算语言无法比拟的优势，在美国及其他发达国家的理工科院校里，MATLAB 已经成为了一门必修的课程，是攻读学位的大学生、硕士生和博士生必须掌握的基本工具。在科研院所、大型公司或企业的工程计算部门，MATLAB 也是应用最为普遍的计算工具之一。由此可见，MATLAB 就是 21 世纪真正的科学计算语言。

2. MATLAB 软件的发展历史

MATLAB 是由 MATrix 和 LABoratory 两个词的前三个字母组合而成的，含义是矩阵实验室。它是 Mathworks 公司于 1984 年推出的一套高性能的数值计算和数据可视化数学软件。

20 世纪 70 年代，Cleve Moler 和他的同事在美国国家自然科学基金的资助下研发了调用 LINPACK 和 EISPACK 的 FORTRAN 子程序库，这两个程序库是用于解线性方程和矩阵特征值问题的，代表着当时矩阵计算软件的最高水平。后来 Cleve Moler 在新墨西哥大学给学生开线性代数课程时，用业余时间为学生编写使用方便的 LINPACK 和 EISPACK 的接口程序，并给这个接口程序取名为 MATLAB。Cleve Moler 先后到多所大学讲学，MATLAB 逐渐为人们所接受并成为应用数学界的术语。

当 Cleve Moler 1983 年到斯坦福大学访问时，工程师 John Little 就意识到 MATLAB 将会在工程计算领域里大有作为，于是他与 Moler 及 Steve Bangert 等人一起合作开发了第二代专业版 MATLAB。从这一代开始，MATLAB 的核心就采用 C 语言编写，并且 MATLAB 除了具有数值计算的功能以外，还具备了数据可视化的功能。

1984 年，Mathworks 公司成立，把 MATLAB 推向了市场，并继续 MATLAB 的研制和开发。1993 年，MATLAB 的第一个 Windows 版本问世，同年，支持 Windows 3.x 的 MATLAB 4.0 版本推出。4.0 版本做了很大的改进，如增加了 Simulink、Control、Neural Network、Optimization、Signal Processing、Spline、State-space Identification、Robust Control、Mu-analysis and Synthesis 等工具箱。1993 年 11 月，Mathworks 公司又推出了 MATLAB 4.1 版本，首次开发了 Symbolic Math 符号运算工具箱，其升级版本 MATLAB 4.2c 在用户中得到广泛应用。

1997 年，MATLAB 5.0 版本问世了。相对于 MATLAB 4.x 版本，它是真正的 32 位运算，功能强大，数值计算加快，图形表现有效，编程简洁直观，用户界面十分友好。

2000 年下半年，Mathworks 公司推出了 MATLAB 6.0（R12）的试用版，2001 年初推出了正式版。2002 年 7 月又推出了他们的最新产品 MATLAB 6.5（R13），Simulink 升级到 5.0 版本。MATLAB 6.5 提供了 JIT 程序执行加速器，大大提高了程序的执行速度。

总之，MATLAB 语言已经成为科学计算、系统仿真、信号与图像处理的主流软件。

MATLAB 的窗口界面如图 6-1 所示。

MATLAB 的程序编辑器界面如图 6-2 所示。

3. MATLAB 软件系统的构成

MATLAB 软件主要由 MATLAB 主包、Sinulink 和 MATLAB 工具箱三部分组成。

（1）MATLAB 主包。MATLAB 主包包括以下 5 个部分：

1）MATLAB 语言。MATLAB 语言是一种基于矩阵/数组的高级语言，它具有流程控制语句、函数、数据结构、输入/输出以及面向对象的程序设计特性。用 MATLAB 语言可以迅速地建立临时性的小程序，也可以建立复杂的大型应用程序。

2）MATLAB 工作环境。MATLAB 工作环境集成了许多工具和程序，用户用工作环境中提供的功能完成它们的工作。MATLAB 工作环境给用户提供了管理工作空间内的变量和输入/输出数据的功能，并给用户提供了不同的工具以开发、管理、调试 M 文件和 MATLAB 应用程序。

3）句柄图形。句柄图形是 MATLAB 的图形系统。它包括一些高级命令，用于实现二维和三维数据可视化、图像处理、动画等功能；还有一些低级命令，用来制定图形的显示以

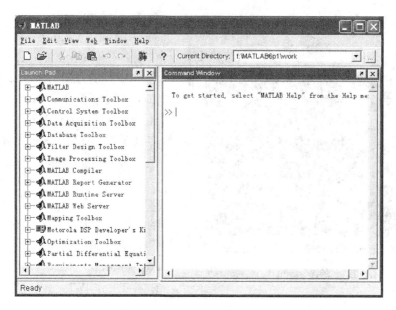

图 6-1　MATLAB 的窗口界面

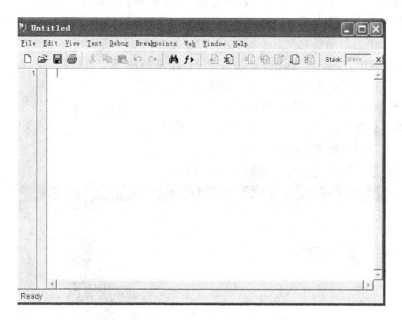

图 6-2　MATLAB 的程序编辑器界面

及建立 MATLAB 应用程序的图形用户界面。

MATLAB 的图形界面辅助设计工具界面如图 6-3 所示。

4）MATLAB 数学函数库。MATLAB 数学函数库是数学算法的一个巨大集合，该函数库既包括了诸如求和、正弦、余弦、复数运算之类的简单函数，也包含了矩阵转置、特征值、贝塞尔函数、快速傅里叶变换等复杂函数。

5）MATLAB 应用程序接口（API）。MATLAB 应用程序接口是一个 MATLAB 语言向 C 和 Fortran 等其他高级语言进行交互的库，包括读写 MATLAB 数据文件（MAT 文件）。

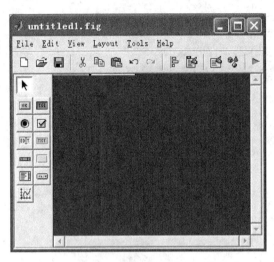

图 6-3　MATLAB 的图形辅助设计工具界面

（2）Simulink。Simulink 是用于动态系统仿真的交互式系统。Simulink 允许用户在屏幕上绘制框图来模拟一个系统，并能够动态地控制该系统。Simulink 采用鼠标驱动方式，能够处理线性、非线性、连续、离散、多变量以及多级系统。此外，Simulink 还为用户提供了两个附加功能项：Simulink Extension（扩展）和 Blocksets（模块集）。

Simulink Extension 是一些可选择的工具，支持在 Simulink 环境中所开发的系统的具体实现，包括 Simulink Accelerator、Real-Time Workshop、Real-Time Windows Target、Stateflow。

Blocksets 是为了特殊应用领域设计的 Simulink 模块集合，包括以下几个领域的模块集：DSP（数字信号处理）、Fixed-Point（定点）、Nonlinear Control Design（非线性控制设计）、Communication（通信）。

（3）MATLAB 工具箱。工具箱是 MATLAB 用来解决各个领域特定问题的函数库，它是开放式的，可以应用，也可以根据自己的需要进行扩展。

MATLAB 提供的工具箱为用户提供了丰富而实用的资源，涵盖了科学研究的很多门类。目前，涉及数学、控制、通信、信号处理、图像处理、经济、地理等多种学科的 20 多种 MATLAB 工具箱已经投入应用。

利用信号处理工具箱的设计范例如图 6-4 所示。

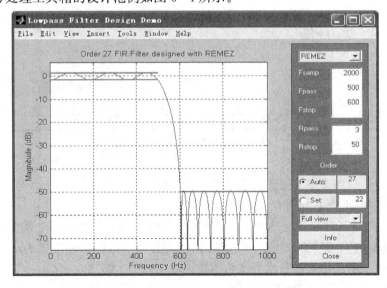

图 6-4　利用信号处理工具箱的设计范例

6.2　硬件开发平台

6.2.1　单片机

单片微型计算机简称单片机，是典型的嵌入式微控制器（Microcontroller Unit），常用英文字母的缩写 MCU 表示单片机，它最早是被用在工业控制领域。它是一种集成电路芯片，是采用超大规模集成电路技术把具有数据处理能力的中央处理器 CPU、随机存储器 RAM、只读存储器 ROM、多种 I/O 口和中断系统、定时器/计时器等功能（可能还包括显示驱动电路、脉宽调制电路、模拟多路转换器、A/D 转换器等电路）集成到一块硅片上构成的一个小而完善的计算机系统。

单片机不是完成某一个单一逻辑功能的芯片，而是把一个计算机系统集成到一个芯片上，相当于一个微型的计算机，和计算机相比，单片机只缺少了 I/O 设备。概括地讲，一块芯片就成了一个计算机。它的体积小、质量轻、价格便宜，为应用和开发提供了便利条件。

单片机内部也有与 PC 机功能类似的模块，如 CPU、内存、并行总线，还有与硬盘作用相同的存储器件，不同的是它的这些部件性能都相对微型计算机来讲弱很多，不过价钱也是很低的，一般不超过 10 元，用它来做一些控制电器，一般不是很复杂的工作完全可以。

目前单片机已渗透到我们生活的各个领域，几乎很难找到哪个领域没有单片机的踪迹。导弹的导航装置，飞机上各种仪表的控制，计算机的网络通信与数据传输，工业自动化过程的实时控制和数据处理，广泛使用的各种智能 IC 卡，民用豪华轿车的安全保障系统，录像机、摄像机、全自动洗衣机的控制，以及程控玩具、电子宠物等，这些都离不开单片机。更不用说自动控制领域的机器人、智能仪表、医疗器械以及各种智能机械了。

因此，单片机的学习、开发与应用将造就一批计算机应用与智能化控制的科学家、工程师。

1. 常用单片机芯片

STC 单片机：STC 公司的单片机主要是基于 8051 内核，是新一代增强型单片机，指令代码完全兼容传统 8051，速度快 8～12 倍，带 ADC，4 路 PWM，双串口，有全球唯一 ID 号，加密性好，抗干扰强。

PIC 单片机：Microchip 公司的产品，其突出的特点是体积小，功耗低，精简指令集，抗干扰性好，可靠性高，有较强的模拟接口，代码保密性好，大部分芯片有兼容的 Flash 程序存储器。

EMC 单片机：台湾义隆公司的产品，有很大一部分与 PIC 8 位单片机兼容，且相兼容产品的资源相对比 PIC 多，价格便宜，有很多系列可选，抗干扰较差。

ATMEL 单片机（51 单片机）：ATMEL 公司的 8 位单片机有 AT89、AT90 两个系列，AT89 系列是 8 位 Flash 单片机，与 8051 系列单片机相兼容，静态时钟模式；AT90 系列是增强 RISC 结构、全静态工作方式、内载在线可编程 Flash 的单片机，也叫 AVR 单片机。

PHLIPIS 51LPC 系列单片机（51 单片机）：PHILIPS 公司的单片机是基于 80C51 内核的单片机，嵌入了掉电检测、模拟以及片内 RC 振荡器等功能，这使 51LPC 在高集成度、低成本、低功耗的应用设计中可以满足多方面的性能要求。

HOLTEK 单片机：台湾盛扬半导体的单片机，价格便宜，种类较多，但抗干扰较差，适用于消费类产品。

TI 公司单片机（51 单片机）：德州仪器提供了 TMS370 和 MSP430 两大系列通用单片机。TMS370 系列单片机是 8 位 CMOS 单片机，具有多种存储、多种外围接口模式，适用于复杂的实时控制场合；MSP430 系列单片机是一种超低功耗、功能集成度较高的 16 位低功耗单片机，特别适用于要求功耗低的场合。

松翰单片机（SONIX）：台湾松翰公司的单片机，大多为 8 位机，有一部分与 PIC 8 位单片机兼容，价格便宜，系统时钟分频可选项较多，有 PMW、ADC、内振、内部杂讯滤波。

80C51 系列单片机产品繁多，主流地位已经形成，近年来推出的与 80C51 兼容的主要产品有以下几种：

（1）ATMEL 公司融入 Flash 存储器技术的 AT89 系列。

（2）Philips 公司的 80C51、80C52 系列。

（3）华邦公司的 W78C51、W77C51 高速低价系列。

（4）ADI 公司的 ADμC8xx 高精度 ADC 系列。

（5）LG 公司的 GMS90/97 低压高速系列。

（6）Maxim 公司的 DS89C420 高速（50MIPS）系列。

（7）Cygnal 公司的 C8051F 系列高速 SOC 单片机。

（8）Dallas、STC 等。

目前主流的单片机分为 AVR 系列和 PIC 系列。AVR 系列单片机是 ATMEL 公司生产的 8 位单片机，它的一条指令的运行速度达到纳秒级，是 8 位单片机中的高端产品。PIC 系列单片机是美国 Microchip 公司（微芯公司）生产的另一种 8 位单片机，由于它的低价格和出色性能，目前国内使用的人越来越多，国内也有很多公司在推广它，不过它的影响力远没有 51 系列的大，所以 51 系列仍然是首选。

单片机除了以上介绍的 8 位单片机外，还有 16 位单片机和 32 单片机。16 位单片机以 MCS96 系列为主流，而 32 位单片机以现在的 ARM 系列处理器为主。

2. 单片机项目开发过程

单片机是靠程序运行的，并且可以修改。通过不同的程序实现不同的功能，单片机自动完成赋予它的任务的过程，也就是单片机执行程序的过程。学习单片机就要学会软件编程，有汇编语言、C 语言。

单片机开发系统是一个软件、硬件相结合的系统。软件是控制单片机控制的程序代码，硬件是实现系统控制功能的电子元件、单元电路组成。

硬件的设计：先设计完成系统功能的电路原理图、PCB 板图，加工完成实际的电路板，或者自己用万能板手工搭建。

软件的设计：在 PC 机上，用专业的软件编写程序控制代码，然后用编程器或仿真器将编译好的程序代码下载到单片机的存储空间里。

单片机的一般开发过程如下：

（1）根据功能要求，设计硬件电路，编写软件（Keil C51）。

（2）在仿真软件中进行电路仿真（Proteus）。

（3）连线、搭建电路。

（4）实际调试（把编写的程序变为机器码后，下载到单片机或 EPROM 中）。

（5）利用画图软件绘制原理图（Protel99 或者 Altim Designer）。

（6）将设计好的原理图生成 PCB 板图。

（7）在 PCB 板上，焊接元器件，进行调试，小批量生产，再进行大批量生产。

6.2.2　DSP

DSP 芯片，也称数字信号处理器，是一种特别适合于进行数字信号处理运算的微处理器，其主要应用是实时快速地实现各种数字信号处理算法。根据数字信号处理的要求，DSP 芯片一般具有如下主要特点：

（1）在一个指令周期内可完成一次乘法和一次加法。

（2）程序和数据空间分开，可以同时访问指令和数据。

（3）片内具有快速 RAM，通常可通过独立的数据总线在两块中同时访问。

（4）具有低开销或无开销循环及跳转的硬件支持。

（5）快速的中断处理和硬件 I/O 支持。

（6）具有在单周期内操作的多个硬件地址产生器。

（7）可以并行执行多个操作。

（8）支持流水线操作，使取指、译码和执行等操作可以重叠执行。

1. DSP 芯片的分类

DSP 芯片可以按照下列 3 种方式进行分类。

（1）按基础特性分。这是根据 DSP 芯片的工作时钟和指令类型来分类的。如果在某时钟频率范围内的任何时钟频率上，DSP 芯片都能正常工作，除计算速度有变化外，没有性能的下降，这类 DSP 芯片一般称为静态 DSP 芯片。例如，日本 OKI 电气公司的 DSP 芯片、TI 公司的 TMS320C2XX 系列芯片属于这一类。

如果有两种或两种以上的 DSP 芯片，它们的指令集和相应的机器代码机管脚结构相互兼容，则这类 DSP 芯片称为一致性 DSP 芯片。例如，美国 TI 公司的 TMS320C54X 就属于这一类。

（2）按数据格式分。这是根据 DSP 芯片工作的数据格式来分类的。数据以定点格式工作的 DSP 芯片称为定点 DSP 芯片，如 TI 公司的 TMS320C1X/C2X、TMS320C2XX/C5X、TMS320C54X/C62XX 系列，AD 公司的 ADSP21XX 系列，AT&T 公司的 DSP16/16A，Motolora 公司的 MC56000 等。数据以浮点格式工作的 DSP 芯片称为浮点 DSP 芯片，如 TI 公司的 TMS320C3X/C4X/C8X，AD 公司的 ADSP21XXX 系列，AT&T 公司的 DSP32/32C，Motolora 公司的 MC96002 等。

不同浮点 DSP 芯片所采用的浮点格式不完全一样，有的 DSP 芯片采用自定义的浮点格式，如 TMS320C3X，而有的 DSP 芯片则采用 IEEE 的标准浮点格式，如 Motorola 公司的 MC96002、FUJITSU 公司的 MB86232 和 ZORAN 公司的 ZR35325 等。

（3）按用途分。按照 DSP 的用途来分，可分为通用型 DSP 芯片和专用型 DSP 芯片。通用型 DSP 芯片适合普通的 DSP 应用，如 TI 公司的一系列 DSP 芯片属于通用型 DSP 芯片。专用型 DSP 芯片是为特定的 DSP 运算而设计的，更适合特殊的运算，如数字滤波、卷积和 FFT，如 Motorola 公司的 DSP56200、Zoran 公司的 ZR34881、Inmos 公司的 IMSA100 等就属于专用型 DSP 芯片。

本书主要讨论通用型 DSP 芯片。

2. DSP 芯片的选择

设计 DSP 应用系统，选择 DSP 芯片是非常重要的一个环节。只有选定了 DSP 芯片，才能进一步设计其外围电路及系统的其他电路。总的来说，DSP 芯片的选择应根据实际的应用系统需要而确定。不同的 DSP 应用系统由于应用场合、应用目的等不尽相同，对 DSP 芯片的选择也是不同的。一般来说，选择 DSP 芯片时应考虑到如下因素：

（1）DSP 芯片的运算速度。运算速度是 DSP 芯片的一个最重要的性能指标，也是选择 DSP 芯片时所需要考虑的一个主要因素。DSP 芯片的运算速度可以用以下几种性能指标来衡量：

1）指令周期。执行一条指令所需的时间，通常以 ns（纳秒）为单位。如 TMS320LC549-80 在主频为 80MHz 时的指令周期为 12.5ns。

2）MAC 时间。一次乘法加上一次加法的时间。大部分 DSP 芯片可在一个指令周期内完成一次乘法和加法操作，如 TMS320LC549-80 的 MAC 时间就是 12.5ns。

3）FFT 执行时间。运行一个 N 点 FFT 程序所需的时间。由于 FFT 运算涉及的运算在数字信号处理中很有代表性，因此 FFT 运算时间常作为衡量 DSP 芯片运算能力的一个指标。

4）MIPS。每秒执行百万条指令。如 TMS320LC549-80 的处理能力为 80MIPS，即每秒可执行八千万条指令。

5）MOPS。每秒执行百万次操作。如 TMS320C40 的运算能力为 275MOPS。

6）MFLOPS。每秒执行百万次浮点操作。如 TMS320C31 在主频为 40MHz 时的处理能力为 40MFLOPS。

7）BOPS。每秒执行十亿次操作。如 TMS320C80 的处理能力为 2BOPS。

（2）DSP 芯片的价格。DSP 芯片的价格也是选择 DSP 芯片所需考虑的一个重要因素。如果采用价格昂贵的 DSP 芯片，即使性能再高，其应用范围肯定会受到一定的限制，尤其是民用产品。因此根据实际系统的应用情况，需确定一个价格适中的 DSP 芯片。当然，由于 DSP 芯片发展迅速，DSP 芯片的价格往往下降较快，因此在开发阶段选用某种价格稍贵的 DSP 芯片，等到系统开发完毕，其价格可能已经下降一半甚至更多。

（3）DSP 芯片的硬件资源。不同的 DSP 芯片所提供的硬件资源是不相同的，如片内 RAM、ROM 的数量，外部可扩展的程序和数据空间，总线接口，I/O 接口等。即使是同一系列的 DSP 芯片（如 TI 的 TMS320C54X 系列），系列中不同 DSP 芯片也具有不同的内部硬件资源，可以适应不同的需要。

（4）DSP 芯片的运算精度。一般的定点 DSP 芯片的字长为 16 位，如 TMS320 系列。但有的公司的定点芯片为 24 位，如 Motorola 公司的 MC56001 等。浮点芯片的字长一般为 32位，累加器为 40 位。

（5）DSP 芯片的开发工具。在 DSP 系统的开发过程中，开发工具是必不可少的。如果没有开发工具的支持，要想开发一个复杂的 DSP 系统几乎是不可能的。如果有功能强大的开发工具的支持，如 C 语言支持，则开发的时间就会大大缩短。所以，在选择 DSP 芯片的同时必须注意其开发工具的支持情况，包括软件和硬件的开发工具。

（6）DSP 芯片的功耗。在某些 DSP 应用场合，功耗也是一个需要特别注意的问题。如便携式的 DSP 设备、手持设备、野外应用的 DSP 设备等都对功耗有特殊的要求。目前，3.3V 供电的低功耗高速 DSP 芯片已大量使用。

（7）其他。除了上述因素外，选择 DSP 芯片还应考虑到封装的形式、质量标准、供货情况、生命周期等。有的 DSP 芯片可能有 DIP、PGA、PLCC、PQFP 等多种封装形式。有些 DSP 系统可能最终要求的是工业级或军用级标准，在选择时就需要注意到所选的芯片是否有工业级或军用级的同类产品。如果所设计的 DSP 系统不仅仅是一个实验系统，而是需要批量生产并可能有几年甚至十几年的生命周期，那么需要考虑所选的 DSP 芯片供货情况如何，是否也有同样甚至更长的生命周期等。

在上述诸多因素中，一般而言，定点 DSP 芯片的价格较便宜，功耗较低，但运算精度稍低；而浮点 DSP 芯片运算精度高，且 C 语言编程调试方便，但价格稍贵，功耗也较大。例如 TI 的 TMS320C2XX/C54X 系列属于定点 DSP 芯片，低功耗和低成本是其主要的特点；而 TMS320C3X/C4X/C67X 属于浮点 DSP 芯片，运算精度高，用 C 语言编程方便，开发周期短，但同时其价格和功耗也相对较高。

6.3　仿　真　软　件

6.3.1　Simulink

Simulink 是 MATLAB 最重要的组件之一，它提供一个动态系统建模、仿真和综合分析的集成环境。在该环境中，无需大量书写程序，而只需要通过简单直观的鼠标操作，就可构造出复杂的系统。Simulink 具有适应面广、结构和流程清晰、仿真精细、贴近实际、效率高、灵活等优点，已广泛应用于控制理论和数字信号处理的复杂仿真和设计。同时有大量的第三方软件和硬件可应用于或被要求应用于 Simulink。

在 Simulink 提供的图形用户界面 GUI 上，只要进行鼠标的简单拖拉操作就可以构造出复杂的仿真模型。它的外表以方框图形式呈现，且采用分层结构。从建模角度，Simulink 既适用于自上而下的设计流程，又适用于自下而上的设计流程。从分析研究角度，这种 Simulink 模型不仅让用户知道具体环节的动态细节，而且能够让用户清晰地了解各器件、各子系统、各系统间的信息交换，掌握各部分的交互影响。

1. Simulink 的功能

Simulink 是 MATLAB 中的一种可视化仿真工具，是一种基于 MATLAB 的框图设计环境，是实现动态系统建模、仿真和分析的一个软件包，被广泛应用于线性系统、非线性系统、数字控制及数字信号处理的建模和仿真中。Simulink 可以用连续采样时间、离散采样时间或两种混合的采样时间进行建模，它也支持多速率系统，也就是系统中的不同部分具有不同的采样速率。为了创建动态系统模型，Simulink 提供了一个建立模型方块图的图形用户接口（GUI），这个创建过程只需单击和拖动鼠标操作就能完成，它提供了一种更快捷、直接明了的方式，而且用户可以立即看到系统的仿真结果。

Simulink 是用于动态系统和嵌入式系统的多领域仿真和基于模型的设计工具。对各种时变系统，包括通信、控制、信号处理、视频处理和图像处理系统，Simulink 提供了交互式图形化环境和可定制模块库来对其进行设计、仿真、执行和测试。

构架在 Simulink 基础之上的其他产品扩展了 Simulink 多领域建模功能，也提供了用于设计、执行、验证和确认任务的相应工具。Simulink 与 MATLAB 紧密集成，可以直接访问 MATLAB 大量的工具来进行算法研发、仿真的分析和可视化、批处理脚本的创建、建模环境的定制以及信号参数和测试数据的定义。

2. Simulink 的使用

（1）在 MATLAB 的命令窗运行指令 simulink 或单击命令窗口中的图标 ，便可以打开如图 6-5 所示的 Simulink 模块库浏览器（Simulink Library Browser）。

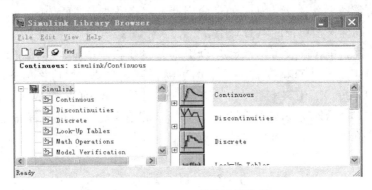

图 6-5　Simulink 模块库浏览器

（2）单击 Source 字库前的"＋"号（或双击字库名），便可以得到各种信源模块，如图 6-6 所示。

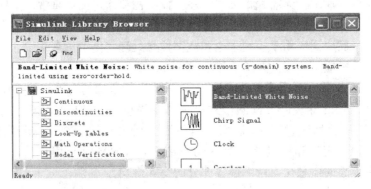

图 6-6　信源子库的模块

（3）单击"新建"图标 ，打开一个名为 untitled 的空白模型窗口，如图 6-7 所示。

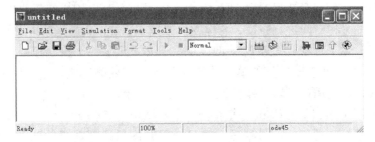

图 6-7　Simulink 的新建模型窗口

（4）用鼠标指向所需的信号源（如阶跃信号 Step），按下鼠标左键，把它拖至 untitled 窗，就生成一个阶跃信号的复制品，如图 6-8 所示。

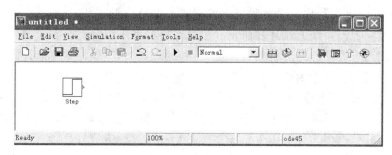

图 6-8　模型创建中的模型窗口

（5）采用上述方法，将信宿库 Sink 中的示波器 Scope 复制到模型窗口，把鼠标指向信源右侧的输出端，当光标变成十字符时，按住鼠标任意键，移向示波器的输入端，就完成了两个模块间的信号连接，如图 6-9 所示。

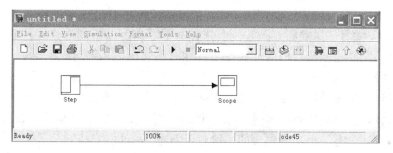

图 6-9　模型创建完毕中的模型窗口

（6）进行仿真，单击模型窗口中的"仿真启动"图标 ▶ 或单击 Simulink 菜单下的 Start，仿真就开始了，就可以观测到阶跃信号的波形了，如图 6-10 所示。

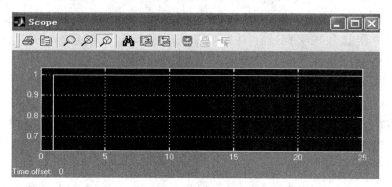

图 6-10　仿真结果波形

6.3.2　SystemView

1. SystemView 简介

SystemView 是美国 ELANIX 公司推出的，基于 Windows 环境下运行的用于系统仿真分析的可视化软件工具，它使用功能模块（Token）去描述程序，无需与复杂的程序语言打交道，不用写一句代码即可完成各种系统的设计与仿真，快速地建立和修改系统、访问与调整参数，方便地加入注释。

利用 SystemView，可以构造各种复杂的模拟、数字、数模混合系统，因此，它可用于各种线性或非线性控制系统的设计和仿真。用户在进行系统设计时，只需从 SystemView 配置的图标库中调出有关图标并进行参数设置，完成图标间的连线，然后运行仿真操作，便最终以时域波形、眼图、功率谱等形式给出系统的仿真分析结果。

SystemView 的库资源十分丰富，包括含若干图标的基本库（Main Library）及专业库（Optional Library），基本库中包括多种信号源、接收器、加法器、乘法器及各种函数运算器等，专业库有通信（Communication）、逻辑（Logic）、数字信号处理（DSP）、射频/模拟（RF/Analog）等。它们特别适合于现代通信系统的设计、仿真和方案论证，尤其适合于无线电话、无绳电话、寻呼机、调制解调器、卫星通信等通信系统，并可进行各种系统时域和频域分析、谱分析，及对各种逻辑电路、射频/模拟电路（混合器、放大器、RLC 电路、运放电路等）进行理论分析和失真分析。

SystemView 能自动执行系统连接检查，给出连接错误信息或尚悬空的待连接端信息，通知用户连接出错并通过显示指出出错的图标。这个特点对用户系统的诊断是十分有效的。

SystemView 的另一重要特点是它可以从各种不同角度以不同方式，按要求设计多种滤波器，并可自动完成滤波器各指标，如幅频特性（伯特图）、传递函数、根轨迹图等之间的转换。

在系统设计和仿真分析方面，SystemView 还提供了一个真实而灵活的窗口用以检查、分析系统波形。在窗口内，可以通过鼠标方便地控制内部数据的图形放大、缩小、滚动等。另外，分析窗中还带有一个功能强大的"接收计算器"，可以完成对仿真运行结果的各种运算、谱分析、滤波。

SystemView 还具有与外部文件的接口，可直接获得并处理输入/输出数据。它提供了与编程语言 VC++或仿真工具 MATLAB 的接口，可以很方便地调用其函数，还具备与硬件设计的接口，与 Xilinx 公司的软件 Core Generator 配套，可以将 SystemView 系统中的部分器件生成下载 FPGA 芯片所需的数据文件。另外，SystemView 还有与 DSP 芯片设计的接口，可以将其 DSP 库中的部分器件生成 DSP 芯片编程的 C 语言源代码。

2. SystemView 各专业库简介

SystemView 的环境包括一套可选的用于增加核心库功能以满足特殊应用的库，包括通信库、DSP 库、射频/模拟库和逻辑库，以及可通过用户代码库来加载的其他一些扩展库。

（1）通信库。SytemView 的通信库包含设计和仿真一个完整的通信系统所必要的工具，包括代表各种模块功能的图标，如纠错编解码、基带脉冲成形、调制、信道模型、解调、数据恢复等，如图 6-11 所示。

（2）DSP 库。SystemView 的 DSP 库能够在待运行的 DSP 芯片模型基础上仿真 DSP 系统。这个库支持大多数 DSP 芯片的算法模式。例如乘法器、加法器、除法器和反相器的图标代表真正的 DSP 算法操作符。还包括高级处理工具，如混合的 Radix FFT、FIR 和 IIR 等，如图 6-12 所示。

（3）逻辑库。SystemView 的逻辑库包括像与非门这样的通用器件的图标。这些图标包括 74 系列器件功能图标和用户自己定制的图标，如图 6-13 所示。

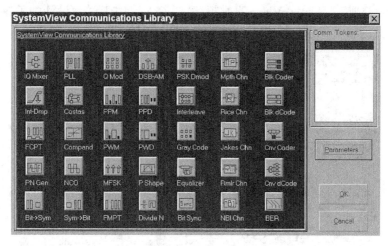

图 6 - 11　通信库

图 6 - 12　DSP 库

图 6 - 13　逻辑库

（4）射频/模拟库。SystemView 的射频/模拟库支持用于射频设计的关键的电子组件，如混合器、放大器和功率分配器，如图 6 - 14 所示。

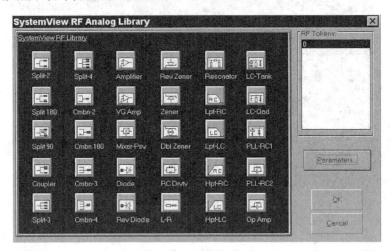

图 6 - 14　射频/模拟库

（5）用户代码库。SystemView 的用户代码库允许用户自己使用 C 或 C＋＋语言编写特定的功能模块来插入提供的模板。这些模板支持大多数商用的 C 或 C＋＋编译器，如图 6 - 15所示。

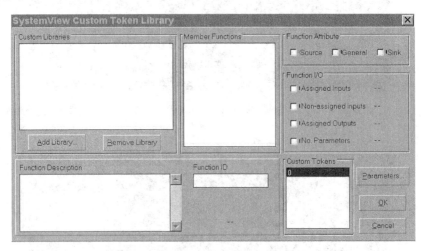

图 6 - 15　用户代码库

6.3.3　Multisim

1. Multisim 系列软件的形成

从事电子产品设计和开发等工作的人员，经常需要对所设计的电路进行实物模拟和调试。其目的在于，一方面是为了验证所设计的电路是否能达到设计要求的技术指标，另一方面通过改变电路中元器件的参数，使整个电路性能达到最佳值。这种实物模拟和调试的方法，不仅费工费时，而且其结果的准确性还要受到实验条件、实验环境、实物制作水平等因素的影响。为了克服这些困难，加拿大 Interactive Image Technologies 公司（IIT 公司）于

20 世纪 80 年代末 90 年代初推出了专门用于电子电路仿真的"虚拟电子工作台"EWB 软件，并于 1996 年推出了 EWB 5.0 版本，为了满足新的电子电路的仿真与设计要求，IIT 公司从 EWB 6.0 版本开始，将专用于电路级仿真与设计的模块更名为 Multisim（多功能仿真软件），在保留了 EWB 形象直观等优点的基础上，大大增强了软件的仿真测试和分析功能。

在 EWB 仿真设计的模块更名为 Multisim 以后，Electronics Workbench Layout 模块更名为 Ultiboard，这是以从荷兰收购来的以 Ultimate 软件为核心开发的新的 PCB 软件。为了加强 Ultiboard 的布线能力，还开发了一个 Ultiroute 布线引擎。随后 IIT 公司又推出了一个专门用于通信电路分析与设计的模块——Commsim。Multisim、Ultiboard、Ultiroute 及 Commsim 是现今 EWB 的基本组成部分，这些软件能完成从电路的仿真设计到电路板图生成的全过程。但它们彼此之间相互独立，可以分别使用。目前，这 4 个 EWB 模块中最具特色的仍首推 EWB 仿真模块——Multisim。到目前为止，Multisim 已经过了多个版本的衍变。

Multisim 本是 IIT 公司推出的以 Windows 为基础的仿真工具，被美国 NI 公司收购后，更名为 NI Multisim。

2. NI Multisim 10 功能介绍

NI Multisim 10 用软件的方法虚拟电子与电工元器件，虚拟电子与电工仪器和仪表，实现了"软件即元器件"、"软件即仪器"。NI Multisim 10 是一个原理电路设计、电路功能测试的虚拟仿真软件。

NI Multisim 10 的元器件库提供数千种电路元器件供实验选用，同时也可以新建或扩充已有的元器件库，而且建库所需的元器件参数可以从生产厂商的产品使用手册中查到，因此可很方便地在工程设计中使用。

NI Multisim 10 的虚拟测试仪器仪表种类齐全，有一般实验用的通用仪器，如万用表、函数信号发生器、双踪示波器、直流电源，还有一般实验室少有或没有的仪器，如波特图仪、字信号发生器、逻辑分析仪、逻辑转换器、失真仪、频谱分析仪和网络分析仪等。

NI Multisim 10 具有较为详细的电路分析功能，可以完成电路的瞬态分析和稳态分析、时域和频域分析、器件的线性和非线性分析、电路的噪声分析和失真分析、离散傅里叶分析、电路零极点分析、交直流灵敏度分析等，以帮助设计人员分析电路的性能。

NI Multisim 10 可以设计、测试和演示各种电子电路，包括电工学、模拟电路、数字电路、射频电路及微控制器和接口电路等。可以对被仿真的电路中的元器件设置各种故障，如开路、短路和不同程度的漏电等，从而观察不同故障情况下的电路工作状况。在进行仿真的同时，软件还可以存储测试点的所有数据，列出被仿真电路的所有元器件清单，以及存储测试仪器的工作状态、显示波形和具体数据等。

NI Multisim 10 有丰富的 Help 功能，其 Help 系统不仅包括软件本身的操作指南，更主要的是包含有元器件的功能解说。Help 中这种元器件功能解说有利于使用 EWB 进行 CAI 教学。另外，NI Multisim10 还提供了与国内外流行的印刷电路板设计自动化软件 Protel 及电路仿真软件 PSpice 之间的文件接口，也能通过 Windows 的剪贴板把电路图送往文字处理系统中进行编辑排版。支持 VHDL 和 Verilog HDL 语言的电路仿真与设计。

利用 NI Multisim 10 可以实现计算机仿真设计与虚拟实验，与传统的电子电路设计与实验方法相比，具有如下特点：设计与实验可以同步进行，可以边设计边实验，修改调试方便；设计和实验用的元器件及测试仪器仪表齐全，可以完成各种类型的电路设计与实验；可方便地对电路参数进行测试和分析；可直接打印输出实验数据、测试参数、曲线和电路原理图；实验中不消耗实际的元器件，实验所需元器件的种类和数量不受限制，实验成本低，实验速度快，效率高；设计和实验成功的电路可以直接在产品中使用。

NI Multisim 10 易学易用，便于电子信息、通信工程、自动化、电气控制类专业学生自学和开展综合性的设计和实验，有利于培养综合分析能力、开发和创新的能力。

3. Multisim 界面介绍

（1）整体界面。Multisim 整体界面如图 6-16 所示。

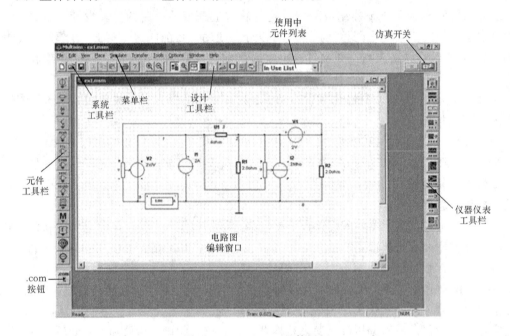

图 6-16 Multisim 整体界面

Multisim 窗口界面主要包括以下几个部分：

菜单栏：File Edit View Place Simulate Transfer Tools Options Window Help，从左到右依次是文件、编辑、视图、放置、仿真、传输、工具、选项、窗口、帮助。

系统工具栏：包括新建、打开、保存、剪切、复制等。

设计工具栏：包括器件、编辑器、仪表、仿真等。

元件工具栏：包括电源、基本元件、二极管、晶体管、模拟元件、元器件、总线等。

仪器仪表工具栏：从左到右分别是数字万用表、函数发生器、示波器、波特图仪、字信号发生器、逻辑分析仪、瓦特表、逻辑转换仪、失真分析仪、网络分析仪、频谱分析仪。

（2）菜单栏：

File　Edit　View　Place　Simulate　Transfer　Tools　Options　Window　Help

File：管理所创建的电路文件。

Edit：基本编辑操作命令。

View：调整视图窗口。

Place：在编辑窗口中放置节点、元器件、总线、输入/输出端、文本、子电路等对象。

Simulate：提供仿真的各种设备和方法。

Transfer：将所搭电路及分析结果传输给其他应用程序。

Tools：用于创建、编辑、复制、删除元件。

Options：对程序的运行和界面进行设置。

Window：与窗口显示方式相关的选项。

（3）设计工具栏：

器件按钮缺省显示。当选择该按钮时，器件选择器显示。

器件编辑器按钮，用以调整或增加器件。

仪表按钮，用以给电路添加仪表或观察仿真结果。

仿真按钮，用以开始、暂停或结束仿真。

分析按钮，用以选择要进行的分析。

后分析器按钮，用以进行对仿真结果的进一步操作。

VHDL/Verilog 按钮，用以使用 VHDL 模型进行设计。

报告按钮，用以打印有关电路的报告。

传输按钮，用以与其他程序通信。

（4）元件工具栏：

电源库。

基本元件库。

二极管库。

晶体管库。

模拟元件库。

TTL 元件库。

COMS 元件库。

其他数字元件库。

混合芯片库。

指示部件库。

其他部件库。

控制部件库。

射频器件库。

机电类元件库。

（5）仪器仪表工具栏：

从左到右分别是数字万用表、函数发生器、示波器、波特图仪、字信号发生器、逻辑分析仪、瓦特表、逻辑转换仪、失真分析仪、网络分析仪、频谱分析仪。

说明：电压表和电流表在指示器件库中选择，而不是在仪器库中选择。

4. 仿真分析方法

Multisim10 提供了非常齐全的仿真与分析功能。启动 Simulate/Analyses 命令，或 ▣ 按

图 6-17　分析次菜单

钮，即可拉出如图 6-17 所示的次菜单，其中包括 20 个分析命令，从上至下依次为直流工作点分析、交流分析、瞬态分析、傅里叶分析、噪声分析、失真分析、直流扫描分析、灵敏度分析、参数扫描分析、温度扫描分析、极点—零点分析、传递函数分析、最坏情况分析、蒙特卡罗分析、线宽分析、用户自定义分析、批处理分析、噪声系数分析、RF 分析。

下面举例介绍模拟电路分析中常用的几种分析方法。

（1）静态工作点分析。静态工作点分析是最基本的电路分析，通常是为了找出电子电路的直流偏压，所以在进行操作点分析时，电路中的交流信号将自动设为 0，电路中的电容器视为开路，电感被视为短路，交流电源输出为 0，电路处于稳态。直流工作点的分析结果可用于瞬态分析、交流分析和参数扫描分析等。

（2）交流分析。交流分析是分析电路的小信号频率响应，分析的结果是幅频特性和相频特性。电路中的所有零件都将被考虑，如果用到数字零件，将被视同是一个接地的大电阻；而交流分析是以正弦波为输入信号，不管我们在电路的输入端输入何种信号，进行分析时都将自动以正弦波替换，而其信号频率也将以设定的范围替换之。当我们要进行交流分析时，可启动 Simulate/Analyses/AC Analysis 命令。

（3）瞬态分析。瞬态分析用于分析电路的时域响应，分析的结果是电路中指定变量与时间函数的关系。在瞬态分析中，系统将直流电源视为常量，交流电源按时间函数输出，电容和电感采用储能模型。

（4）噪声分析。噪声分析用于研究噪声对电路性能的影响。NI Multisim 10 提供了 3 种噪声模型：热噪声、散弹噪声和闪烁噪声。噪声分析的结果是每个指定电路元件对指定输出节点的噪声贡献，用噪声谱密度函数表示。

5. 电子电路的仿真步骤

（1）定制界面。根据用户习惯可以定制基本界面，包括以下两个方面：

1）设定元器件符号标准。通过设置 Option 菜单中的 Preference 命令中的 Component Bin 项来实现。Component Bin 项中的 Symbol Standard 区有两个单选项，其中的 ANSI 选项设置采用美国标准，而 DIN 选项设置采用欧洲标准。由于我国电器符号标准与欧洲标准

相近，因此可选择 DIN（根据经验，除了直流电源采用 ANSI 设置外，其他元器件一般可采用 DIN 设置）。

2）设定显示节点号。缺省情况下电路中的节点号不显示，可通过设置 Option 菜单中的 Preference 命令中的 Circuit 项来实现，选中该项中 Show 区的 Show Node Names 即可。

（2）从元器件库中逐个调用电路所需的元器件。用鼠标左键单击相应的元器件库符号以打开元器件库，然后单击相应的元器件，将元器件拖到窗口界面中的相应位置。

（3）电路连线。用鼠标左键分别单击待连线的两个管脚，即可实现元件之间的连线。另外，在连线过程中当需要节点时，系统将自动形成节点。

此外，连线的颜色也可以指定，只要指向所要改变颜色的连线上，按鼠标右键，即可拉出快捷菜单，其中的 Delete 命令可删除该连线，Color 命令可设定该连线的颜色。

（4）加入测量仪器。从图符工具栏中将仪器（如示波器）分别拖到画面中的相应位置，并将电路的待测量端分别连接到仪器相应的端口上。

（5）仿真。按 开关即可开始电路仿真。

（6）仿真结果的保存。静态和动态仿真结果都可以文件方式保存到磁盘中。

6.4 测 试 仪 器

6.4.1 信号发生器

信号发生器也称信号源（见图 6-18），是一种用来产生振荡信号的仪器，可为使用者提供需要的稳定、可信的参考信号，并且信号的特征参数完全可控。所谓可控信号特征，主要是指输出信号的频率、幅度、波形、占空比、调制形式等参数都可以人为地控制设定。随着科技的发展，实际应用到的信号形式越来越多，越来越复杂，频率也越来越高，所以信号发生器的种类也越来越多，同时信号发生器的电路结构形式也不断向着智能化、软件化、可编程化发展。

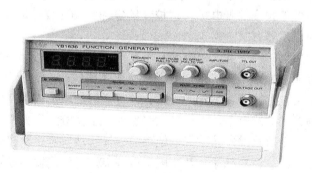

图 6-18 信号发生器

1. 信号发生器的分类

信号发生器所产生的信号在电路中常常用来代替前端电路的实际信号，为后端电路提供一个理想信号。由于信号源信号的特征参数均可人为设定，因此可以方便地模拟各种情况下不同特性的信号，这对于产品研发和电路实验特别有用。在电路测试中，我们可以通过测量、对比输入和输出信号，来判断信号处理电路的功能和特性是否达到设计要求。例如，用信号发生器产生一个频率为 1kHz 的正弦波信号，输入到一个被测的信号处理电路（功能为正弦波输入、方波输出），在被测电路输出端可以用示波器检验是否有符合设计要求的方波输出。高精度的信号发生器在计量和校准领域也可以作为标准信号源（参考源），待校准仪器以参考源为标准进行调校。由此可看出，信号发生器可广泛应用在电子研发、维修、测量、校准等领域。

信号发生器按信号波形可分为正弦信号发生器、函数发生器、脉冲信号发生器和随机信号发生器。

（1）正弦信号发生器。正弦信号主要用于测量电路和系统的频率特性、非线性失真、增益及灵敏度等。按频率覆盖范围分为低频信号发生器、高频信号发生器和微波信号发生器；按输出电平可调节范围和稳定度分为简易信号发生器（即信号源）、标准信号发生器（输出功率能准确地衰减到 −100dBmW 以下）和功率信号发生器（输出功率达数十毫瓦以上）；按频率改变的方式分为调谐式信号发生器、扫频式信号发生器、程控式信号发生器和频率合成式信号发生器等。

1）高频信号发生器。频率为 100kHz～30MHz 的高频、30～300MHz 的甚高频信号发生器。一般采用 LC 调谐式振荡器，频率可由调谐电容器的度盘刻度读出。主要用途是测量各种接收机的技术指标。输出信号可用内部或外加的低频正弦信号调幅或调频，使输出载频电压能够衰减到 1mV 以下。此外，仪器还有防止信号泄漏的良好屏蔽。

2）微波信号发生器。从分米波直到毫米波波段的信号发生器。信号通常由带分布参数谐振腔的超高频三极管和反射速调管产生，但有逐渐被微波晶体管、场效应管和耿氏二极管等固体器件取代的趋势。仪器一般靠机械调谐腔体来改变频率，每台可覆盖一个倍频程左右，由腔体耦合出的信号功率一般可达 10mW 以上。

（2）函数发生器。又称波形发生器。它能产生某些特定的周期性时间函数波形（主要是正弦波、方波、三角波、锯齿波和脉冲波等）信号。频率范围可从几毫赫甚至几微赫的超低频直到几十兆赫。除供通信、仪表和自动控制系统测试用外，还广泛用于其他非电测量领域。对这些函数发生器的频率都可电控、程控、锁定和扫频，仪器除工作于连续波状态外，还能按键控、门控或触发等方式工作。

（3）脉冲信号发生器。产生宽度、幅度和重复频率可调的矩形脉冲的发生器。可用于测试线性系统的瞬态响应，或用模拟信号来测试雷达、多路通信和其他脉冲数字系统的性能。脉冲信号发生器主要由主控振荡器、延时级、脉冲形成级、输出级和衰减器等组成。主控振荡器通常为多谐振荡器之类的电路，除能自激振荡外，主要按触发方式工作。通常在外加触发信号之后首先输出一个前置触发脉冲，以便提前触发示波器等观测仪器，然后再经过一段可调节的延迟时间才输出主信号脉冲，其宽度可以调节。有的能输出成对的主脉冲，有的能分两路分别输出不同延迟的主脉冲。

（4）随机信号发生器。随机信号发生器分为噪声信号发生器和伪随机信号发生器两类。

1）噪声信号发生器。完全随机性信号是在工作频带内具有均匀频谱的白噪声。常用的白噪声发生器主要有工作于 1000MHz 以下同轴线系统的饱和二极管式白噪声发生器，用于微波波导系统的气体放电管式白噪声发生器，利用晶体二极管反向电流中噪声的固态噪声源（可工作在 18GHz 以下整个频段内）等。噪声信号发生器输出的强度必须已知，通常用其输出噪声功率超过电阻热噪声的分贝数（称为超噪比）或用其噪声温度来表示。噪声信号发生器主要用途是：①在待测系统中引入一个随机信号，以模拟实际工作条件中的噪声而测定系统的性能；②外加一个已知噪声信号与系统内部噪声相比较，以测定噪声系数；③用随机信号代替正弦或脉冲信号，以测试系统的动态特性。例如，用白噪声作为输入信号而测出网络的输出信号与输入信号的互相关函数，便可得到这一网络的冲激响应函数。

2）伪随机信号发生器。用白噪声信号进行相关函数测量时，若平均测量时间不够长，则会出现统计性误差，这可用伪随机信号来解决。只要所取的测量时间等于这种编码信号周期的整数倍，便不会引入统计性误差。二进码信号还能提供相关测量中所需的时间延迟。

2. 信号发生器的基本操作

（1）将电源线接入 220V、50Hz 交流电源上。应注意三芯电源插座的地线脚应与大地妥善接好，避免干扰。

（2）开机前应把面板上各输出旋钮旋至最小。

（3）为了得到足够的频率稳定度，需预热。

（4）频率调节：按下相应的按键，然后再调节至所需要的频率。

（5）波形转换：根据需要波形种类，按下相应的波形键位。波形选择键是：正弦波、矩形波、尖脉冲、TTL 电平。

（6）幅度调节：正弦波与脉冲波幅度分别由正弦波幅度和脉冲波幅度调节。

（7）输出选择：根据需要选择"ON/OFF"键，否则没有输出。

3. 信号发生器应用

（1）用信号发生器发信号。波形选择：选择"～"键，输出信号即为正弦波信号。频率选择：选择"kHz"键，输出信号频率以 kHz 为单位。

必须说明的是，信号发生器的测频电路，要求按键和旋钮缓慢调节；信号发生器本身能显示输出信号的值，当输出电压不符合要求时，需要另配交流表测量输出电压，选择不同的衰减再配合调节输出正弦信号的幅度，直到输出电压达到要求。

若要观察输出信号波形，可把信号输入示波器。需要输出其他信号，可参考上述步骤操作。

（2）用信号发生器测量电子电路的灵敏度。信号发生器发出与电子电路相同模式的信号，然后逐渐减小输出信号的幅度（强度），同时通过监测输出的水平。当电子电路输出有效信号与噪声的比例劣化到一定程度时（一般灵敏度测试信噪比标准 $S/N=12$dB），信号发生器输出的电平数值就等于所测电子电路的灵敏度。在此测试中，信号发生器模拟了信号，而且模拟的信号强度是可以人为调节的。

用信号发生器测量电子电路的灵敏度，其标准的连接方法是：信号发生器信号输出通过电缆接到电子电路输入端，电子电路输出端连接示波器输入端。

4. 信号发生器的品牌

目前，国内高端信号发生器以美国 Agilent（安捷伦）和德国 Rohde&Schwarz（罗德与施瓦茨）品牌产品为主。此外，Tektronix（泰克）、Aeroflex-IFR 和日本 ANRITSU（安立）的信号发生器也很好。国内高档函数信号发生器用得比较多的是 Agilent 33210A 和 33220A，高端一些的产品是 Agilent 33250A。高频（射频）信号发生器主要是 Agilent E4428C 和罗德与施瓦茨的 SMC100A。

SMC100A 一改以往高精度信号源笨重、占地大的形象，在同级别产品中可以用"轻巧"二字形容。

国产信号发生器中，普源 RIGOL 和盛普，以及中国台湾老品牌固纬，都是有很好口碑的产品，扬中科泰的产品也不错。普源的 DG1022 是一款普及型的中档函数信号发生器，设计理念先进，外观时尚，具有很好的性价比，售价只有国际品牌同类产品的 20％ 左右，完全适合普通研发和维修以及教学使用。

6.4.2 万用表

常见的万用表有指针式万用表和数字式万用表，如图 6-19 所示。指针式多用表是一表头为核心部件的多功能测量仪表，测量值由表头指针指示读取。数字式万用表的测量值由液晶显示屏直接以数字的形式显示，读取方便，有些还带有语音提示功能。万用表是公用一个表头，集电压表、电流表和欧姆表于一体的仪表。

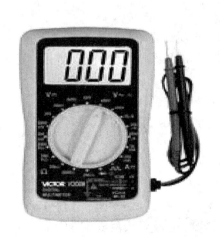

图 6-19　万用表

万用表的直流电流挡是多量程的直流电压表，表头并联闭路式分压电阻即可扩大其电压量程。万用表的直流电压挡是多量程的直流电压表，表头串联分压电阻即可扩大其电压量程。分压电阻不同，相应的量程也不同。万用表的表头为磁电系测量机构，它只能通过直流，利用二极管将交流变为直流，从而实现交流电的测量。

1. 万用表结构

万用表是电子测试领域最基本的工具，也是一种使用广泛的测试仪器。万用表又叫多用表、三用表（A、V、Ω，即电流，电压，电阻三用）、复用表、万能表。一般万用表可测量直流电流、直流电压、交流电压、电阻和音频电平等，有的还可以测交流电流、电容量、电感量、温度及半导体（二极管、三极管）的一些参数。数字式万用表已成为主流，已经取代模拟式仪表。与模拟式仪表相比，数字式仪表灵敏度高，精确度高，显示清晰，过载能力强，便于携带，使用也更方便简单。

万用表由表头、测量电路及转换开关等三个主要部分组成。

（1）表头。万用表的表头是灵敏电流计。表头上的表盘印有多种符号、刻度线和数值。符号 A-V-Ω 表示这只电表是可以测量电流、电压和电阻的多用表。表盘上印有多条刻度线，其中右端标有"Ω"的是电阻刻度线，其右端为 0，左端为∞，刻度值分布是不均匀的。符号"－"或"DC"表示直流，"～"或"AC"表示交流，"～"表示交流和直流共用。刻度线下的几行数字是与转换开关的不同挡位相对应的刻度值。

表头上还设有机械零位调整旋钮，用以校正指针在左端零位。

（2）测量电路。测量电路是用来把各种被测量转换到适合表头测量的微小直流电流的电路，它由电阻、半导体元件及电池组成。它能将各种不同的被测量（如电流、电压、电阻等）、不同的量程，经过一系列的处理（如整流、分流、分压等）统一变成一定量限的微小直流电流送入表头进行测量。

（3）转换开关。其作用是选择各种不同的测量线路，以满足不同种类和不同量程的测量要求。转换开关一般是一个圆形拨盘，在其周围分别标有功能和量程。

2. 数字式万用表设计原理

数字式万用表的测量过程是由转换电路将被测量转换成直流电压信号，再由模/数（A/D）转换器将电压模拟量转换成数字量，然后通过电子计数器计数，最后把测量结果用数字直接显示在显示屏上。

万用表测量电压、电流和电阻功能是通过转换电路实现的，而电流、电阻的测量都是基于电压的测量，也就是说数字式万用表是在数字直流电压表的基础上扩展而成的。

数字直流电压表 A/D 转换器将随时间连续变化的模拟电压量变换成数字量，然后由电子计数器对数字量进行计数得到测量结果，再由译码显示电路将测量结果显示出来。逻辑控制电路控制电路的协调工作，在时钟的作用下按顺序完成整个测量过程。

数字式万用表是目前最常用的一种数字仪表。其主要特点是准确度高、分辨率强、测试功能完善、测量速度快、显示直观、过滤能力强、耗电省、便于携带。20 世纪 90 年代以来，数字万用表在我国迅速获得普及与广泛使用，已成为现代电子测量与维修工作的必备仪表，并正在逐步取代传统的模拟式（即指针式）万用表。

选择数字式万用表的原则很多，有时甚至会因人而异。但对于手持式（袖珍式）数字式万用表而言，大致应具备以下特点：显示清晰，准确度高，分辨力强，测试范围宽，测试功能齐全，抗干扰能力强，保护电路比较完善，外形美观、大方、操作简便、灵活，可靠性好，功耗较低，便于携带，价格适中等。

3. 指针式万用表与数字式万用表的优缺点对比

指针式与数字式万用表各有优缺点。

指针式万用表是一种平均值式仪表，它具有直观、形象的读数指示（一般读数值与指针摆动角度密切相关，所以很直观）。

数字式万用表是瞬时取样式仪表。它采用 0.3s 取一次样来显示测量结果，有时每次取样结果只是十分相近，并不完全相同，这对于读取结果就不如指针式方便。指针式万用表一般内部没有放大器，所以内阻较小。

数字式万用表由于内部采用了运放电路，内阻可以做得很大，往往在 1MΩ 或更大（即可以得到更高的灵敏度）。这使得对被测电路的影响可以更小，测量精度较高。

指针式万用表由于内阻较小，且多采用分立元件构成分流分压电路，因此频率特性是不均匀的（相对数字式来说）；而数字式万用表的频率特性相对好一点。指针式万用表内部结构简单，所以成本较低，功能较少，维护简单，过流过压能力较强。

　　数字式万用表内部采用了多种振荡、放大、分频保护等电路，所以功能较多。比如可以测量温度、频率（在一个较低的范围）、电容、电感，以及做信号发生器等。

　　数字式万用表因为内部结构多为集成电路所以过载能力较差，损坏后一般也不易修复。数字式万用表输出电压较低（通常不超过 1V），对于一些电压特性特殊的元件测试不便（如晶闸管、发光二极管等）。指针式万用表输出电压较高，电流也大，可以方便地测试晶闸管、发光二极管等。

　　对于初学者应当使用指针式万用表，对于非初学者应当使用两种仪表。

　　4. 数字式万用表的主要指标、显示位数及显示特点

　　数字式万用表的显示位数通常为 $3\frac{1}{2}$ 位～$8\frac{1}{2}$ 位。判定数字仪表的显示位数有两条原则：①能显示从 0～9 中所有数字的位数是整位数；②分数位的数值是以最大显示值中最高位数字为分子，用满量程时计数值为 2000，这表明该仪表有 3 个整数位，而分数位的分子是 1，分母是 2，故称之为 $3\frac{1}{2}$ 位，读作"三位半"，其最高位只能显示 0 或 1（0 通常不显示）。$3\frac{2}{3}$ 位（读作"三又三分之二位"）数字式万用表的最高位只能显示 0～2 的数字，故最大显示值为 ±2999。在同样情况下，它要比 $3\frac{1}{2}$ 位的数字式万用表的量限高 50%，尤其在测量 380V 的交流电压时是很有价值的。

　　普及型数字式万用表一般属于 $3\frac{1}{2}$ 位显示的手持式万用表，$4\frac{1}{2}$、$5\frac{1}{2}$ 位（6 位以下）数字式万用表分为手持式、台式两种。$6\frac{1}{2}$ 位以上大多属于台式数字万用表。

　　数字式万用表采用先进的数显技术，显示清晰直观、读数准确。它既能保证读数的客观性，又符合人们的读数习惯，能够缩短读数或记录时间。这些优点是传统的模拟式（即指针式）万用表所不具备的。

　　（1）准确度（精度）。数字式万用表的准确度是测量结果中系统误差与随机误差的综合。它表示测量值与真值的一致程度，也反映测量误差的大小。一般来讲准确度越高，测量误差就越小，反之亦然。

　　数字式万用表的准确度远优于指针式万用表。万用表的准确度是一个很重要的指标，它反映万用表的质量和工艺能力，准确度差的万用表很难表达出真实的值，容易引起测量上的误判。

　　（2）分辨力（分辨率）。数字式万用表在最低电压量程上末位 1 个字所对应的电压值，称作分辨力，它反映出仪表灵敏度的高低。数字仪表的分辨力随显示位数的增加而提高。不同位数的数字式万用表所能达到的最高分辨力指标不同。

　　数字式万用表的分辨力指标也可用分辨率来显示。分辨率是指仪表能显示的最小数字（零除外）与最大数字的百分比。

　　需要指出，分辨率与准确度属于两个不同的概念。前者表征仪表的"灵敏性"，即对微小电压的"识别"能力；后者反映测量的"准确性"，即测量结果与真值的一致程度。二者无必然的联系，因此不能混为一谈。从测量角度看，分辨力是"虚"指标（与测量误差无

关），准确度才是"实"指标（它决定测量误差的大小）。因此，任意增加显示位数来提高仪表分辨力的方案是不可取的。

（3）测量范围。在多功能数字式万用表中，不同功能均有其对应的可以测量的最大值和最小值。

（4）测量速率。数字式万用表每秒钟对被测电量的测量次数叫测量速率，其单位是"次/s"。它主要取决于 A/D 转换器的转换速率。有的手持式数字万用表用测量周期来表示测量的快慢。完成一次测量过程所需要的时间叫测量周期。

测量速率与准确度指标存在着矛盾，通常是准确度越高，测量速率越低，二者难以兼顾。解决这一矛盾可在同一块万用表设置不同的显示位数或设置测量速度转换开关：增设快速测量挡，该挡用于测量速率较快的 A/D 转换器；通过降低显示位数来大幅度提高测量速率，此法应用的比较普通，可满足不同用户对测量速率的需要。

（5）输入阻抗。测量电压时，仪表应具有很高的输入阻抗，这样在测量过程中从被测电路中吸取的电流极少，不会影响被测电路或信号源的工作状态，能够减少测量误差。

测量电流时，仪表应该具有很低的输入阻抗，这样接入被测电路后，可尽量减小仪表对被测电路的影响，但是在使用万用表电流挡时，由于输入阻抗较小，因此较容易烧坏仪表，请用户在使用时注意。

5. 万用表操作注意事项

（1）使用前应熟悉万用表各项功能，根据被测量的对象，正确选用挡位、量程及表笔插孔。

（2）在对被测数据大小不明时，应先将量程开关置于最大值，而后由大量程往小量程挡处切换，使仪表指针指示在满刻度的 1/2 以上处即可。

（3）测量电阻时，在选择了适当倍率挡后，将两表笔相碰使指针指在零位，如指针偏离零位，应调节"调零"旋钮，使指针归零，以保证测量结果准确。若不能调零或数显表发出低电压报警，应及时检查。

（4）在测量某电路电阻时，必须切断被测电路的电源，不得带电测量。

（5）使用万用表进行测量时，要注意人身和仪表设备的安全，测试中不得用手触摸表笔的金属部分，不允许带电切换挡位开关，以确保测量准确，避免发生触电和烧毁仪表等事故。

6.4.3　示波器

示波器是测试电子线路时最重要的测试仪器，由于示波器的操作相对万用表复杂得多，因此掌握起来比较困难。在电子线路测试越来越多的今天，示波器的应用已经变得必不可少。熟练地使用示波器是电子、电气工程师和电子爱好者必须掌握的基本技能。

示波器是一种用途十分广泛的电子测量仪器。它能把肉眼看不见的电信号变换成看得见的图像，以便于人们研究各种电现象的变化过程。示波器利用狭窄的、由高速电子组成的电子束，打在涂有荧光物质的屏面上，就可产生细小的光点（这是传统的模拟示波器的工作原理）。在被测信号的作用下，电子束就好像一支笔的笔尖，可以在屏面上描绘出被测信号的瞬时值的变化曲线。利用示波器能观察各种不同信号幅度随时间变化的波形曲线，还可以用它测试各种不同的电量，如电压、电流、频率、相位差、调幅度等。

6.4.3.1 示波器分类

示波器可以分为模拟示波器和数字示波器,对于大多数的电子应用,模拟示波器和数字示波器都是可以胜任的,只是对于一些特定的应用,由于模拟示波器和数字示波器所具备的特性不同,才会出现适合和不适合的地方。

模拟示波器的工作方式是直接测量信号电压,并且通过从左到右穿过示波器屏幕的电子束在垂直方向描绘电压。

数字示波器的工作方式是通过模拟转换器(ADC)把被测电压转换为数字信息。数字示波器捕获的是波形的一系列样值,并对样值进行存储,存储限度是判断累计的样值是否能描绘出波形,随后,数字示波器重构波形。

数字示波器可以分为数字存储示波器(DSO)、数字荧光示波器(DPO)和采样示波器。

模拟示波器要提高带宽,需要示波管、垂直放大和水平扫描全面推进。数字示波器要改善带宽,只需要提高前端的 A/D 转换器的性能,对示波管和扫描电路没有特殊要求。20 世纪 80 年代数字示波器异军突起,成果累累,大有全面取代模拟示波器之势。

图 6 - 20 所示为数字示波器的实物图。

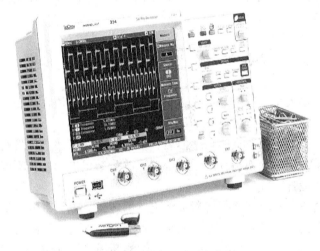

图 6 - 20　数字示波器实物图

6.4.3.2 示波器使用方法

示波器虽然分为好几类,各类又有许多种型号,但是一般的示波器除频带宽度、输入灵敏度等不完全相同外,其使用方法基本上都是相同的。本章以 SR-8 型双踪示波器为例进行介绍。

1. 面板装置

SR-8 型双踪示波器的面板图如图 6 - 21 所示。其面板装置按其位置和功能通常可划分为三大部分:显示、垂直(Y 轴)、水平(X 轴)。现分别介绍这三个部分控制装置的作用。

(1)显示部分。

1)电源开关。

2)电源指示灯。

3)辉度调整光点亮度。

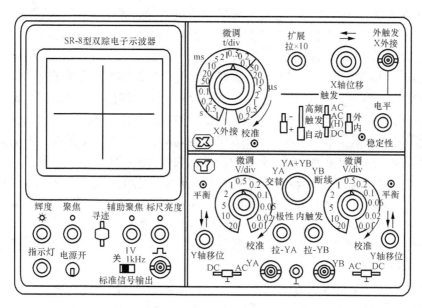

图 6 - 21　SR-8 型双踪示波器的面板图

4）聚焦调整光点或波形清晰度。

5）辅助聚焦配合"聚焦"旋钮调节清晰度。

6）标尺亮度调节坐标片上刻度线亮度。

7）寻迹按键按下时，使偏离荧光屏的光点回到显示区域，而寻到光点位置。标准信号输出 1kHz、1V 方波校准信号。加到 Y 轴输入端，用以校准 Y 轴输入灵敏度和 X 轴扫描速度。

（2）Y 轴插件部分。

1）显示方式选择开关。用于转换两个 Y 轴前置放大器 YA 与 YB 工作状态的控制件，具有五种不同作用的显示方式：

a）交替。当显示方式开关置于"交替"时，电子开关受扫描信号控制转换，每次扫描都轮流接通 YA 或 YB 信号。被测信号的频率越高，扫描信号频率也越高，电子开关转换速率也越快，不会有闪烁现象。这种工作状态适用于观察两个工作频率较高的信号。

b）断续。当显示方式开关置于"断续"时，电子开关不受扫描信号控制，产生频率固定为 200kHz 方波信号，使电子开关快速交替接通 YA 和 YB。由于开关动作频率高于被测信号频率，因此屏幕上显示的两个通道信号波形是断续的。当被测信号频率较高时，断续现象十分明显，甚至无法观测；当被测信号频率较低时，断续现象被掩盖。因此，这种工作状态适合于观察两个工作频率较低的信号。

c）YA、YB。显示方式开关置于"YA"或"YB"时，表示示波器处于单通道工作，此时示波器的工作方式相当于单踪示波器，即只能单独显示"YA"或"YB"通道的信号波形。

d）YA＋YB：显示方式开关置于"YA＋YB"时，电子开关不工作，YA 与 YB 两路信号均通过放大器和门电路，示波器将显示出两路信号叠加的波形。

2）"DC－⊥－AC"Y 轴输入选择开关。用于选择被测信号接至输入端的耦合方式。置于"DC"是直接耦合，能输入含有直流分量的交流信号；置于"AC"位置，实现交流耦合，只能输入交流分量；置于"⊥"位置时，Y轴输入端接地，这时显示的时基线一般作为测试直流电压零电平的参考基准线。

3）"微调V/div"灵敏度选择开关及微调装置。灵敏度选择开关系套轴结构，黑色旋钮是Y轴灵敏度粗调装置，自10mV/div～20V/div分11挡。红色旋钮为细调装置，顺时针方向增加到满度时为校准位置，可按粗调旋钮所指示的数值，读取被测信号的幅度。当此旋钮反时针转到满度时，其变化范围应大于2.5倍，连续调节"微调"电位器，可实现各挡级之间的灵敏度覆盖，在作定量测量时，此旋钮应置于顺时针满度的"校准"位置。

4）"平衡"。当Y轴放大器输入电路出现不平衡时，显示的光点或波形就会随"V/div"开关的"微调"旋转而出现Y轴方向的位移，调节"平衡"电位器能将这种位移减至最小。

5）"↑↓"Y轴位移电位器。用于调节波形的垂直位置。

6）"极性、拉YA"YA通道的极性转换按拉式开关。拉出时YA通道信号倒相显示，即显示方式（YA+YB）时，显示图像为YB−YA。

7）"内触发、拉YB"触发源选择开关。在按的位置上（常态）扫描触发信号分别取自YA及YB通道的输入信号，适应于单踪或双踪显示，但不能够对双踪波形作时间比较。当把开关拉出时，扫描的触发信号只取自于YB通道的输入信号，因而它适合于双踪显示时对比两个波形的时间和相位差。

8）Y轴输入插座。采用BNC型插座，被测信号由此直接或经探头输入。

（3）X轴插件部分。

1）"t/div"扫描速度选择开关及微调旋钮。X轴的光点移动速度由其决定，从0.2μs～1s共分21挡级。当该开关"微调"电位器顺时针方向旋转到底并接上开关后，即为"校准"位置，此时"t/div"的指示值，即为扫描速度的实际值。

2）"扩展、拉×10"扫描速度扩展装置。按拉式开关，在按的状态作正常使用，拉的位置扫描速度增加10倍。"t/div"的指示值，也应相应计取。采用"扩展拉×10"适于观察波形细节。

3）"→ ←"X轴位置调节旋钮。X轴光迹的水平位置调节电位器，是套轴结构。外圈旋钮为粗调装置，顺时针方向旋转基线右移，反时针方向旋转则基线左移。置于套轴上的小旋钮为细调装置，适用于经扩展后信号的调节。

4）"外触发、X外接"插座。采用BNC型插座。在使用外触发时，作为连接外触发信号的插座，也可以作为X轴放大器外接时信号输入插座。其输入阻抗约为1MΩ。外接使用时，输入信号的峰值应小于12V。

5）"触发电平"旋钮。触发电平调节电位器旋钮。用于选择输入信号波形的触发点。具体地说，就是调节开始扫描的时间，决定扫描在触发信号波形的哪一点上被触发。顺时针方向旋动时，触发点趋向信号波形的正向部分；逆时针方向旋动时，触发点趋向信号波形的负向部分。

6）"稳定性"触发稳定性微调旋钮。用于改变扫描电路的工作状态，一般应处于待触发状态。调整方法是将Y轴输入耦合方式选择（AC−地−DC）开关置于地挡，将V/div开关置于最高灵敏度的挡级，在电平旋钮调离自激状态的情况下，用小螺丝刀将稳定度电位器顺时针方向旋到底，则扫描电路产生自激扫描，此时屏幕上出现扫描线；然后逆时针方向慢慢旋动，使扫描线刚消失。此时扫描电路即处于待触发状态。在这种状态下，用示波器进行测量时，只要调节电平旋钮，即能在屏幕上获得稳定的波形，并能随意调节选择屏幕上波形的起始点位置。少数示波器，当稳定度电位器逆时针方向旋到底时，屏幕上出现扫描线；然后顺时针方向慢慢旋动，使屏幕上扫描线刚消失，此时扫描电路即处于待触发状态。

7)"内、外"触发源选择开关。置于"内"位置时，扫描触发信号取自 Y 轴通道的被测信号；置于"外"位置时，触发信号取自"外触发 X 外接"输入端引入的外触发信号。

8)"AC、AC（H）、DC"触发耦合方式开关。"DC"挡，是直流耦合状态，适合于变化缓慢或频率甚低（如低于 100Hz）的触发信号。"AC"挡，是交流耦合状态，由于隔断了触发中的直流分量，因此触发性能不受直流分量影响。"AC（H）"挡，是低频抑制的交流耦合状态，在观察包含低频分量的高频复合波时，触发信号通过高通滤波器进行耦合，抑制了低频噪声和低频触发信号（2MHz 以下的低频分量），免除因误触发而造成的波形晃动。

9)"高频、常态、自动"触发方式开关。用于选择不同的触发方式，以适应不同的被测信号与测试目的。"高频"挡，频率甚高时（如高于 5MHz），且无足够的幅度使触发稳定时，选该挡。此时扫描处于高频触发状态，由示波器自身产生的高频信号（200kHz 信号），对被测信号进行同步。不必经常调整电平旋钮，屏幕上即能显示稳定的波形，操作方便，有利于观察高频信号波形。"常态"挡，采用来自 Y 轴或外接触发源的输入信号进行触发扫描，是常用的触发扫描方式。"自动"挡，扫描处于自动状态（与高频触发方式相仿），但不必调整电平旋钮，也能观察到稳定的波形，操作方便，有利于观察较低频率的信号。

10)"＋、－"触发极性开关。在"＋"位置时选用触发信号的上升部分对扫描电路进行触发，在"－"位置时选用触发信号的下降部分对扫描电路进行触发。

2. 使用前的检查

示波器初次使用前或久藏复用时，有必要进行一次能否工作的简单检查和进行扫描电路稳定度、垂直放大电路直流平衡的调整。示波器在进行电压和时间的定量测试时，还必须进行垂直放大电路增益和水平扫描速度的校准。由于各种型号示波器的校准信号的幅度、频率等参数不一样，因而检查、校准方法略有差异。

3. 使用步骤

用示波器能观察各种不同电信号幅度随时间变化的波形曲线，在这个基础上示波器可以应用于测量电压、时间、频率、相位差和调幅度等电参数。下面介绍用示波器观察电信号波形的使用步骤。

（1）选择 Y 轴耦合方式。根据被测信号频率的高低，将 Y 轴输入耦合方式选择"AC—地—DC"开关置于 AC 或 DC。

（2）选择 Y 轴灵敏度。根据被测信号的大约峰—峰值（如果采用衰减探头，应除以衰减倍数；在耦合方式取 DC 挡时，还要考虑叠加的直流电压值），将 Y 轴灵敏度选择 V/div 开关（或 Y 轴衰减开关）置于适当挡级。实际使用中如不需读测电压值，则可适当调节 Y 轴灵敏度微调（或 Y 轴增益）旋钮，使屏幕上显示所需要高度的波形。

（3）选择触发（或同步）信号来源与极性。通常将触发（或同步）信号极性开关置于"＋"或"－"挡。

（4）选择扫描速度。根据被测信号周期（或频率）的大约值，将 X 轴扫描速度 t/div（或扫描范围）开关置于适当挡级。实际使用中如不需读测时间值，则可适当调节扫速 t/div

微调（或扫描微调）旋钮，使屏幕上显示测试所需周期数的波形。如果需要观察的是信号的边沿部分，则扫速 t/div 开关应置于最快扫速挡。

（5）输入被测信号。被测信号由探头衰减后（或由同轴电缆不衰减直接输入，但此时的输入阻抗降低，输入电容增大），通过 Y 轴输入端输入示波器。

6.4.3.3　示波器测量方法

1. 电压的测量

利用示波器所做的任何测量，都可归结为对电压的测量。示波器可以测量各种波形的电压幅度，既可以测量直流电压和正弦电压，又可以测量脉冲或非正弦电压的幅度。更有用的是它可以测量一个脉冲电压波形各部分的电压幅值，如上冲量或顶部下降量等。这是其他任何电压测量仪器都不能比拟的。

（1）直接测量法。直接测量法就是直接从屏幕上量出被测电压波形的高度，然后换算成电压值。定量测试电压时，一般把 Y 轴灵敏度开关的微调旋钮转至"校准"位置上，这样，就可以从"V/div"的指示值和被测信号占取的纵轴坐标值直接计算被测电压值。所以，直接测量法又称为标尺法。

1）交流电压的测量。将 Y 轴输入耦合开关置于"AC"位置，显示出输入波形的交流成分。如交流信号的频率很低时，则应将 Y 轴输入耦合开关置于"DC"位置。

将被测波形移至示波管屏幕的中心位置，用"V/div"开关将被测波形控制在屏幕有效工作面积的范围内，按坐标刻度片的分度读取整个波形所占 Y 轴方向的度数 H，则被测电压的峰—峰值 U_{P-P} 可等于"V/div"开关指示值与 H 的乘积。如果使用探头测量时，应把探头的衰减量计算在内，即把上述计算数值乘 10。

例如示波器的 Y 轴灵敏度开关"V/div"位于 0.2 挡级，被测波形占 Y 轴的坐标幅度 H 为 5div，则此信号电压的峰—峰值为 1V。如是经探头测量，仍指示上述数值，则被测信号电压的峰—峰值就为 10V。

2）直流电压的测量。将 Y 轴输入耦合开关置于"地"位置，触发方式开关置于"自动"位置，使屏幕显示一水平扫描线，此扫描线便为零电平线。

将 Y 轴输入耦合开关置于"DC"位置，加入被测电压，此时，扫描线在 Y 轴方向产生跳变位移 H，被测电压即为"V/div"开关指示值与 H 的乘积。

直接测量法简单易行，但误差较大。产生误差的因素有读数误差、视差和示波器的系统误差（衰减器、偏转系统、示波管边缘效应）等。

（2）比较测量法。比较测量法就是用一已知的标准电压波形与被测电压波形进行比较求得被测电压值。

将被测电压 U_x 输入示波器的 Y 轴通道，调节 Y 轴灵敏度选择开关"V/div"及其微调旋钮，使荧光屏显示出便于测量的高度 H_x 并做好记录，且"V/div"开关及微调旋钮位置保持不变。去掉被测电压，把一个已知的可调标准电压 U_s 输入 Y 轴，调节标准电压的输出幅度，使它显示与被测电压相同的幅度。此时，标准电压的输出幅度等于被测电压的幅度。比较法测量电压可避免垂直系统引起的误差，因而提高了测量精度。

2. 时间的测量

示波器时基能产生与时间呈线性关系的扫描线，因而可以用荧光屏的水平刻度来测量波形的时间参数，如周期性信号的重复周期、脉冲信号的宽度、时间间隔、上升时间（前沿）

和下降时间（后沿）、两个信号的时间差等。

将示波器的扫速开关"t/div"的"微调"装置转至校准位置时，显示的波形在水平方向刻度所代表的时间可按"t/div"开关的指示值直接计算，从而较准确地求出被测信号的时间参数。

3. 相位的测量

利用示波器测量两个正弦电压之间的相位差具有实用意义，用计数器可以测量频率和时间，但不能直接测量正弦电压之间的相位关系。

双踪法是用双踪示波器在荧光屏上直接比较两个被测电压的波形来测量其相位关系。测量时，将相位超前的信号接入 YB 通道，另一个信号接入 YA 通道，选用 YB 触发。调节"t/div"开关，使被测波形的一个周期在水平标尺上准确地占满 8div，这样，一个周期的相角 360°被 8 等分，每 1div 相当于 45°。读出超前波与滞后波在水平轴的差距 T，按下式计算相位差 φ

$$\varphi = 45°/\text{div} \times T$$

如 $T=1.5\text{div}$，则 $\varphi = 45°/\text{div} \times 1.5\text{div} = 67.5°$。

4. 频率的测量

对于任何周期信号，可用前述的时间间隔的测量方法，先测定其每个周期的时间 T，再求出频率 $f(f=1/T)$。

例如示波器上显示的被测波形，周期为 8div，"t/div"开关置"1μs"位置，其"微调"置"校准"位置。则其周期和频率计算如下

$$T = 1\mu\text{s}/\text{div} \times 8\text{div} = 8\mu\text{s}$$
$$f = 1/8\mu\text{s} = 125\text{kHz}$$

所以，被测波形的频率为 125kHz。

6.4.3.4　知名示波器品牌

（1）Micsig。深圳麦科信仪器有限公司是专业从事测量仪器仪表的研发、生产、销售及服务企业。公司拥有实力雄厚的研发团队，中高级研发人员 40 多人，其中研究生及以上学历者占研发人员总数的 40%左右。公司所有产品具有完全自主知识产权，拥有数量众多的技术专利和软件著作权。Micsig 致力于成为业界领先的测试测量仪器开发商与供应商，专注于触控式测量仪器的开发及生产，是平板示波器缔造者。创新、品质、用户满意是 Micsig 永恒的使命。

（2）Tektronix。泰克科技有限公司是一家全球领先的测试、测量和监测解决方案提供商，主要提供包括示波器、逻辑分析仪、信号源和频谱分析仪在内的以及各种视频测试、测量和监测产品。特别是在示波器市场，泰克科技有限公司是全球销量最大的公司，也是全球 80%测试工程师的首选品牌。泰克科技有限公司为固定网络和移动网络提供网络诊断设备、网络管理解决方案和相关支持服务，在其他参与竞争的产品市场中也处于数一数二的地位。

（3）Agilent。安捷伦科技公司是由美国惠普公司战略重组分立而成的一家高科技跨国公司，是全球领先的测量公司。安捷伦科技凭借其中心实验室的强大科研力量，专注于通信系统、自动化系统、测试和测量、半导体产品及生命科学和化学分析等前沿高科技领域的业务。其超凡的测量技术被广泛应用于感应、分析、显示及数据通信产品的研究开发。

（4）INSTEK。固纬电子实业股份有限公司，创立于 1975 年，主要生产电子测试仪器，

是台湾创立最早且最具规模的专业电子测试仪器大厂。固纬创业团队专注于精密电子量测仪器的研发，并开创国人自制电子测试仪器的先河，开发出国内第一台液晶数位式示波器，也是台湾唯一有能力生产制数位示波器及频谱分析仪的厂商。

（5）Lecroy。力科是提供测试设备解决方案的领导厂商，为全球各行各业中的公司提供设计和测试各类电子器件。力科成立于 1964 年，自公司成立以来，就一直把重点放在研制改善生产效率的测试设备上，帮助工程师更快速、更高效地解决电路问题。

（6）FLUKE。美国福禄克公司是美国丹纳赫集团旗下的公司。丹纳赫集团是一个拥有 40 亿美元年销售额的上市公司，位列美国财富杂志全球 500 强之一。自 1948 年成立以来，福禄克公司为各种工业的生产和维修领域提供了至关重要的测试和维护工具。从工业电子产品的安装维护服务到计算机网络的故障解决维护管理，还有精密计量和质量控制，福禄克电子测试工具在全球范围内帮助用户的业务正常运作。

（7）深圳鼎阳。SIGLENT 是全球最大的数字示波器 ODM 制造商，是目前国内出货量最大的示波器生产厂家，公司为国家级高新技术企业和深圳市高新技术企业，通过了 ISO9001：2008 国际质量管理体系认证和 ISO14001：2004 环境管理体系认证，是中国电子仪器行业协会会员、广东省仪器代表协会理事单位。

（8）北京普源。RIGOL 是业界领先从事测量仪器研发、生产和销售的高新技术企业，是中国电子仪器行业协会、中国仪器仪表学会会员。公司拥有国际水准的技术，拥有数量众多的专利和计算机操作系统软件著作权，自主知识产权填补了国家空白。

（9）OWON。OWON 致力为消费者提供合宜适用的测量解决方案，将高端测量技术普及应用至您的工作与生活中，"MEET YOUR BEST NEEDS"正是为此孕育而生。自成功研发出国内首台手持彩色液晶数字存储式示波器后，OWON 在精密仪器仪表领域内快速成长，时至今日，已可提供数字示波器数十个系列的产品。无论是技术人员、工程师还是科研、教学人员，他们都可通过 OWON 产品扩展个人能力并出色完成工作。

（10）青岛汉泰。Hantek 是一家集研发、生产、销售、服务为一体的通用仪器专业生产厂家，公司总部位于青岛高科技产业基地惠特工业城内，交通便利，良好的人文环境，浓厚的科研氛围，塑造出一个积极拼搏的团队，造就出一个卓越的民族仪器品牌。

6.4.4　频谱分析仪

我们学习频谱分析仪的使用，首先要知道频谱分析仪与示波器、频率计之间的异同点，这样我们就明确了在什么情况下使用哪种仪器来进行测量。频谱分析仪在电子通信设备的检测、维修领域起着重要的作用，有着射频信号测量之王的美称。下面我们来看一下频谱分析仪、示波器、频率计各自的特点。频谱分析仪是关于信号的频域的测量，在它的显示屏幕上，它的横坐标显示的是信号的频率，而纵坐标显示的是信号的强度值，一台高性能的频谱分析仪能够测量电路中或空间电信号的频率及强弱，信号的质量及是否失真（主要是通过观测信号的谐波成分）；而示波器是关于信号的时域范围的测量，它可以测量信号的不同时刻的轨迹（波形）。那么，在电子测量中，频谱分析仪在哪种情况下使用呢？由于频谱分析仪测量灵敏度高（如 AT5010 最低能测到 $2.24\mu V$，甚至更低，一般示波器在 1mV，频率计要在 20mV 以上，跟频谱分析仪比相差 10 000 倍），基于这一特点，它广泛应用于无线通信设备的检测和维修上，例如，政府的无线电管理委员会为了管理城市的无线电波的频率、功率（他们的工作被称为空间无线信道的交警），经常开着安装有频谱分析仪的工作车在城市里测量各单位的无线设备的频率是否合法，功率、谐波是否超标，而各移动通信公司也用频谱分析仪来测量发射设备的工作是否正常，在维修手机不入网故障时，经常需要测量手机主电路板的 13MHz 基本时钟信号。一般情况下，可以用示波器判断 13MHz 电路信号的存在与否，以及信号的幅度是否正常，但却无法确定 13MHz 电路信号的频率是否正常；用频率计可以确定 13MHz 电路信号的有无，以及信号的频率是否准确，但却无法判断信号的幅度是否正常。然而，使用频谱分析仪可迎刃而解，因为频谱分析仪既可检查信号的有无，又可判断信号的频率是否准确，还可判断信号的幅度是否正常。同时它还可以判断信号，特别是 VCO 信号是否纯净。可见频谱分析仪在手机维修过程中是十分重要的。另外，数字手机的接收机、发射机电路在待机状态下是间隙工作的，所以在待机状态下，示波器、频率计很难测到射频电路中的信号，对于这一点，应用频谱分析仪不难做到。

1. 频谱分析仪简介

频谱分析仪是对无线电信号进行测量的必备手段，是从事电子产品研发、生产、检验的常用工具。因此，应用十分广泛，被称为工程师的射频万用表。

（1）传统频谱分析仪。传统频谱分析仪（见图 6 - 22）的前端电路是一定带宽内可调谐的接收机，输入信号经变频器变频后由低通滤波器输出，滤波输出作为垂直分量，频率作为水平分量，在示波器屏幕上绘出坐标图，就是输入信号的频谱图。由于变频器可以达到很宽的频率，例如 30Hz～30GHz，与外部混频器配合，可扩展到 100GHz 以上。频谱分析仪是频率覆盖最宽的测量仪器之一。无论测量连续信号或调制信号，频谱分析仪都是很理想的测量工具。但是，传统频谱分析仪也有明显的缺点，它只能测量频率的幅度，缺少相位信息，因此属于标量仪器而不是矢量仪器。

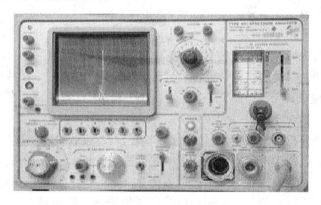

图 6 - 22 传统频谱分析仪

（2）现代频谱分析仪。基于快速傅里叶变换（FFT）的现代频谱分析仪（见图 6 - 23），通过傅里叶运算将被测信号分解成分立的频率分量，达到与传统频谱分析仪同样的结果。这种新型的频谱分析仪采用数字方法直接由模拟/数字转换器（ADC）对输入信号取样，再经 FFT 处理后获得频谱分布图。

在这种频谱分析仪中，为获得良好的仪器线性度和高分辨率，对信号进行数据采集时 ADC 的取样率最少等于输入信号最高频率的两倍，即频率上限是 100MHz 的实时频谱分析仪需要 ADC 有 200MS/S 的取样率。

目前半导体工艺水平可制成分辨率 8 位和取样率 4GS/S 的 ADC 或者分辨率 12 位和取

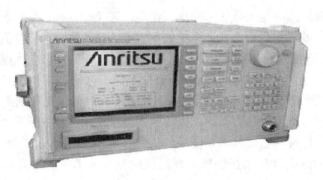

图 6 - 23　现代频谱分析仪

样率 800MS/S 的 ADC，亦即，原理上仪器可达到 2GHz 的带宽，为了扩展频率上限，可在 ADC 前端增加下变频器，本振采用数字调谐振荡器。这种混合式的频谱分析仪可扩展到几吉赫以下的频段使用。

FFT 的性能用取样点数和取样率来表征，例如用 100KS/S 的取样率对输入信号取样 1024 点，则最高输入频率是 50kHz 和分辨率是 50Hz。如果取样点数为 2048 点，则分辨率提高到 25Hz。由此可知，最高输入频率取决于取样率，分辨率取决于取样点数。FFT 运算时间与取样点数成对数关系，频谱分析仪需要高频率、高分辨率和高速运算时，要选用高速的 FFT 硬件，或者相应的数字信号处理器（DSP）芯片。例如，10MHz 输入频率的 1024 点的运算时间为 80μs，而 10kHz 的 1024 点的运算时间变为 64ms，1kHz 的 1024 点的运算时间增加至 640ms。当运算时间超过 200ms 时，屏幕的反应变慢，不适于眼睛的观察，补救办法是减少取样点数，使运算时间降低至 200ms 以下。

2. 频谱分析仪分类

频谱分析仪架构犹如时域用途的示波器，面板上布建许多功能控制按键，系统的主要功能是在频域里显示输入信号的频谱特性。频谱分析仪依信号处理方式的不同，一般有两种类型：实时频谱分析仪（Real-Time Spectrum Analyzer）与扫频式调谐频谱分析仪（Sweep-Tuned Spectrum Analyzer）。

扫频式调谐频谱分析仪是具有显示装置的扫频超外差接收机，主要用于连续信号和周期信号的频谱分析。它工作于声频直至亚毫米的波频段，只显示信号的幅度而不显示信号的相位。它的工作原理是：本地振荡器采用扫频振荡器，它的输出信号与被测信号中的各个频率分量在混频器内依次进行差频变换，所产生的中频信号通过窄带滤波器后再经放大和检波，加到视频放大器作示波管的垂直偏转信号，使屏幕上的垂直显示正比于各频率分量的幅值。本地振荡器的扫频由锯齿波扫描发生器所产生的锯齿电压控制，锯齿波电压同时还用作示波管的水平扫描，从而使屏幕上的水平显示正比于频率。

实时频谱分析仪是在存在被测信号的有限时间内提取信号的全部频谱信息进行分析并显示其结果的仪器，主要用于分析持续时间很短的非重复性平稳随机过程和暂态过程，也能分析 40MHz，以下的低频和极低频连续信号，能显示幅度和相位。傅里叶分析仪是实时频谱分析仪，其基本工作原理是把被分析的模拟信号经模数变换电路变换成数字信号后，加到数字滤波器进行傅里叶分析；由中央处理器控制的正交型数字本地振荡器产生按正弦律变化和余弦律变化的数字本振信号，也加到数字滤波器与被测信号作傅里叶分析。正交型数字式本地振荡器是扫频振荡器，当其频率与被测信号中的频率相同时就有输出，经积分处理后得出分析结果供示波管显示频谱图形。正交型数字式本地振荡器用正弦和余弦信号得到的分析结果是复数，可以换算成幅度和相位。分析结果也可送到打印绘图仪或通过标准接口与计算机相连。

3. 频谱分析仪技术指标

频谱分析仪的主要技术指标有频率范围、分辨力、分析谱宽、分析时间、扫频速度、灵敏度、显示方式和假响应。

（1）频率范围。频谱分析仪进行正常工作的频率区间。现代频谱仪的频率范围为 1Hz～300GHz。

（2）分辨力。频谱分析仪在显示器上能够区分最邻近的两条谱线之间频率间隔的能力，是频谱分析仪最重要的技术指标。分辨力与滤波器形式、波形因数、带宽、本振稳定度、剩余调频和边带噪声等因素有关，扫频式频谱分析仪的分辨力还与扫描速度有关。分辨带宽越窄越好。现代频谱仪在高频段分辨力为 10～100Hz。

（3）分析谱宽。又称频率跨度。频谱分析仪在一次测量分析中能显示的频率范围，可等于或小于仪器的频率范围，通常是可调的。

（4）分析时间。完成一次频谱分析所需的时间。它与分析谱宽和分辨力有密切关系。对于实时频谱分析仪，分析时间不能小于其最窄分辨带宽的倒数。

（5）扫频速度。分析谱宽与分析时间之比，也就是扫频的本振频率变化速率。

（6）灵敏度。频谱分析仪显示微弱信号的能力，受频谱仪内部噪声的限制，通常要求灵敏度越高越好。动态范围指在显示器上可同时观测的最强信号与最弱信号之比。现代频谱分析仪的动态范围可达 80dB。

（7）显示方式。频谱分析仪显示的幅度与输入信号幅度之间的关系。通常有线性显示、平方律显示和对数显示三种方式。

（8）假响应。显示器上出现不应有的谱线。这对超外差系统是不可避免的，应设法抑制到最小，现代频谱分析仪可做到小于−90dBmW。

4. 频谱分析仪产品

生产频谱分析仪的厂家不多。我们通常所知的频谱分析仪有惠普（现在惠普的测试设备分离出来，为安捷伦）、泰克马可尼、惠美以及国产的安泰信。相比之下，惠普的频谱分析仪性能最好，但其价格也相当可观。早期惠美的 5010 频谱分析仪比较便宜，国产的安泰信5010 频谱分析仪的功能与惠美的 5010 差不多，其价格却便宜得多。

Agilent N9320B 频谱分析仪如图 6 - 24 所示。

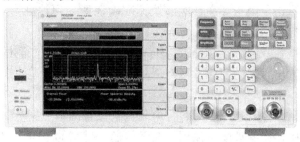

图 6 - 24　Agilent N9320B 频谱分析仪

6.4.5 频率计

1. 数字频率计简介

数字频率计也称为数字频率表或电子计数器。它不仅是电子测量和仪器仪表专业领域中测量频率与周期、频率比和进行计数、测时的重要仪器，而且比示波器测频更方便、经济得多，已广泛应用于计算机系统、通信广播设备、生产过程自动化测控装置、带有 LED 或 LCD 数字显示单元的多种仪器仪表以及诸多的可许技术领域。可以说，伴随着数字化技术的发展，电子计算机、通信设备、音频和视频技术进入科研、生产、军事技术和经济生活领域，直至家庭和个人，使得数字频率器和测频手段与上述电子设备耦连为形影不离的技术。

数字频率计是一种用十进制数字显示被测信号频率的数字测量仪器。它的基本功能是测量正弦信号、方波信号、尖脉冲信号及其他各种单位时间内变化的物理量。频率计的基本原理是用一个频率稳定度高的频率源作为基准时钟，对比测量其他信号的频率。通常情况下计算每秒内待测信号的脉冲个数，此时称闸门时间为 1s。闸门时间也可以大于或小于 1s。闸门时间越长，得到的频率值就越准确，但每测一次频率的间隔就越长，闸门时间越短，测的频率值刷新就越快，但测得的频率精度就会受影响。

如配以适当的传感器，数字频率计可以对多种物理量进行测试，比如机械振动的频率、转速、声音的频率以及产品的计件等。因此，数字频率计是一种应用很广泛的仪器，电子系统应用领域内，到处可见处理离散信息的数字电路。数字电路制造工业的进步，使得系统设计人员能在更小的空间内实现更多的功能，从而提高系统可靠性和速度。

2. 频率计的基本原理

频率计又称为频率计数器，是一种专门对被测信号频率进行测量的电子测量仪器。其最基本的工作原理为：当被测信号在特定时间段 T 内的周期个数为 N 时，则被测信号的频率 $f=N/T$。

频率计主要由四个部分构成：时基电路、输入电路、计数显示电路以及控制电路。在一个测量周期过程中，被测周期信号在输入电路中经过放大、整形、微分操作之后形成特定周期的窄脉冲，送到主门的一个输入端。主门的另外一个输入端为时基电路产生的闸门脉冲。在闸门脉冲开启主门的期间，特定周期的窄脉冲才能通过主门，从而进入计数器进行计数，计数器的显示电路则用来显示被测信号的频率值，内部控制电路则用来完成各种测量功能之间的切换并实现测量设置。

3. 频率计的应用范围

在传统的电子测量仪器中，示波器在进行频率测量时测量精度较低，误差较大。频谱仪可以准确地测量频率并显示被测信号的频谱，但测量速度较慢，无法实时快速地跟踪捕捉到被测信号频率的变化。正是由于频率计能够快速准确地捕捉到被测信号频率的变化，因此，频率计拥有非常广泛的应用范围。

在传统的生产制造企业中，频率计被广泛应用在生产线的生产测试中。频率计能够快速地捕捉到晶体振荡器输出频率的变化，用户通过使用频率计能够迅速地发现有故障的晶振产品，确保产品质量。

在计量实验室中，频率计被用来对各种电子测量设备的本地振荡器进行校准。

在无线通信测试中，频率计既可以用于对无线通信基站的主时钟进行校准，也可以用于对无线电台的跳频信号和频率调制信号进行分析。

4. 频率计厂商介绍

目前，市场上的频率计厂家可分为三类：中国大陆厂家、中国台湾厂家、欧美厂家。其中，欧美频率计厂家所占有的市场份额最大。

欧美频率计厂家主要有 Pendulum Instruments 和 Agilent 科技。Pendulum Instruments 公司是一家瑞典公司，总部位于瑞典首都斯德哥尔摩。Pendulum Instruments 公司源于 Philips 公司的时间、频率部门，在时间频率测量领域具有 40 多年的研发生产经历。Pendulum Instruments 公司常规频率计型号主要有 CNT-91、CNT-90、CNT-81、CNT-85。同时，Pendulum Instruments 公司还推出铷钟时基频率计 CNT-91R、CNT-85R，以及微波频率计 CNT-90XL（频率测量范围高达 60G）。

Agilent 科技公司是一家美国公司，总部位于美国的加利福尼亚。Agilent 科技公司成立于 1939 年，在电子测量领域也有着 70 多年的研发生产经历。Agilent 科技公司的常规频率计型号主要有 53181A（见图 6-25）、53131A、53132A。同时，Agilent 科技公司还推出了微波频率计 53150A、53151A、53152A（频率测量范围最高可达 46G）。

图 6-25　Agilent 53181A 频率计数器

6.5 文献查阅

科学的发展是连续的，有一个积累的过程。我们学习的所有知识都是前人的成果，任何一项创造发明都是在前人基础上取得的，牛顿曾经说过："如果我比笛卡儿看得远些，那是因为我站在巨人们的肩上的缘故"。因此，查阅文献对于正在学习物理课程的大学生来说是一种必不可少的基本能力。

1. 查阅文献的意义

一般来说，学会查阅文献具有下列重要意义：

（1）帮助学习。我们所学习的课本内容是前人科学研究的成果，也是后人教学研究的对象。文献中有许多关于课本知识的背景内容和专题研讨的资料，通过对资料的检索和学习，可以帮助我们更好地掌握书本内容。

（2）拓宽知识。课本的容量是非常有限的，狭窄的专业化教育已经不能适应这个知识爆炸的时代。主动提高自己的学习能力，树立终身学习的观念，是新时代对现代人的要求。利用图书馆和计算机网络来进行信息检索，是我们及时更新知识、拓宽知识面的有效手段。

（3）促进创新。任何人从事某一特定领域的学术活动，或开始做一项新的科研工作，往往先要花费大量的时间对有关文献进行全面的调查研究，摸清是否已经有人在做同样的工作，取得了一些什么成果，存在什么问题，以避免重复劳动。只有知新，才能够创新。另外，许多文献中的内容都是前人的创造性成果，通过对文献的查阅，可以学习和了解创新的思想和方法，活跃自己的思维，激发灵感。

2. 文献的分类

（1）按性质分类。文献按加工程度可分为一次文献、二次文献和三次文献。

一次文献指原始文献。期刊论文多数是未经重新组织的原始文献，即一次文献。特别是专业期刊的出版周期短、刊载速度快，能够及时地反映科学技术的新成果和新进展，是一次文献的主要来源。科技报告、学位论文、会议资料及专利说明书等，也是一次文献的重要来源。

二次文献指书目、索引、文摘等检索工具。它是将分散的无组织的原始资料经过加工整理、简化、组织等工作，如著录文献特征、摘录内容要点，使之系统化，以便查找与利用。二次文献的重要性在于它可以作为查找一次文献的线索。

三次文献是指通过二次文献，选用一次文献内容而编写出来的成果，如专题述评、学科年度总结、动态综述、进展报告、数据手册、百科全书、专业辞典等。从文献检索的角度来说，一次文献是检索的主要对象，而二次文献是检索的手段与工具，三次文献两者兼备。

（2）按内容分类。我国普遍采用《中国图书馆分类法》（简称《中图法》）来对文献的内容进行分类。国内图书馆按《中图法》分类、排架，主要大型书目、检索刊物、机读数据库等都著录《中图法》分类号。信息与通信学科图书分类号见表 6 - 1。

表 6 - 1　　　　　　　　　　　　　信息与通信学科图书分类号

TN 无线电电子学、电信技术	
TN911 通信理论	TN912 电声技术和语音信号处理
TN913 有线通信、通信线路工程	TN914 通信系统
TN915 通信网	TN916 电话
TN917 电报、传真	TN918 通信保密与通信安全
TN919 数据通信	

3. 主要文献介绍

（1）期刊。期刊的特点是出版周期短，刊载论文速度快，内容新颖深入，发行与影响面广，能及时反映各国的科学技术水平，参考价值较大。许多新的成果，包括研究方法、仪器装置以及结果讨论等，都首先在期刊上发表。国内通信和信息类期刊主要专业方向见表 6 - 2。

表 6 - 2　　　　　　　　　　　　国内通信和信息类期刊主要专业方向

期刊名称	主要专业方向
电子学报	电子与信息科学及相邻领域的原始性科研成果
电子与信息学报	信号处理、通信

期刊名称	主要专业方向
通信学报	信号处理、通信
系统工程与电子技术	系统工程、电子技术、计算机应用、通信信息等
中国科学	E 辑：信息科学
北京邮电大学学报	通信领域科学研究、工程技术及基础研究方面的论文、研究报告及综述等
西安电子科技大学学报	通信领域科学研究、工程技术及基础研究方面的论文、研究报告及综述等
电路与系统学报	电子技术、信号处理、通信信息、系统工程等
信号处理	信号处理
系统仿真学报	仿真技术领域具有国际、国内领先水平的科研成果，创新性学术见解的研究论文
数据采集与处理	信号处理、通信、数据采集

（2）图书。图书的包含范围较广，主要包括专著、系列丛书、字典、词典、百科全书、手册、教材以及大型参考书籍等。图书的主要内容，一般是总结性的、经过重新组织的二次或三次文献。从出版时间上看，它所报道的知识比期刊论文及科技报告文献要迟，但其提供的资料比较系统和全面。应该注意图书并不完全是二次或三次文献，有的图书包含著作者本人的新材料、新观点和新方法，也具有一次文献的意义。由于图书的数量太多，这里就不再列举。

（3）二次文献。科技工作者在进行文献检索时，要从大量而无序的文献中获取自己所需的信息往往非常困难，即使是同一种杂志，由于多年的积累，从中查找所需的论文也很费时。所以必须借助检索工具，即文摘、索引、手册等二次和三次文献。

国际著名的二次文献有美国电气工程师学会主编的、美国科学情报研究所（ISI）编辑出版的科学引文索引（SCI）、工程索引（EI）和科学技术会议录索引（ISTP）等，其中以SCI 最具代表性。

IEEE Xplore 学术文献数据库，主要提供计算机科学、电机工程学和电子学等相关领域文献的索引、摘要以及全文下载服务。它基本覆盖了电气电子工程师学会（IEEE）和工程技术学会（IET）的文献资料，收录了超过 200 万份文献。

《科学引文索引》（Science Citation Index，SCI）是一种综合性科技引文检索刊物。SCI以收录基础学科的论文为主，以期刊的编辑质量、影响因子和专家评审为选刊依据，入选期刊的学术价值较高，最能反映基础学科研究水平。

《工程索引》（The Engineering Index，EI）是世界著名的检索工具，由美国工程信息公司编辑出版发行，EI 以收录工程技术领域的文献全面且水平高为特点。EI 收录 5000 多种工程类期刊论文、会议论文和科技报告，收录范围包括核技术、生物工程、运输、化学和工艺、光学、农业和食品、计算机和数据处理、应用物理、电子和通信、材料、石油、航空和汽车工程等学科领域。

（4）学位论文。学位论文是高等学校学生在结束学业时，为取得学位资格向校方提交的学术性研究论文。从内容来看，学位论文大体可分为两种类型：一种是作者参考了大量的资料，经过系统地分析和综合，得出的总结性见解；另一种是作者在前人的基础上，经过进一步实验和研究，提出的新论点。从学位名称角度划分，有博士论文、硕士论文和学士论文。

（5）会议文献。会议文献是科技情报的一个重要来源，它传递新产生的但尚未成熟的科研信息，比科技期刊迅速和直接。

《世界会议》（World Meetings，WM）是由美国 World Meetings Information Center Inc. 编辑、MacMilan Publishing Company 出版，专门报导未来两年内将要召开的国际学术会议信息。

《科技会议录索引》（Index to Scientific & Technical Proceedings，ISTP）是一种综合性的科技会议文献检索刊物，由美国费城科技情报所（ISI）编辑出版。该检索工具覆盖的学科范围广，收录会议文献齐全，而且检索途径多，出版速度快，已成为检索正式出版的会议文献的主要的和权威的工具。

4. 文献的查阅方法

（1）利用电子文献数据库。在查找我们所需文献的同时，数据库会提供论文引文关联检索和指标统计。我们可从这些文献中，获取相关的分析、数据、图表等信息，补充原有的观点，开拓新的思路。值得注意的是，如果所在的学校已经购买了数据库中的资源，那么我们使用学校提供的账号就可以免费获取我们所需的文献。

下面重点介绍几种常用的数据库，在一般高校的图书馆里都可以查到。

《中国期刊全文数据库》是目前世界上最大的连续动态更新的中国期刊全文数据库，覆盖自然科学和社会科学几乎所有门类，参照国内外通行的知识分类体系组织知识内容，集题录、文摘、全文文献信息于一体。用户可以直接进行初级检索，也可以运用布尔算符等灵活组织检索提问式进行高级检索。它和《中国优秀博硕士论文数据库》都属于中国知网（CNKI），网址为 http：//www. cnki. net/NewWeb。

万方数据资源系统包括《万方优秀博硕士论文全文数据库》和《万方数字化期刊数据库》，前者收录了中国科技信息研究所提供的自 1980 年以来我国自然科学领域各高等院校、研究生院及研究所的硕士研究生、博士及博士后论文，后者包括了我国自然科学类统计源刊和社会科学类核心源期刊的全文资源，为各高等院校和科研机构提供权威、专业、便捷和全面的信息服务，网址为 http：//wanfang. calis. edu. cn。

中国科技期刊数据库是由重庆维普咨询公司开发的一种综合性数据库，也是国内图书情报界的一大知名数据库。它收录了近千种中文期刊和报纸以及外文期刊，其网址为 http：//cqvip. com。

《超星数字图书网》是目前世界最大的中文在线数字图书网，提供文理各类电子图书数10 万册、300 万篇论文，并且每天仍在不断增加与更新。图书不仅可以直接在线阅读，还提供下载和打印。还有新书试读服务和专门对非会员开放的免费图书馆。其网址为 http：//www. ssreader. com。

（2）利用网络资源。利用搜索引擎（如 google 学术、百度文库等）来进行一般搜索或是利用通信行业门户网站（如中国通信网等）搜索行业解决方案等。

（3）利用图书馆。图书馆也是我们可以使用的一个丰富资源，在图书馆查找资料的时候虽然不如在网络上搜索快，但是在一本书中不仅包括了我们所需要的资料，还包括了其他内容，我们可以在查找资料的时候了解下其他的内容，而且也可能找到在网络上找不到的资料。图书馆在图书分类时一般将信息与通信学科划归在 TN 类目。

5. 电子文献数据库的检索

关于电子期刊文献资料的查找，可以分为两个层次：基本查找和追踪查找。文献的基本查找是指文献的题目或内容一般无从知道，只知道该文献大致属于哪一个学科或者属于某一方面，或者只知道某些关键词；追踪查找则大致知道文献的题名、出处或者作者等相关信息。两个层次的查找方式有一些区别，下面分别介绍。

（1）基本查找。先要选择数据库，如点击《中国期刊全文数据库》，即可进入检索界面。系统默认进入初级检索界面，用户可在此输入检索项（主题、篇名、关键词、摘要、作者等），检索词（表示检索项内容的词汇），词频，论文发表的时间段，期刊范围（全部期刊、EI 来源期刊、SCI 来源期刊、核心期刊），匹配方式（模糊、精确），检索结果输出方式（时间、相关度，默认无排序输出）等内容。然后点击检索图标，系统即开始检索，并把检索结果按指定的方式输出。如果要进一步提高检索技能，可以观看中国知网提供的操作指南。其他数据库的检索方式与此大同小异。

（2）追踪查找。在基本查找的基础上，我们基本上掌握了要查找的文献资料的一些信息，想要了解更深层次的内容，则可以进一步检索该文后的参考文献。

6.6 科 技 竞 赛

科技竞赛是指在高等学校课堂教学之外开展的与课程有密切关系的各类科技竞赛活动，是综合运用一门或几门课程的知识去设计解决实际问题或特定问题的大学生竞赛活动。通过参加大学生科技竞赛活动，不仅可以有效地培养创新精神和学习兴趣，提高专业综合实践能力，还可以提高团队协作等个人素质。

1. 全国大学生电子设计竞赛

全国大学生电子设计竞赛是教育部倡导的大学生学科竞赛之一，是面向大学生的群众性科技活动，目的在于推动高等学校信息与电子类学科课程体系和课程内容的改革，有助于高等学校实施素质教育，培养大学生的实践创新意识与基本能力、团队协作的人文精神和理论联系实际的学风；有助于学生工程实践素质的培养，提高学生针对实际问题进行电子设计制作的能力；有助于吸引、鼓励广大青年学生踊跃参加课外科技活动，为优秀人才的脱颖而出创造条件。

全国大学生电子设计竞赛的特点是与高等学校相关专业的课程体系和课程内容改革密切结合，以推动其课程教学、教学改革和实验室建设工作。竞赛内容既有理论设计，又有实际制作，以全面检验和加强参赛学生的理论基础和实践创新能力。

全国大学生电子设计竞赛每逢单数年的 9 月份举办，赛期四天三夜（具体日期届时通知）。在双数的非竞赛年份，根据实际需要由全国竞赛组委会和有关赛区组织开展全国的专题性竞赛，同时积极鼓励各赛区和学校根据自身条件适时组织开展赛区和学校一级的大学生电子设计竞赛。

以高等学校为基本参赛单位，参赛学校应成立电子竞赛工作领导小组，负责本校学生的参赛事宜，包括组队、报名、赛前准备、赛期管理和赛后总结等。

每支参赛队由三名学生组成，具有正式学籍的全日制在校本、专科生均有资格报名参赛。

竞赛采用全国统一命题、分赛区组织的方式，竞赛采用"半封闭、相对集中"的组织方式进行。竞赛期间学生可以查阅有关纸介或网络技术资料，队内学生可以集体商讨设计思想，确定设计方案，分工负责、团结协作，以队为基本单位独立完成竞赛任务；竞赛期间不允许任何教师或其他人员进行任何形式的指导或引导；竞赛期间参赛队员不得与队外任何人员讨论商量。参赛学校应将参赛学生相对集中在实验室内进行竞赛，便于组织人员巡查。为保证竞赛工作，竞赛所需设备、元器件等均由各参赛学校负责提供。

竞赛题目是保证竞赛工作顺利开展的关键，应由全国专家组制定命题原则，赛前发至各赛区。全国竞赛命题应在广泛开展赛区征题的基础上由全国竞赛命题专家统一进行命题。全国竞赛命题专家组以责任专家为主体，并与部分全国专家组专家和高职高专学校专家组合而成。

全国竞赛采用两套题目，即本科生组题目和高职高专学生组题目，参赛的本科生只能选本科生组题目；高职高专学生原则上选择高职高专学生组题目，但也可选择本科生组题目，并按本科生组题目的标准进行评审。只要参赛队中有本科生，该队只能选择本科生组题目，并按本科生组题目的标准进行评审。凡不符合上述选题规定的作品均视为无效，赛区不予以评审。

2. 挑战杯

挑战杯是"挑战杯"全国大学生系列科技学术竞赛的简称，是由共青团中央、中国科协、教育部和全国学联、地方省级人民政府共同主办的全国性的大学生课外学术科技创业类竞赛，承办高校为国内著名大学。"挑战杯"竞赛在我国共有两个并列项目，一个是"挑战杯"中国大学生创业计划竞赛，另一个是"挑战杯"全国大学生课外学术科技作品竞赛。这两个项目的全国竞赛交叉轮流开展，每个项目每两年举办一届。"挑战杯"系列竞赛被誉为中国大学生学生科技创新创业的"奥林匹克"盛会，是目前国内大学生最关注最热门的全国性竞赛，也是全国最具代表性、权威性、示范性、导向性的大学生竞赛。

（1）大学生创业计划竞赛简介。大学生创业计划竞赛起源于美国，又称商业计划竞赛，是风靡全球高校的重要赛事。它借用风险投资的运作模式，要求参赛者组成优势互补的竞赛小组，提出一项具有市场前景的技术、产品或者服务，并围绕这一技术、产品或服务，以获得风险投资为目的，完成一份完整、具体、深入的创业计划。

"挑战杯"大学生创业计划竞赛采取学校、省（自治区、直辖市）和全国三级赛制，分预赛、复赛、决赛三个赛段进行。大力实施"科教兴国"战略，努力培养广大青年的创新、创业意识，造就一代符合未来挑战要求的高素质人才，已经成为实现中华民族伟大复兴的时代要求。作为学生科技活动的新载体，创业计划竞赛在培养复合型、创新型人才，促进高校产学研结合，推动国内风险投资体系建立方面发挥出越来越积极的作用。

（2）课外学术科技作品竞赛简介。参加"挑战杯"大学生课外学术科技作品竞赛的作品一般分为三大类：自然科学类学术论文、社会科学类社会调查报告和学术论文、科技发明制作，凡在举办竞赛终审决赛的当年7月1日起前正式注册的全日制非成人教育的各类高等院校的在校中国籍本专科生和硕士研究生、博士研究生（均不含在职研究生）都可申报参赛。每个学校选送参加竞赛的作品总数不得超过6件（每人只限报一件作品），作品中研究生的作品不得超过 3 件，其中博士研究生作品不得超过 1 件。各类作品先经过省级选拔或发起院校直接报送至组委会，再由全国评审委员会对其进行预审，并最终评选出 80％左右的参赛作品进入终审，终审的结果是，参赛的三类作品各有特等奖、一等奖、二等奖、三等奖、且分别约占该类作品总数的 3％、8％、24％和 65％。

3. 全国大学生智能汽车竞赛

全国大学生智能汽车竞赛由教育部高等学校自动化专业教学指导分委员会主办。该竞赛是以智能汽车为研究对象的创意性科技竞赛，是面向全国大学生的一种具有探索性工程实践活动，是教育部倡导的大学生科技竞赛之一。该竞赛以"立足培养，重在参与，鼓励探索，追求卓越"为指导思想，旨在促进高等学校素质教育，培养大学生的综合知识运用能力、基本工程实践能力和创新意识，激发大学生从事科学研究与探索的兴趣和潜能，倡导理论联系实际、求真务实的学风和团队协作的人文精神，为优秀人才的脱颖而出创造条件。

全国大学生"飞思卡尔"杯智能汽车竞赛是在规定的模型汽车平台上，使用飞思卡尔半导体公司的 8 位、16 位微控制器作为核心控制模块，通过增加道路传感器、电机驱动电路以及编写相应软件，制作一个能够自主识别道路的模型汽车，按照规定路线行进，以完成时间最短者为优胜。因而该竞赛是涵盖了控制、模式识别、传感技术、电子、电气、计算机、机械等多个学科的比赛。竞赛过程包括理论设计、实际制作、整车调试、现场比赛等环节，要求学生组成团队，协同工作，初步体会一个工程性的研究开发项目从设计到实现的全过程。

全国大学生智能汽车竞赛一般在每年的 10 月份公布次年竞赛的题目和组织方式，并开始接受报名，次年的 3 月份进行相关技术培训，7 月份进行分赛区竞赛，8 月份进行全国总决赛。

6.7　资　格　认　证

资格证书主要分为三类：通用型证书，如计算机等级证书，大学英语四、六级证书及大学英语四、六级口语证书，这类证书被用人单位看重，成为大学生考证的首选和"必修课"；能力型证书，有托福（TOEFL）成绩证书、雅思（IELTS）成绩证书、英语中高级口译资格证书、全国计算机软件专业技术资格和水平证书等；职业资格类证书，如通信工程师、电子工程师等，范围最广、种类最多。

1. 通用型证书

通用型证书指不管考生专业（文科、理科、工科还是艺术），不管考生类别（大专生、本科生、民办高校学生甚至研究生）都有必要通过考试来获得的认证。如计算机等级证书，大学英语四、六级证书及大学英语四、六级口语证书，这类证书因为被学校和政府机构看重，成为大学生考证的首选和"必修课"。

（1）全国计算机等级考试（NCRE）。NCRE 每年开考两次，上半年开考一、二、三级，下半年开考一、二、三、四级。上半年考试时间为 4 月第一个星期六上午（笔试），下半年考试时间为 9 月倒数第二个星期六上午（笔试），上机考试从笔试当天下午开始。上机考试期限为 5 天，由考点根据考生数量和设备情况具体安排。

组织机构：教育部——教育部考试中心。

适合人群：各专业在校大学生。

考试时间：4、9月。

（2）大学英语四、六级等级考试。英语考试是教育部主管的一项全国性的教学考试，其目的是对大学生的实际英语能力进行客观、准确的测量，为大学英语教学提供服务。大学英语考试是一项大规模标准化考试，设计上必须满足教育测量理论对大规模标准化考试的质量要求，是个"标准关联的常模参照测验"。710分的记分体制，不设及格线，不颁发合格证书，只发放成绩单。

组织机构：教育部——大学英语四、六级考试委员会。

适合人群：在校大学生。

考试时间：6、12月。

（3）普通话水平测试。普通话水平测试是一种口语测试，全部测试内容均以口头方式进行。普通话水平测试不是口才的评定，而是对应试人掌握和运用普通话所达到的规范程度的测查和评定。

组织机构：国家语言文字工作委员会、国家教育委员会、广播电影电视总局。

适合人群：文科类毕业生、从事播音节目主持等专业人员。

考试时间：5、11月。

2. 能力型证书

能力型证书是指考生为了提升自己的能力或获得社会肯定，为自己的发展和就业增加砝码的资格认证，一般分为英语能力证书和计算机应用能力证书。大学生常考的有托福（TOEFL）成绩证书、雅思（IELTS）成绩证书、英语中高级口译资格证书、全国计算机软件专业技术资格和水平证书等。这类证书因为被社会特别是用人单位认同，成为大学生考证的"公共选修课"。

（1）托福（TOEFL）考试。托福（Test Of English as a Foreign Language）由美国普林斯顿教育考试服务处（Educational Testing Service，ETS）主办。目前，美国已有3000所左右的院校要求非英语国家的申请者，无论学习什么专业，都必须参加TOEFL考试。TOEFL成绩在很多院校已成为是否授予奖学金的重要依据。

组织机构：美国ETS——ETS中国考试中心。

适合人群：希望去美国、加拿大等国留学的学生。

考试时间：1～3月。

（2）雅思（IELTS）考试。雅思（International English Language Testing System）考试由剑桥大学测试中心、英国文化委员会和澳大利亚高校国际开发署共同管理。雅思分两种：ACADEMIC（学术类），测试应试者是否能够在英语环境中就读大学本科和研究生课程；GENERAL TRAINING（普通培训类），侧重评估应试者是否具备在英语国家生存的基本英语技能。

组织机构：剑桥大学测试中心、英国文化委员会和澳大利亚高校国际开发署。

适合人群：高中及高中以上、有出国意向或者想拥有一张权威英语证书的人员。

（3）计算机软件专业资格和水平考试。该考试是由国家人事部和信息产业部组织的国家级考试。虽然参加考试的人可以是从事软件开发的专业人员，也可以是非专业人员，但考试的标准是按软件专业水平设置的，而且要求比较全面，注重基础知识及基本技能。这项考试已进行了多年，考试合格者很受用人部门欢迎。考试类别分资格考试和水平考试两种。

组织机构：国家人事部和信息产业部。

适合人群：在校大学生。

（4）微软系统管理员 MCSA 考试。获得 MCSA 认证就意味着微软承认您已具备较高专业技术水准，能够实施、管理和检修当前基于微软的 Windows 服务器平台的网络与系统环境。应试者需要通过 3 门核心考试及 1 门任选考试，以对其在服务器环境下系统管理和维护的技术熟练程度及专业水平进行有效的、可靠的测试。

组织机构：微软公司。

适合人群：计算机及相关专业大学生。

考试时间：由微软授权考试中心安排。

（5）思科 CCNA、CCNP 和 CCIE 考试。Cisco 认证是在互联网界具有极大声望的网络技能认证。它是世界著名的计算机厂商——思科公司推出的一套测试和评估专业技术人员技术水平的认证体系，可以证明技术人员具有精通 Cisco 公司某项产品的安装、维护、开发和支持计算机系统工作的能力。其中，CCNA、CCNP 和 CCIE 广受大学生特别是理工科大学生的关注。

组织机构：Cisco 公司。

适合人群：计算机及相关专业大学生。

（6）Oracle 认证考试。Oracle 是一家软件公司。这家 1977 年成立于加利福尼亚的软件公司是世界上第一个推出关系型数据管理系统（rdbms）的公司。现在，他们的 rdbms 被广泛应用于各种操作环境：Windows NT、基于 UNIX 系统的小型机、IBM 大型机以及一些专用硬件操作系统平台。事实上，Oracle 已经成为世界上最大的 rdbms 供应商，并且是世界上最主要的信息处理软件供应商。一经认证，在行业内的专业资格将被确认，从而使个人或企业更具竞争实力。一次性通过 Oracle 认证专家计划包含了两个目前 IT 行业十分热门的角色，即数据库管理员和应用程序开发员。

组织机构：Oracle 授权培训中心。

适合人群：Oracle 系统应用工程师。

考试时间：预约考试。

3. 职业资格类证书

职业资格考试以组织主考机构不同大致可分为 4 类：①教育部组织的非学历类证书考试及与国外合作的认证考试；②劳动和社会保障部组织的职业资格鉴定类考试；③人事部组织的公务员等职业资格考试；④其他部委和行业协会等组织的社会类考试。这类证书往往和考生的专业、兴趣以及职业生涯规划密切相关，为考生提供职业能力鉴定。因往往被用人单位看中，因而成为了大学生的"专业选修课"。

（1）通信专业技术人员职业水平证书。2006 年初，国家人事部和信息产业部共同推出《通信专业技术人员职业水平评价暂行规定和考试实施办法》，通信专业技术人员职业水平评价纳入全国专业技术人员职业资格证书制度。信息产业部负责制定考试科目、考试大纲和组织命题，建立考试试题库，实施考试考务等有关工作。

适合人群：从事通信工作的专业技术人员。

证书等级：初级、中级和高级三个等级。

考试内容：初级、中级职业水平考试均设《通信专业综合能力》和《通信专业实务》两科，高级职业水平实行考试与评审相结合的方式评价。其中，中级考试《通信专业实务》科目分为交换技术、传输与接入技术、终端与业务、互联网技术和设备环境 5 个专业类别，考生根据工作需要选择其一。

颁证部门：人事部与信息产业部联合颁发。

（2）国家 3G 移动通信职业认证证书。国家信息产业部开发的第三代移动通信技术（3G）水平培训证书项目，该系列证书现已与全球相关认证实施互认。该认证主要针对移动通信领域的 3G 人员，由国家信息产业部通信行业职业技能鉴定中心主办。

适合人群：移动通信营运与制造企业、电信设计研究院的技术管理人员，维护、设计、开发人员，工程技术人员。

证书等级：助理工程师、工程师、高级工程师三个等级。

考试内容：3G 业务和软件应用（多媒体业务和应用、MBMS、BCMCS 等）；3G 网络结构和通信流程；3G 室内覆盖（包括 3G 室内分布系统建设原则，3G 室内分布系统容量、功率等规划）；TD-SCDMA 网络设备及测试；3G 业务平台实例分析。

颁证部门：劳动和社会保障部、信产产业部联合颁发。

（3）移动通信软件工程师（IC-MSP）认证证书。国家信息产业部、教育部与中国软件行业协会携手，共同启动移动通信紧缺人才培养工程的项目之一。该证书是国内首张面向 3G 和三网融合的"移动通信软件工程师（IC-MSP）"职业资格证书，由英泰移动通信学院负责实施培训与考试工作。

适合人群：业内从业人员、高等职业技术学校和高职高专学生。

证书等级：移动通信初级软件工程师、移动通信中级软件工程师和移动通信高级软件工程师。

考试内容：包括嵌入式软件开发技术、移动通信技术理论、移动增值业务的开发等，分为笔试与机考两种形式。

颁证部门：教育部教育管理信息中心、劳动和社会保障部职业技能鉴定中心、信产部通信行业职业技能鉴定指导中心以及中国软件行业协会联合颁发。

（4）全国移动商务应用能力证书（CMCP）。全国移动商务应用能力考试（简称 CMCP）项目由国有资产监督管理委员会和国家信息产业部推出并主管，中国商业联合会商业职业技能鉴定指导中心负责实施具体考试工作。该项考试已纳入信息产业部全国信息化工程师考试体系。

适合人群：从事移动商务工作或相关工作三年以上的人员均可报名。

证书等级：助理移动商务师（三级）、移动商务师（二级）、高级移动商务师（一级）。

考试内容：移动商务理论与实务、项目管理理论与实务。考试合格者可获得《全国移动商务应用能力考试证书》和《全国信息化工程师证书》。

颁证部门：中国商业联合会、信息产业部电子人才交流中心。

（5）OSTA-C&G 通信工程职业资格证书。该证书是英国伦敦城市行业协会（C&G）根据世界通用的职业标准，制定并实施的通信工程职业资格专项证书，目前已获得英国、英联邦、北美以及欧盟等 100 多个国家、地区和机构的承认。

适合人群：通信行业的初级技术人员和有志投身通信行业的学员，以及通信工程相关专业的中职学校在校生。

　　考试内容：安全原理、数学、计算机技术应用、信息传送、简章通信工程、无线电原理等，以及现场实际操作水平。

　　颁证部门：中国劳动和社会保障部职业技能鉴定中心与英国伦敦城市行业协会。

第7章 考 研 与 就 业

7.1 考 研

7.1.1 专业及研究方向

信息与通信工程一级学科（0810）下设两个二级学科：通信与信息系统（081001）和信号与信息处理（081002）。

1. 通信与信息系统

通信与信息系统是一级学科信息与通信工程下设的二级学科。该专业是现代高新技术的重要组成部分，是信息社会的主要支柱，是国民经济高速发展的前提。现代通信与信息技术正影响着我们生活的方方面面，在我国《2010年国民经济和社会发展的远景目标》中，对现代通信体系和国家信息基础设施提出了明确的目标，现代通信和信息技术及信息安全技术是实现这些目标的关键技术。

本学科主要的研究对象是以信息传输、信息交换以及信息网络为主体的各类通信与信息系统。主要研究方向有：

（1）移动通信与无线技术。研究数字移动通信和个人通信系统的系统模拟、多址技术、数字调制解调技术、信道动态指配技术、同步技术、多用户检测技术、语音压缩技术、宽带多媒体技术以及射频技术。研究各种数字微波通信、移动通信和卫星通信系统以及 WLAN、WMAN、ad-Roc 网的组成，新技术及性能分析，并包括 SDH 技术和上述系统中常用的编码、调制和解调、同步与信令方式、多址以及网络安全等技术的研究与开发。

（2）无线数据与移动计算网络。研究无线数据通信广域网、无线局域网和个人区域网中的无线数字传输、媒质接入控制、无线资源管理、移动性管理、移动多媒体接入、无线接入 Internet、移动 IP、无线 IP 和移动计算网络等理论、协议、技术、实现以及基于移动计算网络的各种应用。本方向还研究现代移动通信中的智能技术（如智能天线、智能传输、智能化通信协议和智能网管系统等）。

（3）IP 和宽带网络技术。研究宽带 IP 通信网的 QoS、流量工程和合法侦听；VoIP 的组网技术、通信协议和控制技术；下一代网络的软交换技术；SIP 协议研究及应用开发；B3G 核心网络技术；IP 宽带接入和城域网中的关键设备和技术开发；多层交换技术、IP/ATM 集成技术和 MPLS 技术；IP 网络管理模型和技术实现；移动代理及其在 IP 通信网中的应用。

（4）网络与应用技术。研究宽带通信网的结构、接口、协议、网络仿真和设计技术；网络管理的管理模型、接口标准、网管系统的设计和开发；可编程网络的体系、软件和系统开发。

（5）通信和信息系统中的信息安全。研究与通信和信息系统中的信息安全有关的理论和技术，主要包括数据加密、密钥管理、数字签名与身份认证、网络安全、计算机安全、安全协议、隐形技术、智能卡安全等。重点在无线通信网的信息安全，根据 OSI 协议，从网络各层出发，研究安全解决方案，以达到可信、可控、可用。

2. 信号与信息处理

信号与信息处理是一级学科信息与通信工程下设的二级学科。此专业是当今发展最快的热点学科之一，随着信号与信息处理理论与技术的发展已使世界科技形势发生了很大的变革。信息处理科学与技术已渗透到计算机、通信、交通运输、医学、物理、化学、生物学、军事、经济等各个领域。它作为当前信息技术的核心学科，为通信、计算机应用以及各类信息处理技术提供基础理论、基本方法、实用算法和实现方案。它探索信号的基本表示、分析和合成方法，研究从信号中提取信息的基本途径及实用算法，发展各类信号和信息的编解码的新理论及技术，提高信号传输存储的有效性和可靠性。

在当前网络时代条件下，研究信号传输、加密、隐蔽及恢复等最新技术，均属于信号与信息处理学科的范畴。积极开辟新的研究领域，不断地吸收新理论，在科学研究中运用交叉、融合、借鉴移植的方法不断地完善和充实本学科的理论，使之逐步形成自身的理论体系也是本学科的特点。主要研究方向有：

(1) 现代通信中的智能信号处理技术。本研究方向以现代信号处理为基础，研究提高通信与信息系统有效性和可靠性的各种智能处理技术及其在移动通信、多媒体通信、宽带接入和 IP 网中的应用。目前侧重于研究新一代无线通信网络中各种先进的智能信号处理技术，如通信信号盲分离、信道盲辨识与均衡、多载波调制、多用户检测、空—时联合处理、信源—信道编码，以及网络环境下的各种自适应技术等。

(2) 量子信息技术。研究以量子态为信息载体的信息处理与传输技术，包括量子纠错编码、量子数据压缩、量子隐形传态、量子密码体系等关键技术与理论。它对实现新一代高性能计算机和超高速、超大容量通信信息系统具有极其重要的意义。

(3) 无线通信与信号处理技术。研究 ad hoc 自组织网络、传感器网络、超宽带 (UWB) 网络等新一代无线通信网络中的通信和信号处理技术，主要研究内容包括基于信号处理的多包接收和盲处理技术，基于粒子滤波的信道估计和均衡技术，基于信号处理的媒体接入控制技术，目标跟踪与信息融合技术以及网络协议体系等。

(4) 现代语音处理与通信技术。语音是人类进行通信交往的最方便和快捷的手段，因而在各种现代通信网络和智能信号处理应用中起着十分重要的作用。本研究方向研究语音信号的数字压缩、识别、合成和增强技术，基于语音的智能化人机接口技术，面向 IP 网络的实时语音通信技术和信息隐藏技术，移动通信中的语音数字处理及传输技术，基于 DSPs 的软件无线电通信技术，以及各种网络环境下的音频、视频、数据、文字多媒体处理及通信技术。

(5) 现代信息理论与通信信号处理。在现代信息理论的基础上，研究 ATM 和 IP 网、移动与个人通信、多媒体通信、宽带接入网中各种信号处理技术，如低时延、低比特率、高质量语音编码、图像编码，适用于第三代移动通信的纠错编码，高效多载波调制，各种自适应处理技术等。它们是确保实现 21 世纪通信发展的目标，提高通信有效性和可靠性的核心技术。本方向侧重于这些技术的应用基础研究。

(6) 图像处理与多媒体通信。研究多媒体信息，特别是图像信息的处理、描述，以及应用系统和关键技术，包括：①图像和视频信号的处理及压缩编码算法研究，应用系统的设计和实现；②基于 IP 的视频传输技术和业务生成环境；③移动网及 Cable 网上的数据与多媒体通信；④基于 xDSL 宽带接入网技术；⑤图像数据库及影像网络技术；⑥三维图像处理、建模、显示和分析技术。

（7）信息网络与多媒体技术。在进行信息网络及多媒体技术应用基础研究的同时，利用 DSP、FPGA、CPLD 等软硬件开发平台着重研究开发各种多媒体终端，包括：①多媒体信息压缩编码；②信道编码（重点为纠错编解码）；③视频点播（VOD）与交互电视，会议电视、远程教学/考试/医疗；④视频驱动系统；⑤视音频信号编码压缩算法研究及 ASIC 设计；⑥宽带网络的应用研究。

7.1.2　院校综合实力

1. 通信与信息系统专业

通信与信息系统专业院校综合实力见表 7 - 1。

表 7 - 1　　　　　　　　　通信与信息系统专业院校综合实力

院 校 名 称	等 级
北京邮电大学	A+
西安电子科技大学	A+
清华大学	A+
电子科技大学	A+
东南大学	A+
上海交通大学	A+
中国科学技术大学	A
北京交通大学	A
北京大学	A
浙江大学	A

2. 信号与信息处理专业

信号与信息处理专业院校综合实力见表 7 - 2。

表 7 - 2　　　　　　　　　信号与信息处理专业院校综合实力

院 校 名 称	等 级
北京邮电大学	A+
清华大学	A+
西安电子科技大学	A+
电子科技大学	A+
上海交通大学	A+
东南大学	A+
中国科学技术大学	A
北京航空航天大学	A
北京交通大学	A
浙江大学	A

7.2 就 业

随着 3G 在我国的发展，通信工程是当今最具有活力的产业之一，通信技术人才是我国需求量最大的八大类人才之一。那么有关通信工程就业前景的相关信息，也是大家很想了解的，尤其是对于通信工程专业人才来说更是如此。通信工程是以电子技术、信号与系统、现代通信原理等理论为基础，学习和掌握各种数据、文字、语音、图像等的处理、传输和交换技术，电子信息产品的开发、生产、检测技术，通信设备的安装、使用和维护技术，由于该行业的发展速度太快，对人才的需求量又相当大，使你非常容易进入知名外企或者在国内业界具有领先地位的 IT 类企业及大型通信运营类国企，并且待遇相当优厚，可以算是"最好就业"的专业。

7.2.1 就业方向

1. 移动应用产品经理

随着智能手机的兴起和移动互联网的发展，iPhone、android 应用开发已成为炙手可热的方向，移动应用产品经理将拥有较强的薪酬竞争力。

2. 增值产品开发工程师

增值产品服务主要包括短信息、彩信彩铃、WAP 等业务，增值产品开发工程师主要负责增值技术平台的开发（sms/wap/mms/web 等）以及运营管理的技术支撑、实现和维护，需要熟悉 j2ee 体系的技术应用架构，掌握一定的 java 应用开发，懂得 xml、xhtml、javascript 等相关知识。

3. 数字信号处理工程师

随着大规模集成电路以及数字计算机的飞速发展，用数字方法来处理信号，即数字信号处理，已逐渐取代模拟信号处理。数字信号处理工程师是将信号以数字方式进行表示并处理的专业人员。

4. 通信技术工程师

在我国，通信行业进入了 3G 时代，以及 4G、LTE 时代。通信技术工程师将有更大的作为，因为大规模的固态网络兴建需要他们，移动设备生产商需要他们，各种类型的移动服务和终端设备提供商也需要他们，此外，他们还能在 IT 行业有所作为，因为三网融合的趋势已不可避免。毫无疑问，他们是最抢手的人才之一。

5. 有线传输工程师

我们的生活已离不开有线网络连接的世界，有线传输工程师就是这个网络的设计者。他们负责光缆传输工程等规划设计工作，要求了解通信行业建设的标准和规范，能编制通信工程概、预算，能够熟练使用 CAD、Visio 等常用工程、工具软件或 2G、3G 网络规划软件。

6. 无线通信工程师

无线网络带给人们无限的便利，因为可以随时随地使用万维网。在我国，无线网络正在逐步全面铺开和兴起，因此无线通信工程师将大有可为。比如手机逐渐成为一个多功能的无线终端，能够随时接入互联网，因此与无线通信有关的业务正在大规模地出现。无线通信工程师是实现这些业务和开发新业务的保证。

7. 电信交换工程师

电信交换技术的发展带动整个电信行业的发展，是电信行业核心的核心，分组交换网发展趋势使我国电信迈进一大步。这一切都预示着电信交换工程师大有作为，电信交换工程师是一个了解电话交换机技术、系统集成、电信增值业务、语音交换系统，熟悉综合布线的重要职业。

8. 数据通信工程师

信息产业是朝阳产业，电信网络是信息社会的基石，数据通信是信息基础通信建设的重要部分。数据通信工程师的工作是从事电信网的维护，参与和指导远端节点设备的安装调试与技术指导，负责编制相关技术方案和制订维护规范。

9. 移动通信工程师

手机已经成为生活中不可缺少的一部分，而手机通信需要依靠移动通信工程师的支持。他们熟悉蜂窝移动无线系统，如 3G；无绳系统，如近距离通信系统；无线局域网系统；固定无线接入或无线本地环系统；卫星系统；广播系统。他们能够对移动通信进行建立、维护和调控。

10. 电信网络工程师

在电信网络构建的社会信息生态环境里，信息交互将如空气一般无处不在。它将把人们的生活、娱乐、商务、教育、医疗和旅行等活动都完全纳入其中。电信网络工程师的工作主要是负责计算机网络系统网络层日常运行维护，根据业务需求调整设备配置，撰写网络运行报告，熟悉主流路由器、交换机等常用网络设备的安装调试和维护。

11. 通信电源工程师

通信电源的稳定性是通信系统可靠性的保证。通信电源工程师是从事通信电源系统、自备发电机、通信专用不间断电源（UPS）等电源设备及相应的监控系统等的科研、开发、生产、销售和技术支持、规划、设计、工程建设、运行维护等工作的工程技术人员。这要求他们掌握交流供电系统、直流供电系统、高频开关电源、蓄电池、UPS、传感器基本工作原理，以及动力环境集中监控系统的拓扑结构和系统配置标准等知识。

7.2.2　就业晋升通道

1. 通信技术研发人员晋升通道：研发员→研发工程师→高层市场或管理人员

前几年通信行业处在春天，研发领域提供了很多高薪职位，即使是今天，像华为、中兴、UT 斯达康等知名企业的研发岗位的待遇还是非常有竞争力的。但这样的公司和岗位相对我们每年不断增加的本专业毕业生来说，太少了。究其原因，除了通信产业规模和市场发展的停滞直接带来的人才需求减少外，还有大学对通信专业设置的态度："有条件要上，没条件也要上。"许多学校实际上不具备开设该专业的实力，关键在师资和实验设备上。但即使这样，我们同样不要灰心，毕竟就我们的专业而言，本科生在专业能力上很难做到一毕业就能符合企业的用人要求。因此，很多企业遴选新员工的标准是："专业基础扎实、思路开阔、英语良好、有点创意。"

2. 电信运营商工作人员晋升通道：职员→主管→中高层管理人员

运营商中的服务类职位进入门槛较低，因此在有的地区移动、联通等公司的人才趋近饱和。即使每年几大运营商都会发布一个相对有规模的校园招聘计划，但通信类专业的毕业生并没有太过明显的优势。但是，近年由于网络宽带的兴起，给疲软的就业市场带来了大量的就业机会。总而言之，如果不是太挑剔的话，我们在毕业后找份工作应该不是很难。更重要的是，如果在运营商做销售之类的工作，以后的职业道路会比做技术开阔很多——可以转行做别的产品或服务的销售。

3. 电信行业销售人员晋升通道：销售助理→销售工程师→销售（市场）经理

电信行业销售人员需求量大，对专业功底要求不是特别深，适合一般本科生从事。最重要的是，职业发展空间足够大，实在不行的话还可以转行去别的行业继续做销售。

第8章 如何成为一名卓越的大学生

8.1 学会在大学学习

人的学习是一种有目的的、自觉的、积极主动的过程。大学生的学习是在教师的指导下，以系统的教学体系为保障，在较短的时间里接受前人所积累的文化科学知识的过程。从微观上说，读书、上课、实验、实践、记忆都是学习的具体形式；从宏观上看，制定学习战略、选择治学途径、优化知识结构等也都属于学习研究的范畴。学习是大学生最重要的职责与使命。

从中学到大学，是人生的重大转折，大学生活的重要特点表现在：生活上要自理，管理上要自治，思想上要自我教育，学习上要高度自觉。尤其是学习的内容、方法和要求上，比起中学的学习发生了很大的变化。要想真正学到知识和本领，除了继续发扬勤奋刻苦的学习精神外，还要适应大学的教学规律，熟知大学的学习特点，选择适合自己的学习方法。

与中学阶段不同，大学阶段是开始系统掌握专门知识和运用专门知识的学习过程，包括课堂授课、自习、作业练习、课程考试、课外阅读、实验课、实习、课程设计、文献检索与资料搜集、研究报告、毕业设计等。大学的学习既要求掌握比较深厚的基础理论和专业知识，还要求重视各种能力的培养。大学教育具有明显的职业定向性，要求大学生除了扎扎实实掌握书本知识之外，还要培养研究和解决问题的能力。因此，要特别注意自学能力的培养，学会独立地支配学习时间，自觉地、主动地、生动活泼地学习，并且还要注意思维能力、创造能力、组织管理能力、表达能力的培养，为将来适应社会工作打下良好的基础。

大学的教育方针是在基础教育的基础上，以培养社会现代化建设需要的各种专门人才为基本目标。具体到高等工程教育来讲则是以培养善于将科学技术转化为直接生产力的工程师为主要目的。因此与基础教育相比，大学的学习有自己的特殊性，其内容、方法、形式也有显著的特点。

1. 大学的教学任务

大学的教学任务主要有下列3个方面。

（1）系统地向受教育者传授科学文化知识。教学的首要任务是向学生传授系统的科学文化知识。中小学教育是基础教育，中小学生接受的是一般文化科学知识，这些可以为他们成为合格的劳动者打下基础；而高等教育是事业化教育，即在普通教育的基础上，近一步实施专业基础教育，以便为国家现代化建设培养各种专门人才。因此，在传授知识方面，大学的教学既要向学生传授一定专业所必需的基础知识，又要向学生传授专业知识。

（2）注重培养学生提高能力的方法。随着科学技术的发展，知识总量正在以极高的速度增长，要解决学习时间有限与知识无限之间的矛盾，唯一的重要办法是培养学生的综合能力，把科学的思维方法、打开知识大门的钥匙交给学生。从学生学习的特点来看，学生在校学习的时间毕竟是有限的，一个人不可能一辈子都在学校学习。因此，只有掌握了科学的方法，才能根据工作的需要，在知识的海洋里进行自由猎取，为适应社会的要求创造条件。

（3）积极地帮助受教育者树立科学的世界观。教学过程是传授知识、培养能力的过程，也是传播思想、培养品德的过程。对学生来讲，没有正确的人生观、世界观，就不可能对社会做出积极的贡献，就不能算是合格的大学生。如何结合学生实际，有目的地进行思想教育，培养科学的世界观，使思想教育寓于传授知识之中，是现代大学教学的一项重要任务。

2. 大学的学习过程

大学本科的学习，实际上可以分为两个阶段：第一阶段是由入学到完成基础课程学习，第二阶段是由进入专业基础课学习到毕业。

第一阶段，可以看作懵懂阶段。大多数新生的学习带有盲目性，既不了解本专业的情况，也不太了解学习这些基础知识究竟是为什么。学生的学习动力就是知识本身的吸引力，知识所具有的严格科学体系，使不少胸怀大志的大学生领略到知识的奥秘；大学校园浓厚的学术空气使他们感到新鲜，感到对知识的渴求；大学教师严谨的授课风格和丰富的知识也往往使他们为之倾倒。在此阶段出现了两极分化，一些优秀的学生开始崭露头角。但是，也有一些学生未能很好地适应大学的学习生活，尤其不能适应强烈的竞争环境，成绩远远地落在了别人后边。在这一阶段，学生应该特别注重人生观的培养，要逐步掌握基础课学习的规律。既然基础课具有严格的理论体系，就应该着重理解这种体系的核心内容，以及这种体系的科学价值。

第二阶段，学生通过专业课学习，了解了本专业的基本情况，此时也会出现两种不同的情况。拔尖的学生会运用自己已经掌握的基础理论来诠释本专业遇到的各种问题，或者用科学实验来验证所学理论的正确性，从而取得好的学习成绩，并且打下牢固的专业基础，对专业知识也有深入的了解。与此相反，有些学生对具有概括性和经验性的专业基础知识和专业知识不适应，总是怀疑其正确性而拒绝接受；或者因为缺乏归纳思维的能力而对相对分散的知识难以理出头绪，从而失去对专业知识的兴趣，导致学习成绩下降，达不到预期的培养目标。在此阶段，大学生们需要调整自己的心态，使之适应专业基础课和专业课学习的特点。一方面要理解不同领域知识固有的差别，要适应专业基础课和专业课相对分散的知识体系，要从将来所从事的事业角度看待所学的课程，决不能按一时的兴趣进行取舍，更不能妄自菲薄，在学习上打退堂鼓。

3. 大学学习动机的培育

学习动机是直接推动学生学习的一种内在动力，是对学习的一种需要，是社会和教育对学生学习上的客观要求在学生头脑中的反映。学习动机的主要成分包括对知识价值的认识、对学习的直接兴趣和对自身学习能力的认识。一个人对学习的看法以及对学习的态度都能够通过学习动机的这三个方面加以说明。

通过研究表明，学习动机和学习的关系是辩证的，学习能产生动机，而动机又推动学习，二者相互制约。对于大学课程学习而言，一般周期较长，在学习的过程中，需要学生积极努力，把新观念材料组合到自己的认知结构中，这就需要学生具有集中注意、坚持不懈以及提高对挫折的忍受性等品质，这些都是受到学习动机的激发的。一般来说，学习动机水平增加，学习效果也会提高。

在教学实践中发现，有相当数量的大学新生身上存在不同程度的学习动机缺乏现象。其原因主要体现在：

（1）动机落差。在社会观念的影响下，上大学是无数学生唯一的学习目标。一旦目标实现，产生松懈心理，进而没有及时树立进一步的学习目标，造成了考上大学前后的动机落差。

（2）自控能力差。大学新生一般自我控制能力较差，特别是刚经过高考的疲惫期，普遍具有放松的思想。这一时期特别会受一些高年级同学不良习气的影响，诸如"他们玩我也玩"，"他们谈恋爱我也谈恋爱"，久而久之便失去了自控能力。还有的大学生受到不正确价值观的影响，看到所谓"知识贬值"现象，便觉得读书无用，滋生厌学情绪，导致学习动力不足。

（3）缺乏远大的理想。理想信念是一个思想认识题，更是一个实践问题。部分大学生过分注重追求物质利益，缺乏理想追求，缺乏坚定如一、执著不变的人生目标和精神追求。一些学生对"我为什么上大学"这些涉及人生观的问题没有清晰的认识，因此就不会有奋发向上、努力学习的原动力。

（4）经济条件。由于大学不再是义务教育阶段，国家目前实行有限收费的制度，这对改善教学条件、发展我国的教育事业都有非常积极的作用。但是，这必然会对家庭困难学生产生影响。部分学生过早的希望在市场上小试身手，已解决经济压力，造成不能专心致志于学习，这样必然影响自己的学习成绩，以至于自暴自弃，失去学习动力。

青年时期是理想形成的重要时期，也是立志的关键阶段。作为一名大学新生，入学的首要任务就是要端正个人的学习动机，明确个人的人生志向。

首先，应树立明确的学习目标。进入大学之后，"新人们"应该开始考虑"我为什么活着""我想过一种什么样的生活"等根本的人生问题。只有树立正确的人生观和世界观，才能树立正确的学习目标，才能持之以恒地对待学习。若没有明确、积极的学习目标，其个人往往表现为心胸狭窄，易受社会上各种不良风气的影响。

其次，培养专业兴趣。大学生都有自己主攻的专业，但不少学生对自己所学的专业了解知之甚少。专业学习兴趣不是天生就有的，主要还是靠后天的培养，因此学生可以通过系统了解专业培养目标、教学计划，通过网络资源了解本专业发展的前沿目标来解决"学什么""如何学"的问题，进而坚定其持续努力学习的信念。

最后，着眼未来。大学生的学习动机体现了社会化和职业化的要求。大学生在毕业时要直接面对就业压力。大学生的专业知识水平会直接影响其就业竞争能力。因此，大学生必须要了解社会发展的趋势，着眼未来，把握社会对人才的要求，积极地看待日益激烈的社会竞争，增强自己的知识和能力，提高自己将来立足社会的整体实力，最终学会将社会的压力转换成自身努力学习的不竭动力，以此来激发学习动机水平。

8.2　科学的学习方法

大学学习方法与中学相比存在很大不同，若想成为一名在专业上有所建树的学生就必须掌握相应的学习方法。

首先，学会自学。大学主要的学习方法是自学。自学能力是指一个人独立地获取知识、掌握技能及综合运用知识的能力。它主要包括自觉的学习意识、良好的学习习惯、有效的学习方法等。在充分自由的没有高考压力下的自我学习习惯的培养是大学学习的关键。

自学意识是自学能力的基础，要培养学生的自学能力首先要培养学生的自学意识。学生只有充分认识到自学重大而深远的意义，才能产生学习的动力、欲望和兴趣，才会有明确的学习目的、端正的学习态度、强烈的求知欲望和顽强的学习毅力，也才会有自学的行动，学习效率才能显著提高，从而变被动、消极的"要我学"为热情、主动的"我要学"，收到事半功倍的效果。如果学生学习目的不明确，学习态度不端正，学习兴趣不浓厚，求知欲望不强烈，或者学习毅力不顽强，即使老师教给他们再多、再好的学习内容与方法也没有多少效果。培养学生学习的动机、兴趣、求知欲、毅力等非智力因素，提高自学意识，是培养、提高学生自学能力的基础。这就要发生几个转变：由中学的"要我学"到大学的"我要学"的转变；由中学的被动学到大学的主动学的转变；由中学的盲目性到大学的清醒性的转变；由中学的为高考学到大学的为真理学的转变。转变得快学的就好，转变得慢学的就差，根本没有转变的就不是大学的学习。

第二，要注重理论性。大学学习侧重于理论性，高中学习侧重于知识性。知识的学习是横向的平面的累加，理论的学习则是纵深的体系性的构建。知识是常识性的，理论则是对常识的解释或产生常识的原创性的东西。对于信息学科而言，理论课主要包括基础课和部分专业基础课，也包括个别专业课。理论课是指具有严格的理论体系，需要定量描述和抽象思维的一类课程，如数学、物理、通信原理等。对于信息类专业设置的理论课实际上就是本专业的基础，离开这个基础就不能深入理解本专业所面临的要解决的实际问题，更谈不上对这些问题提出有效的解决方案。在进行理论学习时，首先要学会阅读，通过阅读理解本学科知识体系；其次，要大量练习，严格准确地完成习题可以加深对理论本身的认识；同时可以带着诸如对专业的认识问题、对现实存在的一些问题去开展，尝试在理论学习中获取解决问题的理论和方法。

第三，建立合理的知识结构。随着科技的发展，知识在不同学科之间的交叉，特别是在通信、计算机、电子等新兴学科领域之间的融合日趋明显。合理的知识结构，就是既有精深的专业知识，又有广博的知识面，具有事业发展实际需要的最合理、最优化的知识体系。李政道博士说："我是学物理的，不过我不专看物理书，还喜欢看杂七杂八的书。我认为，在年轻的时候，杂七杂八的书多看一些，头脑就能比较灵活。"大学生建立知识结构，一定要防止知识面过窄的单打一偏向。当然，建立合理的知识结构是一个复杂长期的过程，必须注意如下原则：①整体性原则，即专博相济，一专多通，广采百家为我所用。②层次性原则，即合理知识结构的建立，必须从低到高，在纵向联系中，划分基础层次、中间层次和最高层次，没有基础层次较高层次就会成为空中楼阁，没有高层次则显示不出水平。因此任何层次都不能忽视。③比例性，即各种知识在顾全大局时，数量和质量之间合理配比。比例的原则应根据培养目标来定，成才方向不同知识结构的组成就不一样。④动态性原则，即所追求的知识结构绝不应当处于僵化状态，而须是能够不断进行自我调节的动态结构。这是为适应科技发展知识更新、研究探索新的课题和领域、职业和工作变动等因素的需要，不然跟不上飞速发展的时代步伐。

第四，注意创新思维能力的培养。现在和未来文明的真正财富，将越来越表现为人的创造性。在步入大学以前，很多同学已经学会通过积累知识的惯性来学习。积累的确很重要，但是对于大学而言，更重要的是从积累的知识中去提炼，这就需要打破思维定式，去进行创造性的培养、创新思维的培养和创造力的形成。

第五，注重学习的专业性。这主要体现在培养专业认识、专业兴趣，这与知识的综合并不矛盾。专业是什么？是学生的研究方向，是学生的兴趣所在。专业化的选择学习内容是大学学习的最基本要求。学习信息学科的同学应对感测系统、通信系统、计算机与智能系统、控制系统这四大系统所相关的专业知识进行深入学习，以掌握信息感测技术、信息传递技术、信息处理技术、信息存储技术、信息控制技术及其综合应用技能。同时，计算机技能也是考核当代大学生能力的重要指标，但要注意需要掌握的是操作语言，而不应该把学习的层次、学习的兴趣停留于装配电脑、做网站等非本专业学生学习的层面。每一个学生要明确自己所学专业是做什么的，这样才能有超越。

同时，作为教学过程的组织者，学校也应该通过讲座、座谈、课堂等方式对大学新生进行学习方法的引导，对需要的学生进行心理干预，从而让学生尽快适应大学的生活节奏，掌握最佳的学习方式。

大学生要培养的范围很广。这些基础都是为将来在事业上奋飞做准备。正如爱因斯坦所说："高等教育必须重视培养学生具备会思考、探索问题的本领。人们解决世上的所有问题是用大脑的思维能力和智慧，而不是搬书本。"总之，凡是将来从事的工作所需要的能力和素质，必须高度重视，并在学习的过程中自觉认真地去培养。

8.3　学　会　动　手

大学生作为社会中拔尖的群体，对理论知识的学习能力非常出众，但是如果说相关专业知识是当今大学生的"拳头产品"的话，那么，动手实践能力则是当今大学生的"贫血学科"。工科大学生是未来的工程师，实践动手能力的培养将影响他们的一生。重视对大学生实践能力的培养，是引导学生个性发展、贯彻实施素质教育、培养高素质人才的重要环节。

8.3.1　大学生实践能力缺失的原因

当代大学生实践能力的缺失已经严重阻碍了大学生的发展，甚至影响到国人对我国高等教育质量的信任度。分析大学生实践能力缺失的原因，主要有以下几个方面：

首先，学生自身缺乏主动实践的意识。"考上大学就有了好工作"这种传统的思维模式印刻在很多大学生的脑子里。走过"独木桥"进入大学校园的学子们，兴奋使他们忽略了社会上残酷的竞争。在大学学习过程中，还是一味地沿袭着等、靠的思维，对所学知识灵活运用能力较差，动手能力不强，最终表现出实践能力的缺失。

其次，学生缺乏吃苦耐劳的毅力。在工科学生的培养计划中，各高校均安排了实验课、实习实训、各类竞赛等实践教学环节。但是，从各高校反馈的信息来看。很多学生不愿意参加这些实践活动。他们认为实践活动机械、重复、枯燥无味，而且很劳累。所以，学生实习的时候，常常是兴冲冲进，灰溜溜出。知难而退，半途而废，不能吃苦，不愿意付出心血，受不了委屈，这可能是当代大学生的一大通病。学生懒于实践，不愿意下实验室，不愿意进车间，时间长了动手能力自然弱化。毕业后，很难适应工作岗位的需要。

第三，社会评价观念错位。现在社会大多招聘的套路基本是：首先，符合条件的大学毕业生参加统一的专业课笔试，笔试分数合格者直接进入下一轮的面试。其次，通过短时间提问环节来检验大学生的实践能力，再加上面试印象得出大学生的综合成绩。最后，对大学生进行形式化的择优录取。从中不难看出，招聘的过程中对大学生实践能力的考核比重只占到了全部考核内容的1/3左右，这就使得大学生在主观上认为实践能力的高低并不重要，从而直接影响大学生参与实践教学活动的积极性。另外，现代大学生就业途径的多元化和就业选择的不确定性使得他们在主观上已经放弃了从事一些实践性要求高的职业的意愿，这也成为影响大学生主动参与实践教学活动积极性的一个主要因素。

第四，学校对学生实践能力培养的认识存在不足。当前大学里，学生的考试分数是衡量学生成绩的一项重要标准。它决定着学生能否评优评先，能否评上奖助学金，能否顺利毕业。在这样一种唯分数评价体系的规范与引导下，老师的指挥棒常常就是书本，就是把书本的知识复制给学生。很多学生的眼睛只是紧紧盯住分数、盯住教材，只重视书本知识的死记硬背，满足于书本理论知识的掌握；而对于跟分数关联不大的实践技能的培养认识不够，不去主动地投入实践，不下功夫研究。这样实践动手能力缺失是必然的，造成了大量学生具有眼高手低的现象，例如有的同学通过了国家计算机三级考试却连重装计算机系统都不会。同时，在课程设置上，实践性课程开设太少，其所占比例仅占到工科大学生培养计划学时数的10％左右，同时教学内容陈旧，根本无法满足大学生实践知识和实践能力养成对实践性课程教学的需要，也无法适应市场对学生就业素质的要求。

8.3.2　提高大学生动手能力的途径

针对造成大学生动手实践能力缺失的种种原因，结合高校及就业形势的发展要求，我们提出以下几项对策：

首先，转变学习观念，学理论，更要重视实践。观念的转变直接决定着行为的转变。大学生要从多年的书本分数决定论中走出来，通过大量的实践来验证、巩固所学的理论知识，并完成自己的学业。

第二，利用实践教学环节，加强动手能力的培养。学生要敢进实验室、常进实验室，利用操作机会，培养自己的动手能力和发现问题、解决问题的能力。电子信息类专业要做很多课程的实验，如数电、模电、高频、通信原理、单片机等，这些课程有的还有课程设计，因此实验在提高动手能力方面有着举足轻重的作用。不论什么样的实验类型，首先要做的是详细了解实验的原理，并和理论知识相结合，这样做实验的时候方能有的放矢，提高实验的效果。其次是在实验过程中要认真掌握各种仪器设备的使用方法，如示波器、信号源等，能够用专业的术语描述使用方法，了解仪器的性能指标。最重要的是通过实验学会分析实际问题，这个问题可以通过学写实验报告解决。实验过程固然重要，但如果做完实验不分析、不总结，那就达不到实验目的。"结论与分析"是理论知识运用到实践中的科学总结，是学生从感性认识到理性认识的升华。通过书写实验报告，学生应具备熟知实验原理、分析数据、判断实验结果、分析实验误差，并尝试改进实验方法获取更精准数据的能力。只要认真对待每一次的实验，日积月累能力自然就会见长。

第三，利用课外科技实践竞赛，增强自己的实践兴趣。学生可以自我组成团队，积极参加各种与学科相关的比赛，营造一个浓厚的科技学术氛围，使每个人都能在更广阔的空间发展，如可以参加大学生数学建模大赛、机器人比赛、ACM 国际大学生程序设计大赛、飞思卡尔智能汽车比赛、"挑战杯""蓝桥杯"、全国大学生课外学术科技作品竞赛等。通过参与各种科技比赛，能够激发自身深入学习理论的兴趣，更能够大大提高自己的科技创新能力，提高自己的实践动手能力。另外，还可以参加各种形式的技术讲座、研讨交流会，开阔自己的视野，扩大知识面，学会自己动手发现问题和解决问题，也可以通过参加学校的大学生科技月、科技作品展等活动参与到科技创新活动中来，同时锻炼自己的探索精神和综合实践能力。

第四，参与教师各类科研项目。高校教师通常都承担有各类科学技术项目，学生通过参与教师的科研课题研究，可以了解科技发展的前沿动态，接触本领域的新知识、新技术和新方法，对本学科所需的知识体系有一个完整的了解，并可对未来课堂将要学习的知识有更深入的思考和更大的好奇心。同时经过教师引导，本科生可以掌握理解研究主题、阅读相关文献、学习运用恰当的研究方法分析解释研究结果等技能，并能够从实验设计、实验操作以及实验结果分析等不同阶段，系统开展一定创造性的科研实践活动，其动手实践能力、理论知识的运用能力在科研过程中得到了锻炼和培养。

第五，有选择地参加社会培训课程。选择一个正规的符合自己发展需要的培训课程不仅可以提高自己的实践动手能力，还能接触到一些学校学不到的知识，如产品的研发流程、电子线路的设计规范等。在进行选择时应重点挑选那些实用、有更多实践机会的培训课程，通过学习先进的设计理念和设计方法，进行基于产品的实践训练，以求达到扩展视野、提高技能、掌握方法的目的。

大学生动手能力差的原因是由多方面因素造成的，其能力的培养也是一项迫切有待解决的任务，需要各方齐心协力在实践中探索出切实可行、有利于自身发展的模式。

8.4　学　会　思　考

学会思考，即提高自己的思维能力。大学生思维能力的培养是教育学、心理学中一个十分重要的问题，受到了许多有识之士的极大重视。大学生需要更多阅读和思考，求理解，重运用，不去死记硬背。一个记忆力强的人，最多只能称之为"活字典"，不能成为大家。古人云："读书须知出入法。始当求所以入，终当求所以出。"这是对读书人的告诫。这一入一出就是思考理解的过程，在这一入一出的反复之间实现学习的目的。大学生要学会运用抽象思维，因为任何概念是抽象的也是具体的。掌握概念不仅是从个别到一般的过程，而且也包括一般再回到个别的过程。只有经过这样的反复才能真正掌握知识。

8.4.1　当前大学生的思维窘况

目前，大学生思维能力培养在大学的教学过程中并没有受到应有的重视，学生没有有意识地通过专门的课程对思维能力加以训练，使其思维的培养受到很大的局限，不利于他们将来的发展。发现问题，才能更好地解决问题。大学生在思维方面表现出的共性问题有以下几个方面：

首先，思维知识匮乏。提起思维科学，大多数学生只知道它是一个学科名。对于思维的定义、思维的分类、思维特性、思维方法等相关学科知识更是知之甚少。在不能完全认知思维科学的情况下，科学使用思维方法、形成有效的思维方式就无从谈起，思维能力的全方位提升更是可望而不可即。

第二，思维定式严重。大学生思维定式主要体现在书本定式、权威定式、经验定式、习惯定式。思维定式对于大学生平时思考问题是有积极作用的，它能使学生在处理相似问题时省去许多摸索和试探的思考步骤，从而大大节约思考的时间，提高效率。然而处理创造性问题时，思维定式会成为思维枷锁，阻碍新思想的产生，难以开展创造性的思维活动，影响创造性成果的问世。譬如，当今的很多大学生习惯于不做任何预习地来听课，他们对教师所陈述的思想和课本讲述的方法全盘接收，难以有深刻的思考，更谈不上能够质疑并与教师展开讨论了。这种缺乏批判性和个性化的思维，使多数大学生丧失了自由创造的能力。

第三，思维迁移能力差。大学生群体不能很好地把已经具备的学习方面的优势思维能力迁移到社会生活当中去，缺少灵活、正确处理生活问题的能力，结果出现了高分低能、高智商低情商、不会做人、不会处事、抗挫折能力低下、校园事故频频发生等一系列问题。社会性事物思维能力的缺失将会成为学生发展的严重桎梏。

第四，盲目自信，怀疑一切。大学生独立性强，自信心十足，这是他们事业成功的基本条件。但一些大学生常常自信过了头，自以为他们什么都行，什么都知道。因此，在实际生活中，他们往往表现出盲目自信，夸夸其谈，怀疑一切。这往往使一些大学生形成"我什么都不相信，只信我自己"的思想，对一切盲目自信，无端怀疑的极端思维一旦产生，最终将造成一事无成的结局。

第五，追求新异，脱离现实。求异猎奇和幻想是推动学生奋发向上的一种动力，它是活跃学生思维的重要因素。但是，脱离现实、缺乏判断、唯我至上的追求和幻想只能是一种上不着天、下不着地的胡思乱想。一些大学生慷慨陈词：要活得洒脱，活得自在，活出我自己。但问其究竟怎么活时，却无言以对。因此，对事物不加分析，不予判断地追求新异会使思维走向反向，脱离现实的幻想最终只能成为白日梦。

同时，对学生思维模式的培养在大学里并没有得到彰显，而且在过去的学习过程中，学生很少多角度看问题、一分为二看问题，所以当学生进入大学之后，思维的发散性和灵活性必然显得不足，也更谈不上富有想象力的创造性思考。

8.4.2　提升大学生思维能力的对策

正如马克思所说："任何职责、使命、任务就是全面发展自己的一切能力，其中也包括思维力。"思维能力不是天生的，而是靠平时实际训练获得的。获得了思维知识，并不代表就具备了思维能力。必须把思维科学知识与实际的思维训练结合起来，才能使思维能力在潜移默化中产生、加强、提高及发展。

首先，丰富语言，为思维训练创造条件。思维的过程就是对信息加工的过程，信息是思维的原料，原料越丰富，思维加工越容易有效进行。语言修养包括掌握语言和运用语言。掌握语言就必须认真学习语言，要熟练掌握一门外语；运用语言就需要经常锻炼口头表达能力和书面表达能力，口头表达水平能够表现人的应急能力和沟通能力，而书面表达水平能够表现人的逻辑能力和辨别能力。

第二，在学习中锻炼思维。大学生仍处于系统学习科学文化知识的时期，他们可以抓住这个关键期，以课本为载体，以课堂、讲座、课外活动为主要形式，运用科学的思维方法，通过学习科学文化知识来训练逻辑能力和表达能力，在汲取知识的同时形成正确的思维模式，提升思维能力。

第三，在日常生活中进行思维训练。大学生是社会的一分子，除了主要的学习之外，也需要进行社会性的交往，还需要处理生活中的各种问题。如果大学生以此为契机，把科学的思维方法运用到社会生活事物之中，按科学思维模式思考问题，势必会对生活有正向引导，同时也促进思维能力的发展。

第四，借用专门的思维工具进行思维训练。这里所说的工具主要包括专门性的思维书籍、思维软件等一系列开发思维的应用性工具。利用这些工具，增强了思维训练的针对性，更加易于大学生克服思维定式，改变弱势思维，形成优势思维，最终全方位地提升大学生的思维能力。

正如恩格斯把思维誉为"地球上最美丽的花朵"，人类的进步，根本就是人的思维的进步。大学生有责任、有义务学习思维科学，并通过有效的途径全面提升自己的思维能力，使自己成为21世纪合格的建设者和接班人，为社会主义现代化建设添砖加瓦。

8.5　素　质　培　养

信息技术的发展和专业人才的培养，对社会经济的发展起着重要作用。作为新兴专业，人才培养的目标和培养规格与其他专业不同，这必然要对信息学科人才素质提出不同的要求。新时期在大学生中开展素质教育，培养大批德、智、体全面发展，有较高综合素质，适应社会竞争的优秀人才，是现代社会经济和科技文化发展对高等教育提出的客观要求。

新时期工科院校大学生的素质应突出实用型特色，按应用性原则来培养工科大学生的综合素质，使学生成为实践能力强、具有创新意识和奉献精神的高等复合型工程技术人才。工科大学生的素质要求主要包括以下几个方面：

（1）思想素质。新时期，在工业的复杂环境中工程技术人员不但要对公众和自然负有伦理义务，而且要对单位、客户和工程专业负有伦理义务。复杂多样的、有时互相矛盾的伦理要求很容易引发一系列伦理问题，如利益冲突、对公众健康和安全的责任、贸易秘密和专利信息、承包商和其他人的公关、研究和测试中的诚实、环境污染和防治等。工程技术人员不管从事何种工作，已经难以也不容回避诸如此类的众多思想伦理问题。这就要求工科大学生在思想素质方面要做到：热爱祖国，拥护党的基本路线，具有崇高的理想，努力学习马列主义，逐步树立科学的世界观、方法论，养成科学的思维方法和实事求是的思想作风；具有勤劳敬业、乐于奉献、自强不息、求实创新的精神；努力学习新知识，投身改革，树立与改革开放、社会主义市场经济体制和社会全面和谐进步相适应的开拓进取、讲求实效、公平竞争、团结协作、艰苦奋斗、自力更生的观念；自觉地遵纪守法，具有良好的职业道德品质和工程伦理修养。

（2）人文素质。人文素质是指由知识、能力、观念、情感、意志等多种因素综合而成的一个人的内在品质，表现为一个人的人格、气质、修养。中国自古有重视人文教育的传统，《易·贲》说："观乎天文，以察时变；观乎人文，以化成天下。"这里的"化"是教化，即教育的意思。只有那些优秀的能够升华人的精神、提高人的价值的文化才能列入人文教育的内涵。人文素质教育就是将人类优秀的文化成果通过知识传授、环境熏陶以及自身实践使其内化为人格、气质、修养，成为人的相对稳定的内在品质。

工科大学生应当具有宽厚的文化基础知识，要着重加强人文社会科学的学习，使人文精神与科学精神相统一。人文社会科学不同于自然科学的一个重要特点是：它既是一个知识体系，又是一个价值体系。人文社会科学研究的对象是精神世界和文化世界，是意义世界和价值世界，它回答"应当是什么"。人文社会科学教育不仅是传播知识的教育，而且是传播和引导一定社会价值观念的教育。通过人文社会科学课程的学习，能使工科大学生在生活和工作中正确评价和认识世界，帮助他们作为受过良好教育的公民用自己的职业行为为社会做出积极的贡献，为他们洞察世界、评价人生提供一个基本的框架。

工科大学生在人文素质方面的具体要求是：掌握一定的文学、历史、哲学、语言、艺术的基本知识及社会科学常识；熟悉中外历史和文化发展的基本脉络，了解中外近现代史上的重大事件及主要的杰出人物，了解体现中外优秀文化传统的名著或典籍；学习美学概论、音乐鉴赏、美术鉴赏、诗歌鉴赏、书法等艺术类课程，培养健康、高雅的审美情趣和正确的审美观点；努力学习中外语言文化，熟练掌握汉语和一门外语，具有准确、精练和丰富的语言表达能力；学习人类的历史经验和文化的过去与现在，包括个人行为、社会和政治结构、普遍价值观、人际关系和伦理思想。

（3）科技素质。在高等教育的研究与实践中，一提起科技素质的教育，一般认为对于工科大学生而言是不成问题的，而实际上情况却恰恰相反。因为在工科教育中，往往是把每一个学科作为一套概念体系，一种研究活动的过程、方法、技术和结果来讲授，而不是把科学作为一种专业体系来传播。科学作为一种专业体系，其内容是十分丰富的，一般来讲包括三方面的内容：科学是一种知识体系，科学是一种研究活动，科学是具有社会功能的。

科技素质是工程技术人才认识自然、改造自然的重要基础。因此，要使学生热爱科学，尊重科学，树立"科技是第一生产力"的观念，自觉地遵守科学规律去认识世界、改造自然；努力学习自然科学理论，掌握必要的现代科学技术；要教育引导学生自觉掌握广泛的科学基础知识，淡化理论的推导，突出实际应用。工科大学生在科技素质方面的具体要求是：掌握工科教学阶段应具备的自然科学基础理论，掌握与工程应用密切相关的科学实验方法与技能，了解新兴学科发展的基本知识及其在工程应用上的前景。

（4）工程素质。当前高等教育国际化的趋势日益明显，我国加入 WTO 后，高等教育面向国际开放和改革必将进一步加宽、加深和加快。高等工程人才的国际流动将大幅度增加，高等工程人才资格的国际互认也将日益迫切。高等工程人才培养目标、教学内容、教学管理制度、教学评价标准和评价方案等，都有一个国际共识的问题，就是要强化工程教育，加强工程能力的培养。美国近十年来提出了"回归工程""重构工程教育""建立大工程观和工程集成教育"的口号；日本明确提出工科大学四年的课程体系的核心是"工程"；英国、荷兰、丹麦等国提出以设计课题或工程问题为中心，将"设计教育"贯穿于学习全过程的思想。

工程素质是学生的综合素质在现实工程能力教学环节中表现出来的实际素养和潜质，是一个内涵很丰富的概念。作为工科大学生，应该具有较强的动手能力、独立分析和解决问题的能力，加强工程训练，养成工程意识。理论与实践相结合，才会产生创新的思想，才能提出符合客观规律的具有创新特点的工程和技术方案，才能以开拓的思维去解决工程中的实际问题。因此，工程素质的培养是工科大学生成长过程的一个极为重要的方面。工科人才培养要着力于使学生树立现代工程观念，努力学习工程基础知识，养成较强的工程实践能力，具备一定的工程创新能力和工程管理能力。工科大学生在工程素质方面的具体要求是：具有宽厚扎实的专业知识及相关工程知识，特别是工程技术应用知识；掌握专业所需的实践技能和应用现代科技成果的能力；具有从事技术革新、技术改造、新产品开发等方面的能力；了解现代企业制度以及现代经营管理的基本知识，具有一定的组织管理能力。

（5）心理素质。心理素质是一个人生活、学习、工作的物质基础，是事业成功之本。只有具备健全的心智，才能从容不迫地迎接未来社会的挑战。健康良好的心理素质是工程技术人才实现社会价值和人生价值的基础。

在现阶段，心理素质除了包括传统的情商（IQ）、智商（EQ）以外，还包括一个新概念：挫折商（AQ）。大量资料显示，在充满逆境的当今世界，大学生创业成功与否，不仅取决于其是否有强烈的创业意识、娴熟的专业技能和卓越的管理才华，而且在更大程度上取决于其面对挫折、摆脱困境和超越困难的能力。

高 AQ 是可以培养的，并且最好是从小培养，所以许多教育机构都在提倡挫折教育。在挫折商的测验中，一般考察以下四个关键因素——控制（Control）、归属（Ownership）、延伸（Reach）和忍耐（Endurance），简称为 CORE。控制是指自己对逆境有多大的控制能力；归属是指逆境发生的原因和愿意承担责任、改善后果的情况；延伸是对问题影响工作生活其他方面的评估；忍耐是指认识到问题的持久性以及它对个人的影响会持续多久。

综观当代大学生的自身特点，一方面，从入学起，他们就承受着较大的思想压力，如学业上的压力、综合素质的提高、未来就业的不确定、环境的不适应等；另一方面，大学生正值青春年少，缺乏人生经验，抗挫折能力与调控能力较差。面对困境与重压，容易沉陷在消极的泥潭而不能自拔。例如：一些大学生不能承受学习成绩下降、失恋等带来的身心压力，呈现焦虑、失眠、抑郁、恐惧。身心的失衡，不仅影响其智能的发挥，而且还会使其潜能的挖掘、综合能力的培养、人格的完备受到抑制。因此，高校积极开展大学生挫折商培养的教育活动，促使学生在逆境面前形成良好的思维方式、良好的行为反应方式、周全的应变能力。

对大学生进行逆商培育，首先要以当代大学生的兴趣、需求、性格及气质特点为切入点，科学设置逆商培养的课程。通过课程的安排，使大学生明晓、掌握培养逆商的知识要点、方法和技巧，如何为逆商？逆商在学习、生活及工作中的意义？如何辩证地看待困境与失败？如何调整心态，使自己越挫越勇？如何使自己的良好反应方式成为习惯性行为？

其次，要以提高当代大学生的逆商为落脚点，引入情境教育。在施教过程中，要以学生为本，把握其个性倾向与心理特征，熟知其兴趣与需求。教师的职能应从知识传授转变为价值引导，使学生在兴趣、需求中，在欣赏、评判中，完成有关知识、品质和能力的建构。教师还应根据学生的兴趣、需求、气质与性格特点，结合逆商培养的内容和目标，选择与建立逆商培养的"欣赏视角"，将如何面对困难、摆脱困难、超越困难设置成能撞击学生心灵的生活化情境，使学生在"情境"的欣赏与评判中，完成有关优良意志品质的建构、升华和积淀。另外，可通过让学生写逆境行为反应日记，了解学生面对逆境、面对挫折时的心理过程、行为措施。然后依据每个学生的个性特点、遭遇的具体情况给予个例指导，提高学生对逆境的觉察能力、控制能力。促使学生视困难为历练，学会分析困难的关键、选择解决困难的最佳方案。

通过心理素质的培养，大学生应具有自尊、自信、自律、自强、自爱的优良品质，形成健康的人格；了解良好的个性心理的形成机制，掌握自我心理调适的方法与技能；培养正确处理人际关系的能力，能够作为群体的成员参与活动，为他人服务，善于协商。

（6）身体素质。身体素质是人体活动的一种能力，指人们在运动、劳动和生活中所表现出来的力量、速度、耐力、灵敏及柔韧等人体机能能力。身体素质是大学生综合素质的重要组成部分，良好的身体素质不仅是顺利完成学业和适应社会需要的重要保障，而且是整个体质素质的基础。人的身体是一个整体，身体素质正是着眼于提高人的综合心智和体能素质水平的，不仅可以培养人们的竞争意识，提高合作精神和坚强意志，还可以掌握人体生理变化规律，有利于人们更了解自身。

作为一名工科大学生，在日后的工程实践中必须拥有健康的体魄。在身体素质方面应做到：有一定的体育卫生知识，掌握科学锻炼身体的基本技能，养成良好的生活、行为习惯和方式，培养健康的体格，以胜任今后从事较大强度的工程技术工作。

8.6　如何过好黄金四年

8.6.1　大学生涯规划

大学生活虽有四年时间，但转瞬即逝，很快就会过去。因此，切实地规划好自己的大学生活，十分紧迫而必要。那么，如何规划好大学时期黄金四年的生活呢？一般地讲，大学生活规划是从目前比较流行的职业生涯规划中演变而来的，是一种假定在一定程度上人可以掌握自己的命运，通过对未来大学生活道路的预期设计，并采取相应的措施，谋求在大学生活中取得更大成功的一种新型的大学生活管理活动。

四年大学生活建立在科学规划大学生活的科学发展观方法论基础和目标激励理论之上，引导学生确立合乎实际的四年大学生活目标规划就有了正确路径和方法。确立合理的四年大学生活目标规划，要充分尊重大学生的主体地位，尊重大学生的个性特征，不能越俎代庖，做到到位而不越位，分类指导、引导为主，既立足当前，又着眼长远，把人文关怀贯穿始终。

新生往往在新的环境里不能很快调整自己的心态，在入学后一段时间内应对自己进行自我评估，正确定位，努力培养自立能力，学会把握自己。

1. 学习目标的建立

学习是青年学生在大学里的主要任务，新生入学后，面对新的大学生活，欣喜好奇、一时还难以平静下来，对于专业学科的设置、大学里的学习方法不甚了解，而且紧张的中学生活已渐远去，有放松的心理，这就需要针对不同专业，邀请学科专家、老师及时向他们介绍专业学科的设置及其特点，深刻认识学科内容，学习本专业的方法，并帮助他们调整心态，转变观念，合理规划学习目标，把心思凝聚到学习上来。从学科上看要引导和帮助他们做好公共理论课、基础课和专业课的学习目标规划。

同时，学生要根据自身情况来确定大学期间奋斗目标，制订行动计划和内容。确立自己的长期目标因人而异，但一般都要经历四个时期：适应期、确定期、冲刺期、毕业期。

一年级为适应期，要尽快了解本专业，特别是自己未来所想从事的或自己所学专业对口的职业，提高人际沟通能力。具体活动可包括：多和师哥师姐进行交流，尤其是大四的毕业生，询问一下本专业的就业情况，确定自己的努力方向；大一学习任务不重，要多参加学校活动，增加交流技巧，学习计算机和英语知识，争取可以通过计算机和网络辅助自己的学习。为获得奖学金、双学位做好准备；还要多利用学生手册，了解相关规定。

二年级为确定期，处于这一时期的大学生对大学的生活已经有了初步的认识和自己的想法。这一时期应以提高自身的基本素质为主，通过参加学生会或社团等组织，锻炼自己的各种能力，检验自己的知识技能。同时还可以开始学习兼职、参加社会实践活动，并一定要具有坚持性。最好能在课余时间从事与自己未来职业或本专业有关的工作，提高自己的责任感、主动性和受挫能力，增强英语口语能力，增强计算机应用能力。通过英语和计算机的相关证书考试，并开始有选择地辅修其他专业的知识充实自己。

　　三年级为冲刺期，这一年是大学生涯关键的一年，因为临近毕业，学生应考虑清楚未来是深造还是就业。如果选择就业，就要多参加和专业有关系的暑期工作，和同学交流求职工作心得体会，学习写简历、求职信，了解搜集工作信息的渠道，并积极尝试。如果决定考研，那就要抓紧时间做考研准备，譬如考哪些学校，需要复习哪些书籍等。学术上，在写专业学术文章时，可大胆提出自己的见解，锻炼自己的独立解决问题的能力和创造性。

　　四年级为毕业期，大部分学生的目标应该锁定在择业上。应积极利用学校、亲友、网络寻找一切有用的就业信息，了解用人单位基本信息，强化求职技巧，进行模拟面试等训练，抓住机会，寻求一份满意的工作。

　　2. 学做生活达人

　　我们这里说的生活有两个层面的含义，一是大学生大学校园里的具体生活，二是人生历程生活。这里主要谈大学生大学校园里的具体生活。让学生学会健康地生活、文明地生活、高尚地生活是我们教育的重要目标。生活目标就是要引导和帮助他们正确认识大学生活，正确对待学习、周围的人和事，学会做人，学会做事。具体来说，一是要规划好用钱，树立对金钱的正确态度，要做金钱的主人，不做金钱的奴隶。二是要有做人做事的原则，坚持正确的道德观和价值观，学会与老师和同学相处，严于律己，宽以待人。三是要热爱生活，激发活力，发挥潜能，善于探索，敢于创造。在此基础上学会自我教育、自我管理。

　　在大学中我们不需要有把教室坐穿的精神。大学的生活由社团、图书馆、系列讲座等构成，我们可以走得更远，以其他更新颖的方式历练自己的能力并实现自己的价值。

　　有人说，没有社团，大学就不完整。社团仿佛是一部通往职业的《能力大全》，组织能力、合作能力与交流能力等应有尽有。与此同时，加入社团将使你的交际范围得以扩大，这些交往不仅帮你认识世界，也将丰富你的人脉。事实上，不论在当下的社团还是未来的工作中，你都要从底层开始做起，经由经验的云梯拾级而上，要用耐心和用心为你代言。除此之外，你务必要量力而行，要平衡好学业、生活与社团的关系，不要让学习在社团工作的夹缝中求生，这样才能有所收获。

　　在无涯的学海中泛舟了多年，我们都已知晓读书的重要性，但是，如何享受读书带来的快乐，这的确是很多人难以回答的问题。当我们拿到一本书后该如何去读？有的人给出了"厚薄法"，但作为一个工科生，我们的学习任务往往是有期限的，可能还没等"由薄到厚"，早已火烧眉毛。有的学生在读书时十分精心，遇到不熟悉的概念就去查资料，不巧资料里也存在陌生的概念，于是再去扫盲，造成长出了"二叉树"，减慢了解决问题的速度。读书要学会用不同的方法，大部头的书籍多数晦涩难懂，你可以先置之不理，选择浅显易懂的书籍逐层深入，待时机成熟则疑窦自解。有的书籍看似无用，令人昏昏欲睡，你不妨先照单收下，等待时机出现点石成金。有可能你尝试着结伴而行，或许起初督促多过分享，但你终将看到结局何其欢乐。好的书籍能使你终身受益，值得反复阅读，伴随阅历增加，你将在反复的重读中感受到不一样的体会。

　　精彩卓绝的讲座在大学里是一种千金难买的资源。能够在讲座上进行演讲的嘉宾都是各行各业的翘楚，只凭这一点就有了不妨一听的理由。大学的讲座包括学术型和通识型两种，其中学术型讲座出现的频率最高。国内外的专家与学者将血汗带来与听众分享，包括突破的理论、革新的技术与创新的发明等，形式上也不拘一格，可以是具体的专题，也可以是系统的综述。对于低年级学生而言，学术讲座深奥、专业的内容很难完全理解。遇此情况，首先要放平心态，能听多少是多少，力求将关键字记录下来，使日后的整理有据可依；其次学会适当放弃，不要过分纠结于某一个生涩的问题而既丢了西瓜也没捡到芝麻。此外，还要学会提问，相对于单方向的听，反向的问无疑能让沟通更完整。另外，通识类的讲座照样异常精彩。它可以怡情养性，比如年轻人喜欢的音乐可以让听众注入想象，可以提高听众的涵养。

此外，不少大学中还有博物馆，还常举行一些展览会，这些无言的形式开诚布公地把历史与现状等陈设出来，让观众看得明明白白。大学的博物馆除了校史纪念馆外，也有专业性更强的地质、自然等博物馆，漫步其中你可以以生活的放松领略知识。展览会的主题更贴近生活，从艺术、收藏到工业产品，在你大开眼界的同时，也不要忘了挖掘其潜藏的独运匠心，如产品的设计理念与企业的营销模式。看得多了，便能够拓宽知识面，甚至在"玩"的过程中也能提高综合能力。

3. 怀着对未来的憧憬

大学既是知识的殿堂，又是一个浓缩了的社会，是学生学习锻炼的熔炉，既学习知识，又锻炼才能。而这个"社会"必须通过未来观教育与现实的大社会接轨。未来观是大学生思想教育的一个重要内容，是引导大学生"面向现代化，面向世界，面向未来"的必要途径。在四年的学习中，学生要明确本专业与社会的联系，在社会发展中的地位和作用，社会对本专业人才的需求及素质和能力要求，从而明确正确的奋斗方向，以加强专业知识和能力素质训练，满足社会要求。同时要树立正确的就业观、择业观，随时准备让社会对自己选择。大学生要明确职业能力素质的重要性，把其纳入职业目标规划中，如沟通能力、创新能力、社会活动和适应能力、团队合作意识和社会责任意识等。

4. 做一个有信仰的年轻人

大学生是国家民族的未来，他们的思想素质如何，理想信念如何，关系到党和国家的未来，关系到中国特色社会主义事业的兴衰成败。在大学中要把自己的人生目标和国家的前途、未来结合起来，了解中国近现代历史，关心国家大事，做一个对国家、民族有用的人。要树立正确的世界观、人生观和价值观，坚定马克思主义信仰，坚定中国特色社会主义信念；认真学习，努力掌握人类社会历史发展的规律；了解时代的要求，并自觉地融入时代潮流中去。通过思想教育学习等形式做好马列小组、团校、党校学习规划，特别要做好思想政治理论课和形势与政策课的学习规划，强化其社会责任感和国家使命感，爱党爱国爱人民，以提升自身政治素质。

目标确立了，重要的是现在就去做。践行目标规划，首先要做到按规划脚踏实地去执行。大学生处在身心成长阶段，缺乏自律，自觉性欠缺，可以通过家长、老师的监督，不断矫正偏离目标规划的行为。同时，由于主、客观条件的不断变化，目标规划也处在动态的变化过程之中，要适时调整目标规划以适应变化的环境和条件。总之，大学生的四年大学生活，是大学生世界观、人生观、价值观形成的关键时期，要科学规划四年大学生活目标，并要因时因地、有序科学实施四年大学生活目标规划，以便顺利度过人生中最美好、最关键时期，奠基好人生发展基础。

8.6.2　用好网络双刃剑

在大学里，互联网是一个令人头疼不已的老问题，它就像一把双刃剑，因而备受争议。从根本上而言，互联网只不过是信息的载体而已，如何利用取决于你的手点击的位置，点击多久。我们根据大学生个人计算机的使用情况及网络使用的相关信息设计了一份调查问卷，通过对反馈数据进行分析发现，利用网络进行聊天、玩游戏等与学习无关活动的学生占70%以上，而真正利用网络查找资料学习的学生不到30%。从这组数据可以看出，大学生对网络的利用大多停留在表层，对于学生创新能力的开发、理想兴趣的激发和网络资源的充分利用带来了不利的影响。

现在的大学生大多是90后，他们具有鲜明的自主独立意识，表现出很强的新鲜取向，实现个人价值的愿望强烈，价值取向和行为选择多样。为了确定自己究竟是谁或将成为谁，有些学生不断地走走停停，免不了经历了许多次碰壁、失望和惆怅。于是不少学生选择通过在虚幻世界中成为英雄，来找到失去已久的成就感。然而，痛快一时，痛苦一世，游戏中的成就并不能掩盖他们内心的失落，更掩饰不了山河一片红般的成绩单。这个问题单纯依靠教师的监督是难以解决的。当前的学生是伴随着网络成长的一代人，传统思想政治教育的强势话语权已经不能适应网络一代。在网上的各种信息，只要"百度一下，你就知道"，他们已经拥有与教师对称的信息选择权，教师不再是话语与知识的权威。网上信息海量庞杂，各种社会思潮、敏感事件话题相互交织，大量的网络信息给大学生带来思想观念上的冲击。当大学生思想处于相当矛盾、混乱的状态时，其世界观、人生观、价值观极易发生倾斜。

如何在网络的诱惑下警醒自己？可以说个人的自制力是能解救自己的最行之有效的方法。在压力过大时可以寻求另外的减压方式，如与恰当的对象一吐为快、做体育运动、一场旅行甚至可以大哭一场，然后继续前行。此外，可以参加各种计算机网络相关主题活动，来对网络兴趣加以正确引导，比如通过兴趣班，去学习不同方面的计算机软件知识；在浏览网站、所玩游戏中填充一些专业知识，寓教于乐，以求更好的学习效果。一旦互联网能为我所用，福利也将随之而来，你的学习、生活和工作也将更有滋有味，也更富有效率。

8.7　走出校门，着眼世界

8.7.1　为步入职场做好准备

当新生逐渐度过了大学生活的新鲜期，熟悉了大学的方方面面，似乎就又活跃起来。或许是想自食其力体恤家中的父母，或许是想更清楚地认识社会，总之，年轻的你们开始好奇工作的滋味。学生的工作以课余时间做兼职为主要表现形式，有的去做家教，有的去餐厅打工，有的在街头巷尾发传单，虽然辛苦，但终究是自己人生中的第一份工作，而且或多或少的收入也让你感受到了劳动的快乐。当然有的同学不屑于耽误自己快乐的时光去赚取这微薄的薪水。我们在这里谈论兼职，不是关心它的货币收入，而是要重视这一经历。它使你有机会在真实的社会中尝试不同事物，进而逐步明晰职业规划；与此同时，碰壁锻炼了你的逆商，奔忙会让你变得更加坚韧，可以说兼职带给你的心灵回报远远超出了金钱的意义。

对于低年级的同学，兼职是值得嘉奖的一步棋，但若你已成为师兄师姐，则需要看重的是实习这个经历，用大学所学去创造人生更重要的价值。与兼职相比，实习更显正规，它把你置于真实的工作环境中，可以将所学知识运用于实践，还可以学到很多课本上没有的职场规则，进一步为未来的工作打实基础。对于信息类专业而言，实习往往到长三角、珠三角的电子厂里去从事器件生产、产品测试等工作。只有少数佼佼者才有机会涉及企业产品研发的工作。但无论如何，工程的实践将检验你在课堂中的构想，通过产品让理论灵动起来、真实起来。在实习过程中，可以与企业员工进行交流，学会以一个企业员工的角度去看问题，领会一个职场人的价值观，锻炼与社会人进行沟通的能力。近些年又出现了实训这样一个新概念，可以认为它也是实习的一个新的形式。实训是由培训公司按照市场反馈的专业需求对学生采取的一种技能培训方式。由于学生不在企业参与实际生产，因此它一定程度上可以看作是岗前技能培训，让学生经过培训后，有能力直接胜任工作。这种实训往往和某些职业资格认证或者行业认证重叠在一起，如果你有上佳的表现，企业可能会直接向你抛出橄榄枝，如此机会你要把握。

8.7.2　越出国界，眼观全球

央视有一句红遍天下的广告语："心有多大，舞台就有多大。"随着国际交流的增多，特别是网络的普及，国家间的距离越来越近，一些新的名词，国外的景色与生活成了茶余饭后的谈资，或许你的心也会随之舞动，开始渴望让自己的舞台更大，想到国外去看看。目前，很多高校都建立了自己的国际交流合作体系，积极开展与国外友好大学和科研机构之间的交流合作，包括交换生项目、联合培养、短期夏令营，以及近些年流行的中外合作办学项目，形式多种多样，内容丰富多彩。

大学生作为出国留学的主力军，具有重要意义。首先能够提高个人综合素质，丰富人生经历。留学生在国外生活，首先要适应陌生的环境，敢于面对挑战，尝试克服困难。大小事务都需自己动手，独自面对生活上、学习上以及社交上的困难，无形中锻炼了独立思考能力，培养了坦然处事的心态。出国留学是一次难忘的人生经历，能感受到很多在国内没有的东西，积累生活技能，同时体验到独特的异国文化和风土人情，开阔生活视野，丰富人生阅历，收获一笔人生财富。其次是接受优质教育，获得高含金量文凭。许多国外大学具有悠久的办学历史和世界一流的科研水平，并且拥有丰富的教育资源和浓厚的文化氛围。相比国内，国外教育理念先进，教育方式开放，师资力量雄厚，在培养学生时更注重能力和思维的发展。课程体系相对完善，专业设置更加广泛，学生可以接触到西方先进的科技文化，接收西方的教学理念和思维方式。国外的课堂活泼开放，主要通过学生自由讨论、小组作业、团体活动等形式来完成教学，鼓励学生独立思考，展示自我，沟通协作，更有利于培养学生的创造力、想象力和实践能力。而国内传统的填鸭式教育，不但不能提高学生学习的主动性，一定程度上还减弱了学习兴趣。在国外开放式的教育环境下，大学生通过努力获得的文凭和学位更具有含金量，更能体现出大学生的水平。再次是增加就业资本，帮助实现职业理想。在当今日趋严峻的就业形势下，很多大学生选择了出国留学、获取国外文凭的方式来为自己竞争就业增加资本。留学生接受的是国外先进的科学知识、开放的思维方式，具备较强的实践动手能力和英语交往技能。这些恰恰都是很多就业单位发展和招聘所需要的条件。海外教育经历，国际承认的文凭，对一个毕业生来说，意味着更多的就业机会和更大的成功概率。众多"海龟"人士事业成功的原因也在此。即使在创业上，留学生所具备的先进技能、独立创造性的思维、敢想敢尝试的想法都是创业所必不可少的素质。越来越多的用人单位青睐海外留学生，更坚定了在校大学生出国留学的决心。

当然，只有满足一定申请条件才能走出国门，除品行端正等基础指标以外，外语水平便成为了最重要的一道关卡。可以见得，之前我们强调外语学习并非空穴来风，要早做准备，苦读外语还是非常必要的。不要让迟迟追求不到的雅思、托福、GRE 成绩成为你出国之旅的拦路虎。除此之外，要博览群书以便了解当地的风土人情，这不仅能避免文化差异引起的不快，更将有助于你尽快融入当地人的生活圈，进而快速适应国外的生活。此外，要提高个人修养。作为中国的形象代言人，要让现代中国、文明中国的形象竖立起来，要把五千年辉煌的中华文化传播出去，让世界认识中国。不管怎样，下决心出国就要保持良好心态，明确留学目的，制定符合自身发展的留学规划。出国不仅要学习国外先进的科学理论知识，更要注重实践经验的积累。国外的生活环境、教育环境与国内有很大区别，在校大学生必须认清形势，学会适应国外的环境。培养爱好，主动与身边的人沟通和交流，结交新朋友，积极融入新的社会圈，从而排除异国生活的孤单和缓解思乡之情。

8.7.3 承载家的思念

常言道："儿行千里母担忧。"现在姑且不谈四方云游。只说离家入学，有几人能不是为了张嘴要钱而想起给家里打个电话。现在的你们一定认为自己比父母聪明，父母也越来越意识到孩子的强大，而事实上，父母的经验之谈、处世之道在很多时候仍然是你学习的目标。

家庭是个体成长、发育、生活、娱乐的主要生存环境，良好的家庭环境不仅有利于家庭和社会的安定，而且有利于每一个家庭成员的身心健康的发展。和谐的家庭氛围对学生的成长有积极的影响，因而很多高校也通过各种形式积极引入家长参与教学机制。通过研究发现，家庭功能不仅通过青少年的自制力影响其学习能力，而且通过目标、人际信任、人际问题处理方式等影响其社会适应性，且最终还会影响其在学校的学术成就。

当代大学生所感知到的家庭功能总体上是和谐的、美好的，对大学生的健康成长是有利的，但也存在一些"代沟"的问题。你可能觉得父母的观念过时，觉得他们唠叨不停，但结果可能恰恰验证了那句老话"不听老人言，吃亏在眼前。"因此，请你们耐心去欣赏父母的建议，这一过程是有百益而无一害的。你可能在周游列国，可能拿到了世界500强的入职许可，的确，外面的世界很精彩，但歌曲还有另一半——外面的世界很无奈。虽然你已学会故作坚强，埋藏自己的苦恼，让自己的父母宽心，但你忘却了父母的关爱可能正是你解脱痛苦的良药。

古人云："父母在，不远游，游必有方。"当你们在异乡独享欢乐、苦楚的时候，不要忘记在家乡的父母也需要你们的关爱。父母的需要很简单，他们只想知道你过得怎么样，他们关心的只是你的幸福。

既然你离不开父母，父母也需要你的关怀，那么利用节假日回家陪父母谈谈心、一起旅游来营造一个和谐家庭环境，从而增进家庭的向心力和凝聚力，既解除父母的担忧，也有益于个人的成长。

8.8 学会正确地审视自己

对于从独木桥脱颖而出的你们而言，十年以来手不释卷、只争朝夕，追求第一早已成为本能。然而来到大学以后，你突然发现强中更有强中手，有的同学试图继续优秀下去，若得了第二便会郁郁寡欢，无奈之下，习惯变成了"强迫症"，这点必须引起我们重视。

到底什么是"优秀"？有的同学会回答，成绩名列前茅，获得奖学金，得到推免研究生资格……这样的回答无可厚非，因为国人自幼受到的都是精英教育，做什么事都要出类拔萃，从小就被叮咛着向楷模看齐。步入大学后，你又再次进入这样的轮回当中。在前面的章节中，我们就探讨过大学的评价标准，目的在于让你真正理解优秀的含义。所谓优秀，我们可以看作是具有的长处。我们在做一件事情之前经常会预想事情的结果，于是，我们可以以实际结果与之比较：超过预想说明你擅长做此类工作，不如预想说明尚有余地。这样可以充分了解自己的长处，在学习和工作中才能人尽其才。

了解了什么是"优秀"，如何判断自己是否"优秀"，另一个问题接踵而来，是不是所有的事情都要做的"优秀"？有人说人的一生是为做事而活，事做的好坏是别人给你的评价，所以你完全可以不迎合外界的目光，选择成为一个平淡的人，在筋疲力尽的旅途中驻足片刻，去欣赏人生的美好。我记得一位院士说过："做学问要做好长期住实验室、每天吃面包的准备。"当然，我们理解他说这句话是为了告诫我们做学问要沉心静气、要持之以恒。但是，每个人自身的情况存在差异，打疲劳战不一定适合每一个人，如果仅仅是为了所谓的硬性标准强迫自己摆出样子，如此"优秀"不仅有名无实，也会使你饱受煎熬。人的一生不仅仅要学习、要工作，更要生活。如果你真的每天生活在实验室和面包的气息中，那可以想象你的生活将没有鲜花、没有美景、没有音乐，甚至没有佳人。这不是在苦中作乐，而是在自找苦吃。有的学生天生很勤奋，但却没有一门成绩能为上述能力打分，所以，为了摆脱"不优秀"的影子，他们只得把得天独厚的特质亲手埋葬。汉明先生曾经在一次演讲中提到："包括科学家在内的很多人都具有一种特质，就是通常在年轻时能够独立思考、勇于追求。"由此可见，真理往往掌握在少数人手中，不要畏惧特立独行，更不必过分介意别人对你的评价，要根据自己的优势，走自己的路，心中的成功必将到来。

在人生前进的道路上，时而停下来去享受美丽，能够让你在发现自己偏离外界标准之时，不过分的妄自菲薄甚至丧失自我。如果你能尊重心底最真实的感受，如果你能带上一颗平常心去对待外界的评论，如果你能清楚地认识自我，那么你就是最完美的。

参 考 文 献

[1] 史东承，梁超. 信息与通信技术学科概论 [M]. 北京：清华大学出版社，2011.

[2] 黄载禄. 电子信息技术导论 [M]. 北京：北京邮电大学出版社，2009.

[3] 钟义信. 信息科学与技术导论 [M]. 北京：北京邮电大学出版社，2007.

[4] 张有光，王梦醒，赵恒. 电子信息类专业导论 [M]. 北京：电子工业出版社，2013.

[5] 俞金寿. 信息科学与工程 [M]. 北京：科学出版社，2007.

[6] 郭华东. 感知天地：信息获取与处理技术 [M]. 北京：科学出版社，2000.

[7] 李哲英. 电子科学与技术导论 [M]. 北京：电子工业出版社，2010.

[8] 魏龙，黄汉民. 国际经济与贸易专业导论 [M]. 武汉：武汉理工大学出版社，2011.

[9] 陈毅静. 测控技术与仪器专业导论 [M]. 北京：北京大学出版社，2010.

[10] 房鼎业，涂善东. 大学工科专业概论 [M]. 上海：华东理工大学出版社，2008.

[11] 黄凤玲. 电子与信息技术类专业概论与职业导论 [M]. 广州：中山大学出版社，2009.

[12] 张化光，孙秋野. MATLAB/SIMULINK 实用教程 [M]. 北京：人民邮电出版社，2009.

[13] 吕跃广. 通信系统仿真 [M]. 北京：电子工业出版社，2010.

[14] 邹彦. DSP 原理及应用 [M]. 北京：电子工业出版社，2005.

[15] 盛珣华. 单片机原理与应用 [M]. 武汉：华中科技大学出版社，2014.

[16] 王成安. 电子测量与常用仪器的使用 [M]. 北京：人民邮电出版社，2010.

[17] 王良超. 文献检索与利用教程 [M]. 北京：化学工业出版社，2014.

[18] 郑晓燕. 大学生科技创新教育 [M]. 成都：西南财经大学出版社，2014.

[19] 李建东，郭梯云，邬国扬. 移动通信 [M]. 4 版. 西安：西安电子科技大学出版社，2006.

[20] 刘增基，等. 光纤通信 [M]. 西安：西安电子科技大学出版社，2008.

[21] 谢希仁. 计算机网络 [M]. 北京：电子工业出版社，2013.